信息化新核心课程（NCC）新电商专业系列教材

新

电商文案写作

教育部教育管理信息中心◎组编

蒋晖 三虎◎编著

人民邮电出版社

北 京

图书在版编目（CIP）数据

新电商文案写作 / 教育部教育管理信息中心组编 ；
蒋晖，三虎编著. -- 北京 ：人民邮电出版社，2020.12（2022.1重印）
ISBN 978-7-115-54606-7

Ⅰ. ①新… Ⅱ. ①教… ②蒋… ③三… Ⅲ. ①电子商
务—策划—写作—教材 Ⅳ. ①F713.36②H152.3

中国版本图书馆CIP数据核字(2020)第165400号

内 容 提 要

本书结合大量实例，系统讲解了电商文案的构思方法与创作方法，使读者既能快速学会电商文案写作的相关知识，又能熟练掌握多类电商文案的创作方法与技巧。

本书共 9 章，内容包括电商文案的基础知识、电商文案的创作过程、电商文案的创意与构思、电商文案的基本写作思路和方法、产品详情页的创作、电商海报文案的创作、电商活动文案的创作、电商品牌故事文案的创作、电商软文的创作。

本书内容全面、案例丰富，具有很强的可读性和实用性，不仅适合从事电商相关工作的读者阅读，也适合作为学校相关专业和培训机构的教材。

◆ 组　　编　教育部教育管理信息中心
　　编　　著　蒋 晖 三 虎
　　责任编辑　罗 芬
　　责任印制　马振武

◆ 人民邮电出版社出版发行　　北京市丰台区成寿寺路 11 号
　　邮编　100164　　电子邮件　315@ptpress.com.cn
　　网址　https://www.ptpress.com.cn
　　北京天宇星印刷厂印刷

◆ 开本：800×1000　1/16
　　印张：14　　　　　　　　　　　2020 年 12 月第 1 版
　　字数：256 千字　　　　　　　　2022 年 1 月北京第 3 次印刷

定价：49.90 元

读者服务热线：(010)81055410　印装质量热线：(010)81055316
反盗版热线：(010)81055315
广告经营许可证：京东市监广登字 20170147 号

信息化新核心课程系列教材编写指导委员会

主　任：李建聪

副主任：石　凌

策　划：马　亮　彭　澎

总主编：彭　澎　马　亮

新电商专业系列教材编委（按姓氏笔画排列）：

王　忆　王正言　王素艳　邓　贵　冯　慧　任秀芹　刘　敏

李　军　李　彪　李　楠　张　超　郑常员　胡晓乐　姜丽丽

蒋　晖

信息化新核心课程新电商专业系列教材专家组

组长：

侯炳辉　清华大学　教授

成员（按姓氏笔画排列）：

吴晓华　中国美术学院　教授

沈林兴　教育部职业院校信息化教学指导委员会　委员

张　骏　中国传媒大学　教授

陈　禹　中国人民大学　教授

姜大源　教育部职业技术教育中心研究所　研究员

赖茂生　北京大学　教授

出版说明

信息技术的飞速发展，对教育产生了革命性影响。以教育信息化带动教育现代化，是我国教育事业发展的战略选择。构建覆盖城乡各级各类学校的教育信息化体系，促进优质教育资源普及共享，推进信息技术与教育教学深度融合，对于提高教育质量、促进教育公平和构建学习型社会具有重要意义。

教育部教育管理信息中心作为教育信息化的实施和技术支撑部门，在教育部网络与信息化领导小组和教育部科技司的统筹领导下，重点推动面向学生、教师、学校管理的教育管理信息化建设，自 2000 年起开展了多项信息化人才培训工作，培养了一大批信息化人才，在教育、教学、管理及其信息化支撑保障中发挥了重要作用。

根据《教育信息化 2.0 行动计划》的有关要求，为全面提升教师和学生的信息素养，我中心于 2019 年 4 月着手开展"信息化新核心课程"（以下简称 NCC）项目建设，以推进信息技术人才培养工作的转型升级。NCC 项目将整合行业优质资源，重点关注新技术，联合高等院校、企业共同建设专业核心课程，并以高等院校学生及相关专业教师为主要培训对象，以促进信息技术与教育教学、教育管理的深度融合为着力点，以推动新技术与岗位职业能力、创业就业技能的应用发展为导向，突出创新性、实用性和可操作性，并逐步建成与之相适应的多层次、多形式、多渠道的新型培训体系。

信息化新核心课程系列教材按照 NCC 项目建设发展规划要求编写，能满足高等院校、职业院校广大师生及相关人员对信息技术教学及应用能力提升的需求，还将根据信息技术的发展，不断修改、完善和扩充，始终保持追踪信息技术最前沿的态势。为保障课程内容具有较强的针对性、科学性和指导性，项目专门成立了由部分高等院校的教授和学者，以及企业相关技术专家等组成的专家组，指导和参与专业课程规划、教材资源建设和推广培训等工作。

NCC 项目一定会为培养出更多具有创新能力和实践能力的高素质信息技术人才，为推动教育信息化发展做出贡献。

教育部教育管理信息中心

2019 年 9 月

前　言

本书的编写初衷

电子商务（以下简称"电商"）在我国已经发展了二十余年，从最初不被消费者认知，到今天被广大消费者接受，电商已经成为很多人生活中不可或缺的一部分，对消费者和社会都产生了巨大的影响。从消费者层面来看，网上购物、网上交易、在线支付等新鲜事物层出不穷，电商让生活变得越来越方便；从社会层面来看，直接或间接从事电商的人员数量已经达到数千万，电商交易总额也不断上涨，社会经济因此受益。

早期的电商大多是将实体店模式照搬到网络上，但近几年来，随着智能手机与社交媒体的普及，以社交型、多渠道为显著特征的电商也蓬勃发展起来。随着电商的发展，电子商务文案（以下简称"电商文案"）工作也发生了很多新的变化。文案的创作形式更多样，不再只是单纯的图文文案，还涌现出很多优秀的视频文案和软文文案；文案的发布和传播渠道也越来越多元化。基于此，我们为电商从业人员量身打造了本书，旨在帮助读者切实掌握电商文案创作工作的各项技能。

本书的内容

本书首先讲述了电商文案的基础知识，然后结合大量的实例，详细讲解了电商文案的创作过程、电商文案的创意与构思、电商文案的基本写作思路和方法，以及产品详情页、电商海报文案、电商活动文案、电商品牌故事文案和电商软文的具体创作方法和技巧，具体内容如下。

第1章主要介绍电商文案的基础知识。通过对本章的学习，读者可以了解什么是电商文案、电商文案的价值、电商文案的类型、电商文案的应用场所，以及电商文案工作的要求等内容。

第2～4章主要介绍电商文案的创作过程、电商文案的创意与构思、电商文案的基本写作思路和方法等内容。通过对这 3 章的学习，读者可以掌握电商文案的整体创作过程、创作思路和创作方法。

　　第 5～9 章主要介绍产品详情页、电商海报文案、电商活动文案、电商品牌故事文案和电商软文的具体创作方法和创作技巧。通过对这 5 章的学习，读者可以掌握不同类型的电商文案的创作方法和创作技巧。

本书的特点

　　1. 结构合理，循序渐进

　　本书以电商文案创作为主线，详细讲解了电商文案的创作思路、创作过程、创作方法和创作技巧，层层深入，让读者全面了解电商文案创作的工作内容，掌握各类型的电商文案的创作方法和技巧。

　　2. 案例丰富，贴合实际

　　本书中的案例，均源自文案创作人员的工作实践，这些经过实践检验的电商文案的创作方法和技巧具有很高的参考价值和重要的借鉴意义。

　　3. 图解操作，易学易懂

　　书中的重要知识点均以图解的方式进行讲解，使零基础的读者也可轻松理解、举一反三。

　　4. 经验分享，贴心点拨

　　书中特设"提示"小栏目，其内容都是资深文案创作人员在经过大量实践后，总结和提炼出的宝贵经验与操作技巧，可以帮助读者解决文案创作工作中的常见难题，避免走入误区。

　　5. 超值资源，免费获取

　　为了便于读者学习和提升自己的职业能力，本书提供了实用的学习资源，包括 PPT 课件、运营推广相关学习内容。关注微信公众号"职场研究社"，回复"54606"，可免费获取这些赠送资源。

致谢

　　本书从规划、编写到出版，花费了很长时间，经过多次修改和逐步完善，最终得以出版。在此，衷心感谢教育部教育管理信息中心和人民邮电出版社对本书的编写、出版给予的大力支持和帮助。此外，为了便于读者阅读和理解，本书引用了一些优秀的文案案例，在此特向这些文案的创作团队表示诚挚的感谢，感谢你们对教育工作的支持。

在编写过程中，尽管编者着力打磨内容，精益求精，但书中可能仍有不足之处，欢迎广大读者提出宝贵意见和建议，以便后续的再版修订。我们的联系邮箱为 luofen@ptpress.com.cn。

编者

目 录

第1章

电商文案的基础知识

随着进入电商领域的实体企业的增多，以及微信、微博和网络直播等新媒体平台的飞速发展，电商文案不再单纯地用于产品和品牌宣传，还可以用于实现企业（品牌）、产品、消费者三者之间的深度融合。要想掌握电商文案的创作方法和技巧，首先要对电商文案的基础知识有一定的了解。

1.1　正确认识电商文案

文案也被称为广告文案，一般是指以语言文字等内容来表现产品或者品牌的广告信息。优秀的文案能够打动消费者，使其产生消费行为。随着电子商务时代的到来，文案的创作和传播也扩展到了电商行业中，电商商家们通过优秀的电商文案来引起消费者的注意，从而促进产品的销售，树立良好的品牌形象。

1.1.1　什么是电商文案

电商文案是基于电商行业而产生的一种广告文案，主要是通过文案内容来传递产品或品牌信息，引起消费者的注意，引发消费者的购买欲望，从而达到促进产品销售、塑造品牌形象的目的。

电商文案不仅可以通过文字传递信息，还可以加入图片、视频、音频以及超链接等元素来丰富文案的内容，使文案更加生动有趣，富有吸引力。淘宝首页中的一个促销广告文案如图 1-1 所示。该广告文案主要以文字和图片为主，通过"性能实力派""6 期免息""领券立省 100"等文案来突出商品的优惠信息，再搭配上美观的商品图片，可以让消费者快速对商品建立起非常直观的印象，并促使消费者

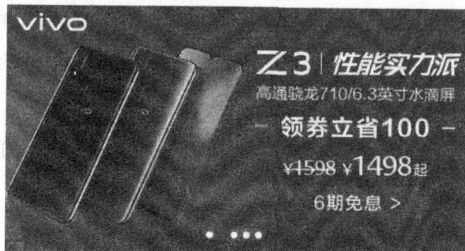

图 1-1　某产品的促销广告文案

点击该促销广告，浏览该商品，最终产生消费行为。

由于互联网支持各种媒体形式，因此在文案中也常常会有视频的形式。例如，淘宝平台就有专门的直播频道"淘宝直播"，如图1-2所示。淘宝直播主要通过视频的方式来展示产品的包装和使用方法等内容，以增加消费者对商品的了解。视频也是目前电商文案中的一种常见类型，很多新媒体平台，包括微信、微博和抖音等，都在大量使用这种文案方式。

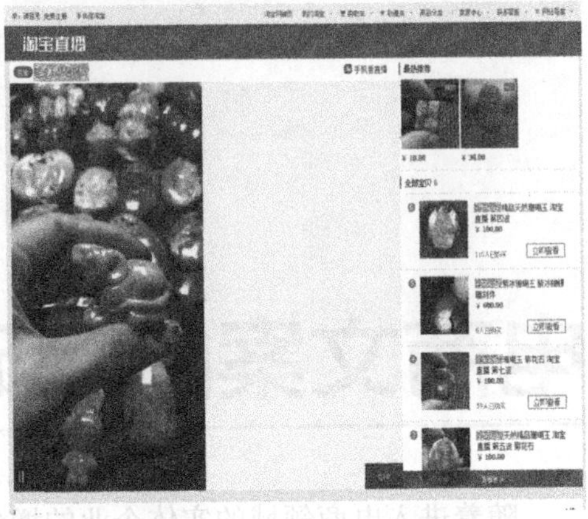

图1-2　"淘宝直播"的界面

> **① 提示**
>
> 因为电商文案的对象主要是互联网用户，所以在语言的使用上电商文案通常要符合互联网潮流，与传统文案相比，电商文案可以更加时尚、新颖、自由，文案创作者可以使用网络中的热词、新词来引起消费者的关注。

1.1.2　电商文案与传统文案的区别

与传统的平面广告、电视广告的文案相比，电商文案往往具有更加丰富的表现形式和传播途径，是一种低成本、高效能的营销模式。电商文案与传统文案的主要区别如下。

➢ 传统文案更倾向于对自身品牌的塑造，这样可以提升产品的价格；电商文案更倾向于对产品优势的挖掘，这样可以吸引消费者购买产品。

➢ 传统文案对内容的质量有较高的要求，相比传统文案具有很高的可信度；电商文案在网络平台中传播，文案的内容有较高的自由度，因此内容的可信度可能低于传统文案。

➢ 传统文案的内容结构标准、正式，通常采用文章似的写法；电商文案的内容结构则比较自由，更注重内容的整体效果，更具有设计感。

➢ 传统文案受到空间和地域的影响，传播力度较弱；电商文案能够通过网络传播，不受空间和地域的影响，传播力度较强。

➢ 传统文案的使用时间较短，并且不易保存；电商文案的使用时间较长，并且易于通过计算机进行长期存储。

➢ 传统文案的制作时间较长，展示的时间也较长；电商文案的更新速度较快，因此制作时间相对较短，展示的时间也较为灵活。

➤ 传统文案的传播是单向的，消费者无法与文案方进行即时沟通；电商文案则不同，消费者可以通过留言、弹幕、回帖等方式与文案方互动，文案方能够及时获得消费者的反馈。

综上所述，电商文案与传统文案相比，具有更强的传播性、互动性、层次性、延伸性和时尚性。电商文案是一种在传统文案的基础上衍生出来的新型广告文案，它更加注重文案创作人员的文本写作能力和创作思路，并且要求文案创作人员所创作的文案作品要符合当下消费者的生活习惯和消费习惯。《中华人民共和国电子商务法》在 2019 年 1 月 1 日正式施行，其对于电商文案的规定更加规范，电商文案的可信度等各个方面得到了全面提升。

1.1.3 电商文案的价值

在电子商务时代，消费者对商品的需求越发多元化，商品除了要满足消费者的基本生活需求外，还要满足消费者的心理需求。电商文案的出现和发展，很好地满足了消费者的心理需求，用较小的成本引起了消费者的情感共鸣，从而达到营销推广的目的。电商文案在新时代的商务活动中，具有很大的商业价值。电商文案创作者有必要了解电商文案的价值，这样才能在创作中有意识地突出这些价值，增强其营销效果、传播效果等，为企业带来更多的收益。

1. 促进品牌资产的积累，增强竞争力

在互联网时代，信息的传播速度越来越快，使得消费者更容易受到品牌传播的影响，从而产生购买偏好。电商企业更加重视消费者对品牌的认可度，因此，常常通过电商文案，生动形象地向消费者展示企业文化、品牌的形成过程以及品牌所包含的价值观等。电商企业试图通过这种方式来提升企业与品牌的形象，增加消费者对企业与品牌的好感度和信任度。长期的宣传可以帮助电商企业累积一定的社会公信力，使其在市场中具有更强的竞争力。

【实例 1】

京东商城的一组产品文案，如图 1-3 所示。该文案借助名家的语言文字，将文字与产品相结合，清晰明确地向消费者传递了品牌的理念和形象，使消费者对品牌产生了深度认知与认同。

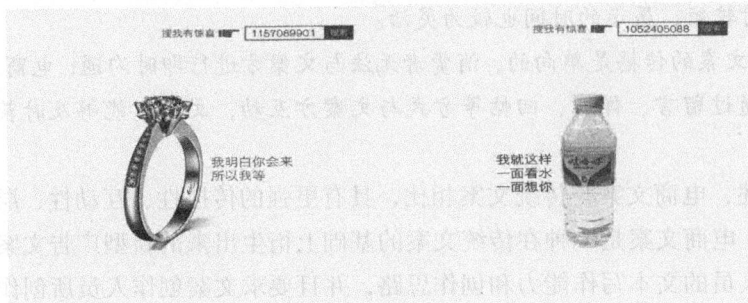

图 1-3　京东商城的一组产品文案

2. 借助超链接，增加文案的点击量

网页类文案的一个优点是可以添加超链接，访问者在点击后进入其他相关页面中，让访问者了解营销对象的更多信息。无论是发表在网站上，还是发表在论坛、微博、微信上的网页类文案，均可以添加超链接对访问者进行引导。例如，某公众号的文章中附有可跳转至产品购买小程序的超链接，如图 1-4 所示。

图 1-4　某公众号文章的末尾

> **提示**
>
> 如果是在网站或论坛上发布文案，那么添加超链接还有其他的好处。超链接越多的网页被搜索引擎发现和收录的概率就越高，网页被搜索到并被访问的可能性就越高，对于营销来说是非常有利的。

3. 取得消费者的信任，促进销售

发布电商文案的主要目的是要让消费者对文案中描述的产品或品牌产生信任，并且在信任的基础上使消费者产生购买产品的欲望。因此，文案创作者应采用多种方法来取得消费者的信任，如在文案中展示产品信息、第三方评价、各种专业机构的认证证书等。不仅如此，文案创作者还应对消费者进行人文关怀，引起消费者情感上的共鸣，取得消费者的信任和认同，促使消费者产生购买欲望。

例如，某款食品类产品的电商文案，如图 1-5 所示，该文案通过"无化学添加""三项包退，一项包赔""60天退换货"等内容，充分说明了产品的品质，增加了消费者对产品的信任度，进而使消费者对产品产生需求。

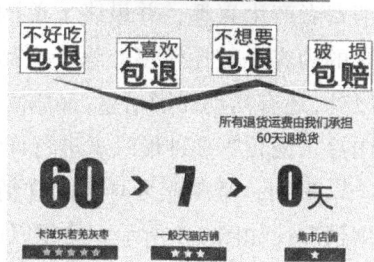

图 1-5　某款食品类产品的电商文案

4. 增加多方互动，促进二次宣传与营销

很多电商文案的传播方向都不是单向的，而是双向的。在传播过程中，企业可以获得消费者的反馈，进而根据反馈及时调整营销方向，修正各种错误。此外，在论坛、微博、微信等公众平台上发布文案时，消费者与企业以及消费者彼此之间还能进行互动，会产生二次宣传与营销的效果，可以起到事半功倍的作用。

【实例2】

小米电视的微博营销文案如图 1-6 所示。该文案通过文字和图片的形式介绍了抽奖的内容，再以抽奖的形式吸引更多的用户参与互动。从图中我们可以看出，转发数、评论数和点赞数都非常可观。此外，企业微博也在评论中积极回复留言，加强了与消费者的联系。

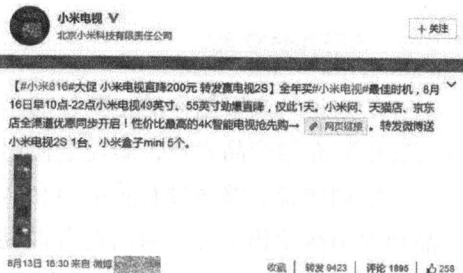

图 1-6　小米电视的微博营销文案

1.2　电商文案的类型

电商文案有不同的类型，也有不同的功能。通常情况下，电商文案可以分为详情页

文案、活动类文案、软文类文案、品牌类文案、海报类文案、视频类文案这 6 种类型。下面分别对这 6 种类型的电商文案进行介绍。

1.2.1 详情页文案

详情页是商家向消费者详细展示产品相关信息的页面。商家销售的产品是否能够使消费者产生兴趣,并最终下单购买,其关键就在于详情页文案的好坏。详情页文案中包含的内容一般比较多,除了产品的卖点、外观、功效、规格参数、使用方法等基本信息以外,还有活动促销信息、品牌宣传信息、产品售后信息等。文案创作者通常可以通过文字、图片、视频等多种形式来进行详情页文案的创作。

例如,某款蓝牙耳机的详情页文案就清晰地向消费者展示了该产品的主要卖点和销售情况,如图 1-7 所示。希望以此来激发消费者的购买欲望,增加产品的销售量。

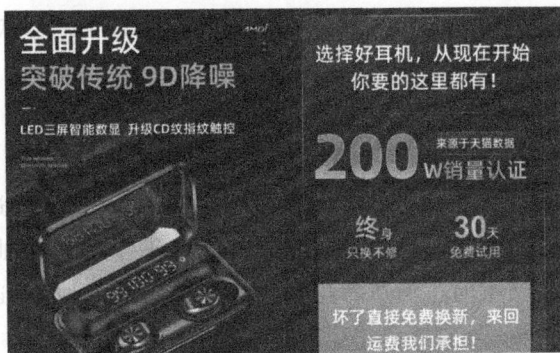

图 1-7 某款蓝牙耳机的详情页文案

1.2.2 活动类文案

一般来说,文案创作的主要目的是销售产品。如果在文案中只介绍产品卖点,难免会使消费者感到疲惫。如果文案创作者能够通过有感染力和号召力的表述,将产品和促销活动相结合,为消费者提供一些促销活动,如减价、赠品等,那么就能有效刺激消费者的购买欲望,从而获得非常不错的文案营销效果。

在很多大型电商平台中,最常见的文案就是活动类文案,商家可以参与平台组织的各种优惠促销活动,以促进产品的销售。例如,某商家在参加淘宝平台组织的"聚划算"活动时使用的主图文案,如图 1-8 所示。

图 1-8 某产品的"聚划算"
活动文案

【实例3】

在天猫"双11"十周年时，天猫平台联合40多个品牌商家进行了一次品牌联合营销的预热活动。这次活动契合了天猫"双11"十周年的推广主题——"精彩 才刚刚开始"，成功为"双11"狂欢打响了第一枪。这次"双11"品牌联合营销预热活动的文案，采用的是猫头形状的视觉创意设计，再结合商家的品牌文案，表达了天猫与品牌方共同倡导的潮流生活方式，如图1-9所示。

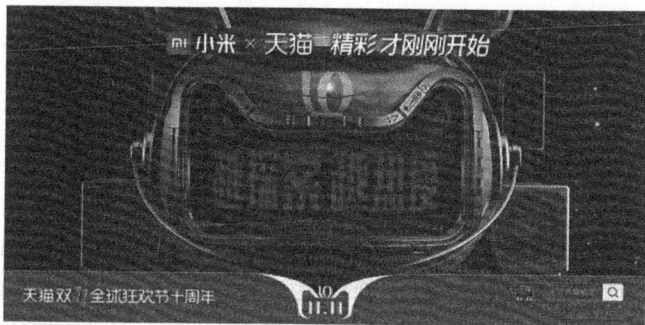

图1-9 天猫"双11"十周年品牌联合营销预热活动的文案

1.2.3 软文类文案

软文类文案即软性广告文案，是指不直接介绍产品或品牌信息，而是通过故事、情景、笑话等看似与产品无关的内容，迂回地介绍产品或品牌的一种推广营销文案。与直接宣传产品或品牌的硬广告文案相比而言，软文类文案能够起到"润物无声"的传播效果，使消费者在不知不觉中被文案的内容所吸引，从而走进商家所设定好的"思维圈"中，产生购买产品的欲望和行为。

软文类文案注重消费者的感受和体验，能够让消费者主动地接受商家所传播的产品和品牌的信息。软文类文案具有互动性强、性价比高等优势，是目前很多的电商商家都非常喜欢的一种营销文案模式。软文类文案同样需要通过各种网络渠道进行宣传，电商商家可以将文案发布到各种平台中，比如微博、微信、资讯类网站、社群等平台。

【实例4】

某旅游电商品牌在其官方微博上发布了一篇推广文案，如图1-10所示。该文案就属于软文类文案。文案创作者并未直接向消费者推荐任何旅游产品，而是借助了热播影视剧的热度，通过细腻的文字表述为消费者营造了某一旅游产品中可能出现的美好画面，从而引起消费者对该产品的兴趣和消费的欲望。

7月11日 11:26 来自 微博 已编辑
听说#陈情令#魏无羡最后去云游四方？上 和游游一起去浙江磐安去追忆魏无羡和蓝忘机的故事，在盘峰乡双峰村、双峰乡西告村、百杖三叠瀑、杭州青芝莲花坞发现属于你的故事~
收藏
149
2588
30990

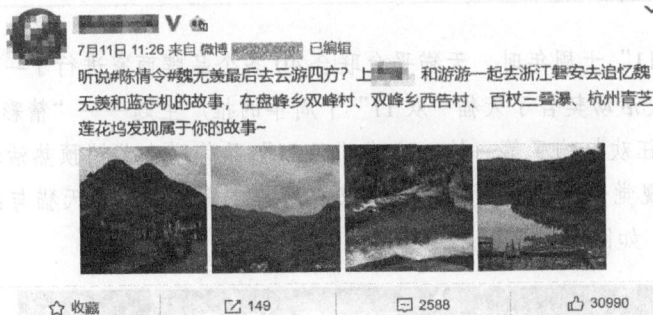

图 1-10 某旅游电商品牌的软文类文案

1.2.4 品牌类文案

品牌类文案是一种根据企业的品牌文化而进行创作的文案。一篇优秀的品牌文案能够赋予品牌特殊的情感，树立良好的品牌形象，传递品牌的核心价值和理念，加深消费者对品牌的认知与理解，进而促进产品的销售。因此，每一位电商商家都应该重视品牌文案的创作与传播。

创作品牌类文案要求文案创作者对品牌所处的市场地位、行业特性以及品牌的调性等都有深刻的理解。文案创作者一定要深度挖掘品牌文化和品牌个性，再结合具体的品牌故事和品牌形象进行品牌文案的撰写。

【实例 5】

南方黑芝麻糊的品牌文案如图 1-11 所示。该文案以品牌的历史和童年记忆为切入点，通过简单直接的文字介绍和富有年代元素的配图，向消费者展示出了该品牌悠久的历史，也勾起了不少消费者的儿时记忆，令人对该品牌印象深刻。

选择南方 就是选择
童年记忆 经典品牌
1984年，一声悠长的芝麻糊叫卖声深入人心，
幽幽的芝麻糊香成为温暖的儿时记忆。

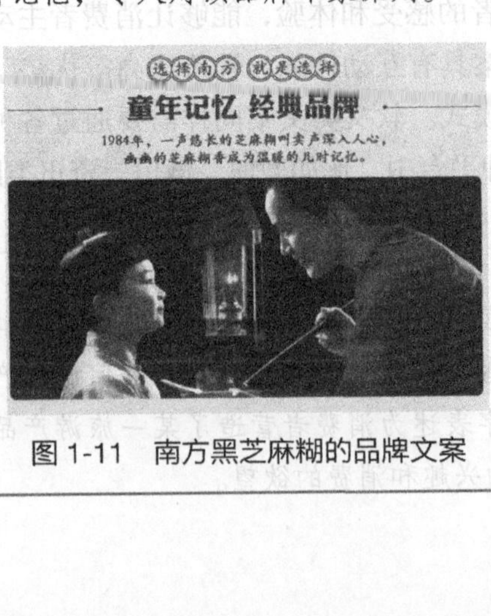

图 1-11 南方黑芝麻糊的品牌文案

1.2.5 海报类文案

海报既是一种信息传递的视觉表现形式，也是一种常见的大众化的宣传工具。海报文案就是文字、图片、色彩、页面等要素在融入各种设计风格和创意思维后的有机结合。

对于电商商家而言，海报类文案是商家向消费者传递产品或品牌信息的重要载体，它能够起到非常好的营销宣传效果。好的海报类文案通常拥有精美的页面排版和配色、富有创意性的文字和配图，能够使消费者过目不忘、印象深刻，进而促使消费者产生购买欲望和购买行为。某品牌的智能超清电视的海报类文案就具有这些特点，如图 1-12 所示。

图 1-12　某品牌智能超清电视的
海报类文案

1.2.6 视频类文案

视频类文案简单来说就是一种通过视频形式来展现内容的文案。图文类文案属于静态展示，而视频类文案则属于动态展示。与图文类文案相比，视频类文案往往会更加生动，传达的视觉信息更加丰富。同时，视频类文案具有更强的视觉冲击力，能够有效地吸引消费者的注意力，便于商家进行产品形态、性能等内容的展示，也可向消费者展示品牌精神和品牌形象。

近几年来，"视频电商"这种新的运营模式已然成了电商行业最热门的发展方向之一，不少商家通过视频的方式来进行产品展示和品牌宣传。例如，某电商商家就使用了视频类文案来向消费者展示产品，如图 1-13 所示。

图 1-13　某电商商家产品主图中的
视频类文案

1.3　电商文案的应用场所

一般而言，电商文案的应用场所主要包括店铺内部、平台内店铺外以及平台外部这 3 个场所。下面分别对电商文案的这 3 个应用场所进行介绍。

1.3.1　店铺内部

开网店是电商商家进行运营的主要形式。在店铺内部通常会有很多页面，比如店铺首页、商品列表页、商品详情页、店铺活动页、品牌宣传页等。在这些页面中，通常会有不同类型的文案组合在一起，以达到展示产品信息、宣传品牌形象、促进产品销售等目的。

　　电商文案在店铺内部运用得非常广泛，1.2节中提到的6种电商文案类型几乎都会有涉及，其中最常运用的文案类型主要有详情页文案、活动类文案、品牌类文案和海报类文案。例如，某家销售厨具产品的网店，在其店铺首页中展示了某款产品的海报类文案，如图1-14所示。消费者点击产品海报文案中的"立即抢购"，即可进入产品的详情页，通过产品的详情页文案进一步了解产品的详细信息，如图1-15所示。

图1-14　店铺首页的海报类文案

图1-15　产品详情页文案

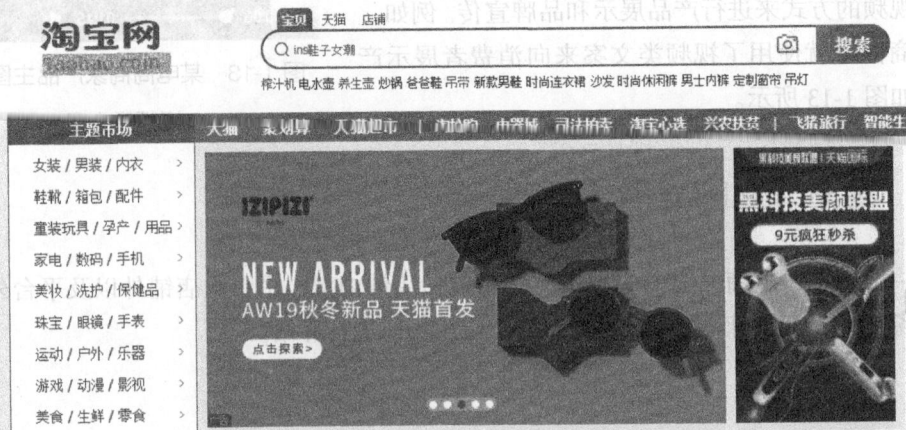

1.3.2　平台内店铺外

　　一家网店的大部分流量都是从电商平台引入的。商家要想成功地在电商平台上吸引到大量的消费者，主要得靠各种各样具有吸引力的电商文案。在电商平台上可供商家展示各种产品文案的地方非常多，比如平台首页的焦点展示位、平台的产品类目主页、平台搭建的各种内容营销版块等。

　　在电商平台上，除了产品详情页文案以外，其他的文案类型都有可能会涉及，通常活动类文案和海报类文案在平台中的使用率是最高的，引流效果也很好。例如，在淘宝平台首页的钻石展位上展示的某店铺创作的海报类文案，如图1-16所示。

图1-16　某店铺在淘宝平台中展示的海报类文案

1.3.3　平台外部

电商商家面对的消费者是使用互联网的所有用户，因此电商文案除了可以在店铺内部和电商平台内部传播以外，还可以通过各种网络渠道进行传播，比如微博、微信、抖音以及各类资讯类网站和社群等新媒体网络平台。

在电商平台外部传播电商文案与在电商平台内部传播一样，都是通过优质的文案内容来吸引消费者，增加消费者对内容的关注度。同时，在平台外部发布电商文案时，还需要注意引导消费者积极参与话题讨论，在无形中将产品的特性和功能详细地告诉消费者，引起他们的关注，激发他们的购买意愿。

在电商平台外部，除了产品详情页文案以外，其他的文案类型都可以运用，比较常见的有活动类文案、软文类文案、海报类文案和视频类文案。例如，某手机品牌在其官方微博上发布的视频类文案，如图 1-17 所示。

图 1-17　某手机品牌在微博上发布的视频类文案

1.4　电商文案工作的要求

早期电商的文案工作与策划工作几乎是一体的，但随着电商行业中各个岗位的细分，电商文案工作也变得越来越具体，需要更专业的文案工作人员来完成。通常，在大型企业中都设有专门的电商文案岗位；而在中小型企业中，电商文案工作可能会由营销、策划等其他岗位的人员兼任。电商文案工作人员作为电商文案的创作者，其工作能力与职业素养会直接决定文案作品的质量。一名优秀的文案工作人员不仅可以创作出优秀的文案作品，引起大众的共鸣，还能在产品或服务的设计策划、营销推广等方面为其他部门的人员提供帮助，以实现企业最终的销售目标。

1.4.1　职业素养

电商文案工作人员的主要职责就是通过优秀的文案作品让消费者认可品牌与购买产品，而文案工作人员的工作能力和职业素养将直接决定文案作品的优秀与否。一名合格的电商文案工作人员应该具备以下几种基本工作能力和职业素养。

➢ 良好的协作能力。电商文案创作涉及的范围比较广，通常需要与公司各部门的工作人员进行协调与沟通，因而文案工作人员需要具备良好的沟通协调能力和团队合作能力。

➢ 敏锐的市场洞察力。文案工作人员要能够快速并准确地捕捉产品亮点，并且能够对受众进行深入分析。

➢ 优秀的文案策划和编辑能力。文案工作人员要具备扎实的文字功底，能够写出语言流畅、逻辑清晰、打动目标消费者的电商文案。

➢ 丰富的想象力和创造力。文案工作人员思维活跃，能够从多样化的角度去看待事物，找到事物不同的切入点。从而创作出有新意的电商文案。

➢ 很强的理解能力。对互联网领域的电商、新媒体等行业能够保持一定的新鲜感和敏感度，能够及时有效地捕捉行业热点，掌握行业的最新趋势。

➢ 高度的责任感。拥有爱岗敬业、诚实守信的工作作风和严谨踏实的工作态度。

电商文案工作人员可以说是一个"杂家"，不仅要具备较强的文案创作能力，还要具备一定的营销策划能力。电商文案工作人员既要对产品和品牌非常熟悉，又要掌握很多其他方面的知识和各种热点资讯，还要保持活跃的思维和清晰的逻辑。

1.4.2　岗位要求

根据市场中的各类招聘网站对电商文案工作人员的职位描述和岗位要求，可以将电商文案工作人员的岗位要求归纳为以下几项。

➢ 能够根据公司的品牌定位以及产品风格，对产品或品牌进行创意思考及文案策划。

➢ 负责提炼产品的卖点和创意，撰写能突出产品特点、展现产品价值、使消费者产生强烈购买欲望的产品详情页文案。

➢ 负责公司活动促销文案、推广海报文案、品牌宣传文案、软文等各类营销文案的策划和撰写工作。

➢ 了解并学习各平台的规则，分析市场上的同类竞争品牌和受众心理，撰写品牌文案，提升公司和品牌的形象。

➤　熟练掌握和运用各种新媒体营销推广渠道，以便进行文案的撰写和发布，提高产品和品牌的知名度。

➤　配合运营推广团队完成推广方案的策划和撰写，为公司各项推广营销活动提供强有力的文案支持。

除此之外，对电商文案工作人员还有专业方面的要求。企业一般倾向于选择就读于广告、新闻、中文等专业的求职者。但电商文案工作的灵活性很大，若是求职人员拥有出色的文案功底或是对电商行业有独到见解，是一个会创新、有创意的人，企业也会放宽录用条件。

ℹ️ 提示

在招聘网站上以"文案"为关键词进行搜索可以发现，新媒体运营类文案职位的招聘信息的数量最多，其次是网站编辑、内容运营、网络运营专员／助理、微信推广等。可见针对社交类媒体文案的岗位较多，需求量也较大，而新媒体文案、内容运营等都包含在电商文案工作中，这也说明了电商文案工作的发展前景其实十分可观。

实践与练习

1. 通过在网上搜索和查看晨光文具的相关文案，进一步了解电商文案的相关知识。

（1）了解电子商务的相关知识。在搜索引擎中输入关键词"电子商务"进行搜索，查看网页中关于"电子商务"的解释，并单击"电子商务的最新相关信息"超链接，查看电子商务的最新发展情况。

（2）搜索电商文案的相关知识。在搜索引擎中输入关键词"电商文案"进行搜索，查看搜索结果中对于电商文案的相关描述。由于信息很多，需要合理地筛选出具有价值的信息进行整理、归纳，并总结出电商文案的内涵。

（3）查看晨光文具的淘宝旗舰店和京东旗舰店中的文案。分别在淘宝网和京东商城中搜索"晨光文具"，然后打开其对应的官方旗舰店，从中找到各种文案，并且对这些文案进行分类，分析这些文案的特点。

（4）查看其他一些新媒体渠道的电商文案。打开微信、微博、抖音或快手等，在其中搜索和查看一些文案，特别是一些大型企业或品牌的文案，并将这些文案和该企业或品牌在淘宝网和京东商城中的文案进行对比，归纳出相同点和不同点。

2. 请对图 1-18 所示的几个电商文案进行分类。

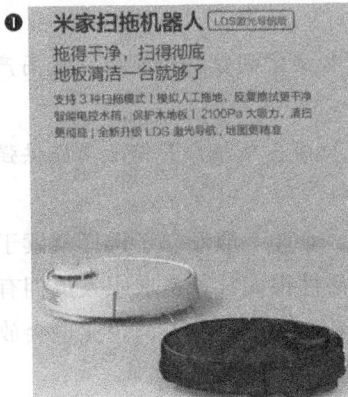

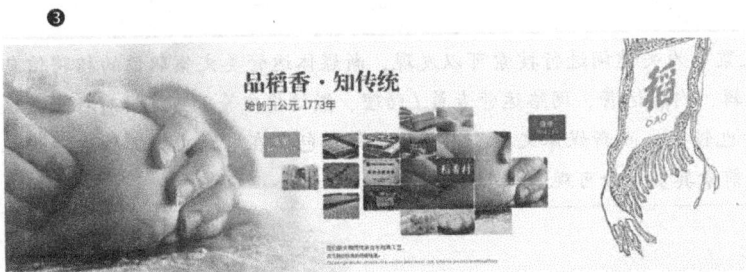

图 1-18 电商文案

第2章

电商文案的创作过程

很多文案工作人员在接到文案写作任务时都是根据产品信息、公司的相关材料和一些经典案例来下笔，抑或是自己随机或漫无目的地进行资料搜集，然后进行文案写作。这样写出来的文案总是不尽人意，也很难打动消费者。电商文案的创作并不是简单的文字组合，在创作电商文案时，文案创作者应该首先对市场进行调研和分析，对产品和受众进行分析，然后根据分析结果制定出相应的电商文案创作方案。

2.1　产品市场调研与分析

进行市场调研与分析是电商文案创作前的第一项准备工作。文案创作者需要使用科学的方法，有目的地、系统地搜集、记录、整理和分析产品市场现状，了解该类型产品的现状及其发展趋势，为制订文案宣传方案、进行市场预测、创作有针对性的文案，提供客观、正确的依据。

2.1.1　产品市场调研

分析产品的市场现状，能够帮助产品经理判断这个产品是否值得研发及推广，如果产品经理对于一个产品的市场现状并不了解或者该产品的市场现状并不乐观，那么也就没有研发或推广该产品的必要了。对于电商文案创作者来说，产品市场调研的目的是及时了解和获取市场环境、用户群体等的变化情况，进而创作出有针对性的文案，达到预期的效果。

为了创作出符合市场需求的产品电商文案，实现产品的经济效益，电商文案创作者必须亲自参与到市场调研和文案策划的全部过程中，并且要分析产品市场调研的数据和结果。市场调研在文案创作中的作用如图 2-1 所示。

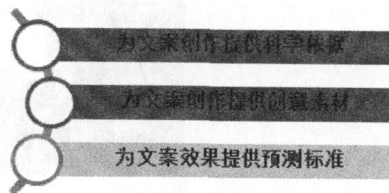

图 2-1　市场调研在文案创作中的作用

2.1.2 产品市场分析

产品市场分析主要是对产品市场的营销环境的调查和分析。因为对于电商企业来说，营销环境是企业无法直接控制的因素，其会对产品销售产生巨大的影响，所以电商文案创作者在进行文案创作前，需要对产品的营销环境进行分析。常见的影响营销环境的因素有政治法律、经济、技术、社会文化等，企业通常利用 PEST 分析法来对这些因素进行分析，如图 2-2 所示。

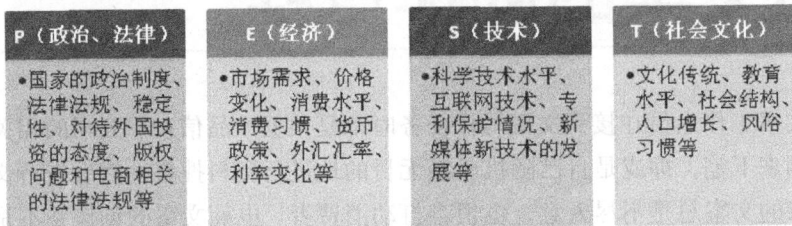

P（政治、法律）	E（经济）	S（技术）	T（社会文化）
•国家的政治制度、法律法规、稳定性、对待外国投资的态度、版权问题和电商相关的法律法规等	•市场需求、价格变化、消费水平、消费习惯、货币政策、外汇汇率、利率变化等	•科学技术水平、互联网技术、专利保护情况、新媒体新技术的发展等	•文化传统、教育水平、社会结构、人口增长、风俗习惯等

图 2-2　PEST 分析法

2.1.3 创造产品目标市场

在创作产品文案之前，电商文案创作者必须充分挖掘消费者内心真正想要的或是渴望的信息，以便在文案中根据这些信息来撰写产品描述。电商文案创作者在做准备工作时，首要任务就是要找到那些能够满足消费者的不同需求的产品元素。

【实例1】

某品牌服装的产品文案如图 2-3 所示。该文案抓住了目标人群的生活习惯，利用"你也可以跟她一样潮""型走的时尚""颜值赞·范儿足"等符合消费者迫切需求的内容来进行文案创作。20 岁左右的年轻女性很有可能被这些文案内容打动。

图 2-3　某品牌服装的产品文案

提示

以年轻女性为目标消费者的服装品牌，其目标消费者主要的核心需求就是希望自己的穿着能够符合潮流，彰显青春和时尚。针对目标消费者的这一需求，文案创作者在创作产品文案时，就需要在产品描述里撰写出能够体现青春与时尚的文字，并且表示文案中的产品可以满足消费者的这一需求。

2.2　产品特性分析

产品特性分析是指对产品的基本信息进行分析。作为电商文案创作者，一定要在熟悉产品的基础上开展文案创作，这样才能使文案符合产品的特点，并展示出产品与众不同的卖点，进而吸引有相应需求的消费者。通常，文案创作者可以从产品的独特卖点、产品的市场类型以及产品的生命周期这 3 个方面来对产品特性进行深入分析。

2.2.1　挖掘产品的独特卖点

电商企业和传统企业有很大的区别，电商企业中 20% 的产品可以贡献大约 80% 的销售额，这 20% 的产品就被叫作"爆款"，也就是通常说的热销款。一个"爆款"可以成就一个品牌。现在电商市场中同类产品太多，而成就一个"爆款"通常靠的就是一个独特的卖点，比如"充电 5 分钟，通话两小时"这个卖点成就了 OPPO 手机，"励志的情怀"这个卖点成就了褚橙等。

1. 卖点

所谓产品的"卖点"主要是指产品所具备的一些其他产品不具备的特点。这些特点来源于两个方面：一是产品与生俱来的；二是通过文案创作者的想象力和创造力生产出来的。不论产品的卖点从何而来，企业都需要将其落实到电商营销战略中，使消费者能够接受和认同产品的卖点。

常见的产品卖点有很多，可以是实质性的，比如产品的材质、外观、工艺、功能等，也可以是虚拟的，比如理念、概念和情怀等。电商文案创作者需要从产品的众多卖点中挖掘和提炼出最能够体现产品核心竞争力的一个卖点，要让消费者瞬间记住这个卖点，从而体现产品的竞争力。

【实例 2】

立白洗洁精的文案如图 2-4 所示。厨房清洁产品有很多的卖点，比如说无添加、洗得比较干净、价格便宜等，但这些都不是独特卖点，因为大多数同类产品都具备这些卖点。

但立白洗洁精则不同，在文案创作前，文案创作者就挖掘出了该产品独特的卖点，就是"不伤手"。当时，在其他的洗洁精产品都没有

图2-4　立白洗洁精的文案

主打这个卖点的，所以这个卖点能将立白与其他品牌的同类产品区分开。只要一提到"不伤手的洗洁精"，消费者就会想到立白。而且这个卖点具有一定的竞争力，因为厨房的很多操作都会伤害手部的皮肤，出于对自己所爱的人的呵护，为家人购买不伤手的洗洁精似乎能体现自己对家人的爱，这就是一个不错的卖点。

2. 电商文案的常见卖点

对于文案创作者而言，常见的电商文案的卖点有外观、概念、产地、材质、特色、情感、感觉、情怀等，但文案创作者想要创作出优秀的文案，更重要的是分析自己的产品，并结合这些常见卖点，挖掘出自己的产品的独特卖点。

（1）外观

外观是对产品最显性的表达，也会影响消费者对产品的最初的印象，利用外观挖掘出的独特卖点更容易体现差异化并给消费者留下独特的印象。在产品质量相同的前提下，那些外观精美、包装较好的产品往往更具有市场竞争力，也更容易得到消费者的喜爱。

【实例3】

无印良品的产品文案如图2-5所示。该文案突出显示了产品的素雅这一外观特点，与色彩丰富的同类产品相比，无印良品的产品具有极高的识别度。而且该文案还通过产品的外观风格向消费者传递出一种"自然、简约、质朴"的美学理念和生活哲学，使消费者能够感受到该品牌独特的品牌文化。

图2-5　无印良品的产品文案

（2）概念

概念是产品卖点的一种表现形式，文案创作者挖掘出的产品概念的卖点，通常能够对产品销售起到很好的促进作用。因为概念是一种"只可意会、不能感知"的卖点，概念卖点能带来新的消费标准、独家的核心技能和无法复制的竞争力。

【实例4】

　　小天才电话手表的文案如图2-6所示。该产品通过文案"能打电话的手表",提出了一个概念"手表能用来打电话,能够让家长实时确认儿童的状况"。这一概念让消费者认识到该产品不仅是手表,更是承载了家长的一份责任,家长能从手机或电脑里确认孩子的状况,保护孩子。

图2-6　小天才电话手表的文案

　　(3)产地

　　产地优势通常是体现产品"出身"的最好卖点,因为产地具有不可移动性和唯一性。比如阳澄湖大闸蟹、西湖龙井、北京烤鸭、贵州茅台、宁夏枸杞、文山三七、青海虫草等,这些产品的产地往往承载了消费者对产品的个性化记忆,也体现了消费者对产品品质的高度认可。某款松仁干果的文案如图2-7所示,该文案将长白山"厚土阳光"的产地特点作为该产品的品牌标签,更容易获得消费者的认可,吸引消费者购买。

图2-7　某款松仁干果的文案

（4）材质

大多数消费者都认为好的材质可以生产出好的产品，所以对于消费者而言，产品的材质就是一种独特的产品卖点。因此，很多文案创作者在进行文案创作时，都会将产品的材质描写成该产品的独家卖点，从而实现差异化营销。如图 2-8 所示的这组农副产品的电商文案，就是通过对产品材质的描写，让消费者对产品材质有一个充分的认识，从侧面展示了该产品材质与其他同类产品的区别，从而使该产品变得更有竞争力。

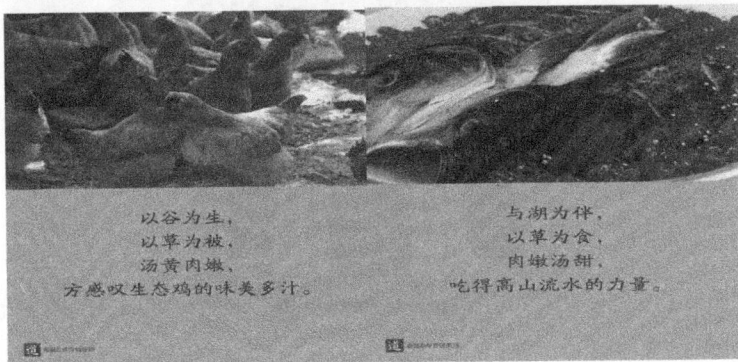

以谷为生，
以草为被，
汤黄肉嫩，
方感叹生态鸡的味美多汁。

与湖为伴，
以草为食，
肉嫩汤甜，
吃得高山流水的力量。

图 2-8　农副产品的电商文案

（5）特色

这里的特色主要是指产品的功能性诉求或独特的销售主张，而并非是为了强调消费者的行为特性和产品的核心内涵。图 2-9 所示的电商产品文案，简单直接地将产品的特色表现了出来，有效地将产品的基本信息传递给了消费者。

图 2-9　展现产品特色的电商文案

（6）情感

情感卖点简单来说就是将消费者的情感差异和情感需求作为产品的核心卖点，通过情感促销、情感广告、情感包装、情感设计等策略来实现电商商家的经营目标。

【实例5】

农夫山泉曾经以宣传片的形式推出过一个视频文案——最后一公里，如图2-10所示。该视频文案讲述的是农夫山泉的员工尼玛多吉将水送到消费者身边的故事。尼玛多吉的工作地点在西藏，他经常需要开着车翻过好几座海拔为5000米以上的大山，才能将水送到消费者的身边，有的地方甚至需要靠人力来进行搬运，非常辛苦，但他只说自己是大自然的搬运工。该文案走的就是情感路线，既向消费者讲述了一瓶矿泉水背后所蕴含的故事，同时也向消费者展示了产品的品质，因此得到了消费者的好评和认可。

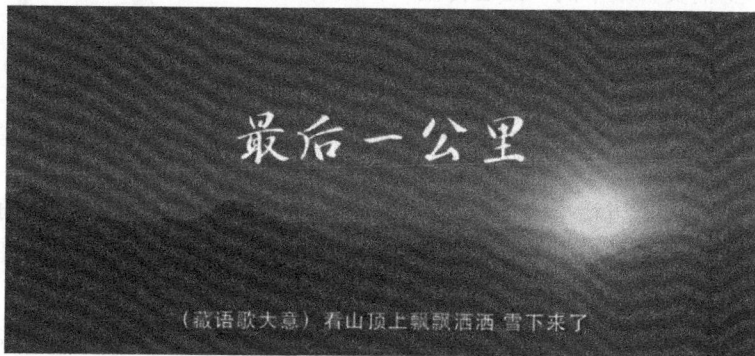

最后一公里

（藏语歌大意）看山顶上飘飘洒洒 雪下来了

图2-10　农夫山泉的视频文案

（7）感觉

简单来说，感觉就是商家通过产品或服务，带给消费者的一种心理舒适与精神满足。在产品销售的过程中，这种心理舒适与精神满足往往是消费者最渴望得到的东西。例如，可口可乐的文案，如图2-11所示。在该文案中，商家希望通过文案的内容，给消费者带来一种心理与精神的"享受"，以此来激起消费者的"享乐"心理，最终促使消费者购买该产品。

可口可乐

这感觉 够爽

Coca Cola

图2-11　可口可乐的文案

（8）情怀

如今越来越多的商家将情怀作为产品的卖点，因为情怀能够把产品人格化，能够让消费者感受到人情味，让消费者觉得自己不是在消费一件产品，而是在与高尚的精神、高尚的品格、高尚的价值观交流。例如，一直强调匠心情怀的褚橙品牌所创作的文案，既展现了品牌创建者独有的价值情怀，又赋予了品牌匠心精神，这使得褚橙成为不少消费者眼中的"匠心传橙"，如图2-12所示。

图 2-12　褚橙的文案

2.2.2　把握产品的市场类型

越来越丰富的产品种类和品牌种类使消费者有了更广泛的选择空间。为了更精准地抓住目标消费群体，文案创作者在创作电商文案时需要做好产品的分类。产品分类是指为了某种需求，根据产品的某种属性或特征，利用一定的分类标志，将产品划分为不同的门类、品类或品目等。

➢　必须明确要分类的产品所包含的范围，即产品的属性、特征等。比如一件衬衣，在进行分类时就要知道使用它的对象是女士还是男士，面料是纯棉还是丝质，版型是修身还是宽松等，如图2-13所示。

INFORMATION
商品信息

颜色/color:	如图色			
尺码/size:	S/M/L/XL			
版型指数：	紧身	修身	合身	宽松
柔软指数：	柔软	软	适中	偏硬
弹力指数：	无弹	紧实	微弹	弹力
厚薄指数：	薄	适中	偏厚	加厚

图 2-13　文案中的产品属性

➢　应该以产品的属性或者特征作为产品分类的基础和依据，这样一来，能最大限度地满足消费者的需求，还能有利于产品的生产和销售。

➢　选择一个合适的参照对象作为产品分类的依据，比如伞，根据用途来进行划分，可以分为雨伞、遮阳伞和晴雨两用伞。

电商文案创作者要在充分了解分类的基础上，准确判断出产品分类的依据，并将此依据作为文案写作的参考内容之一。其中产品用途、原材料、生产工艺是比较普遍的，会出现在详情页文案中的内容；产品特色，如产地、外观等具有特殊代表性的元素则常出现在产品标题文案中。文案创作者要根据产品自身的属性来合理选择创作文案的方法。一般来说，产品分类的依据主要有 10 种，如图 2-14 所示。

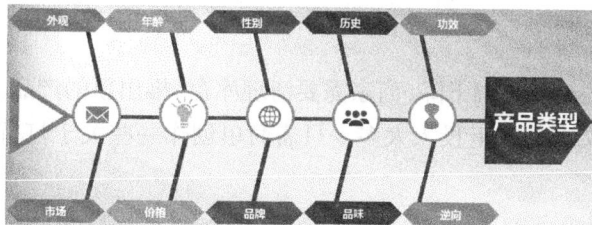

图 2-14　产品分类的依据

2.2.3　分析产品的生命周期

和每个人的生命一样，电商的所有产品都会经历从萌芽到衰退的过程，电商文案创作者在创作文案时，必须根据产品所处的生命周期，采取不同的创作方式和创意技巧，有针对性地创作文案。产品的生命周期可以分为萌芽、成长、成熟和衰退这 4 个阶段。

1. 萌芽期

萌芽期就是产品开始销售前 3 ～ 6 个月的这一段时期。这一时期的产品通常没有销量，更没有评价，也不容易在网上被搜索到，甚至付费进行推广都不会有太大的营销效果。在这一时期，创作文案的主要目的是吸引消费者的注意，提高产品的知名度，使产品迅速进入市场。创作电商文案时可以使用一些具有时尚感和新奇感的语句，通过夸张的排版和颜色等，突出产品的新特点和功能，强调卖点。

2. 成长期

成长期是指产品上市后 6 ～ 12 个月的这一段时期。这一段时期产品的销量和价格都在慢慢增长，商家的主要工作就是进一步优化产品，扩大市场和销量。在这一时期发布电商文案主要是为了增加消费者对产品和品牌的好感度，因此创作的文案应该更具针对性和说服力，文案创作者可以在文案中加入一些能够促进消费者产生实际购买行为的信息。

3. 成熟期

成熟期的产品已经在市场中销售了一定的时间了，市场竞争相对激烈，产品的价格开始慢慢下降，产品销量也开始慢慢减少。这一时期的文案创作的主要目的是促使消费者持续、重复购买产品。因此，文案创作者需要把握产品的各种促销时机，想办法维持消费者对产品和品牌的忠诚度，通过文案内容来塑造和展示品牌形象，刺激消费者持续、重复购买产品。

4．衰退期

衰退期的产品的销量大幅下降，商家需要清理库存，推出新的产品。因此，在这一时期，商家通常不需要在文案创作上投入太多，只需简单创作一些关于打折促销活动的文案即可。

【实例6】

下面以某家主营食疗类产品的店铺为例，来看看该店铺在米稀产品的不同生命周期做的产品文案。

产品萌芽期的文案：因为该产品是店铺新上市的一款产品，所以文案中用简单明了的文字来突显新产品的3个新卖点——"精选原料""清新淡雅""谷香沁人"，以此来吸引消费者的注意，如图2-15所示。

图2-15　产品萌芽期的文案

产品成长期的文案：该店铺的产品是将"食疗功效"作为卖点来吸引消费者购买的，所以在产品的成长期文案中，针对产品养胃这一卖点，文案创作者列出了产品所包含的10种食材来进行进一步的说明，以促使消费者产生实际的购买行为，如图2-16所示。

产品成熟期的文案：因为产品在进入成熟期后，市场上的竞争对手增多，所以店铺适时推出了"品牌兑换卡"来促进产品的销售；文案创作者在"品牌兑换卡"促销活动文案中，向消费者介绍了该兑换卡可供选择的种类和有效期，以此来刺激消费者持续购买店铺中的产品，进一步维持消费者对产品和品牌的忠诚度，如图2-17所示。

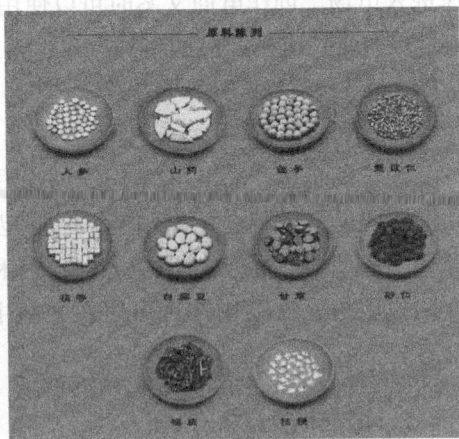

图2-16　产品成长期的文案

图 2-17　产品成熟期的文案

2.3　产品受众分析

电子商务市场中的商家和传统市场中的商家一样，也需要对产品的消费人群进行分析，这样才能更好地发现市场机会，有效地制订营销计划，从而使企业以较少的经营成本取得较大的经营效益。电商文案创作者要以产品受众为基础，了解产品的消费对象，分析产品受众的社会角色、地位和阶层，以及他们对于产品的具体需求，从而创作出真正能够打动消费者，唤起消费者内心的各种情绪，最终使消费者产生购买产品行为的文案。

2.3.1　精确定位目标受众

为了提升电商文案的营销效果，文案创作者首先要精准定位目标受众，通过买家人群画像定位和搜索人群画像定位来定位目标受众，使文案具有更强的针对性。人群画像展现的信息并非每一个用户的信息，而是具有相同特征的一群目标用户的共同信息，通过这种画像的方式来为这些具有共性的用户贴上一个标签，从而实现数据的分类统计。

通过定位目标受众，企业可以建立起对买家的基本印象和属性信息，包括性别、年龄等。这些属性信息的不同可导致消费者的收入水平、生活习惯和兴趣爱好的不同，进而影响其消费行为。文案创作者通过对这些信息进行分类统计，可建立起基本的买家人群画像模型，然后再将信息按照相近性原则进行整理，将买家的重要特征提炼出来，形成画像框架，并按照重要程度进行排序，最后再进行信息的丰富与完善即可完成画像的构建。

在电商平台中可以通过数据分析工具来快速进行人群画像的定位，如淘宝平台的"生意参谋"数据分析工具就提供了"买家人群""搜索人群"两种不同类型的目标用户画像定位功能。在"生意参谋"中单击"市场"选项卡，在打开的页面左侧的"人群画像"栏中即可分别选择对应的信息进行人群画像定位，下面分别进行介绍。

1. 买家人群画像定位

买家人群画像定位是指通过对买家的职业年龄、性别以及地域等基本属性进行深入分析，从而获得更加准确的买家信息，如职业、年龄和性别分布，省份分布排行、城市分布排行等数据。买家人群画像定位还可以对这部分买家的购买行为进行分析，得出这部分买家人群的标签属性，如性别占比、年龄阶段占比、星座占比等数据，买家人群标签如图 2-18 所示。

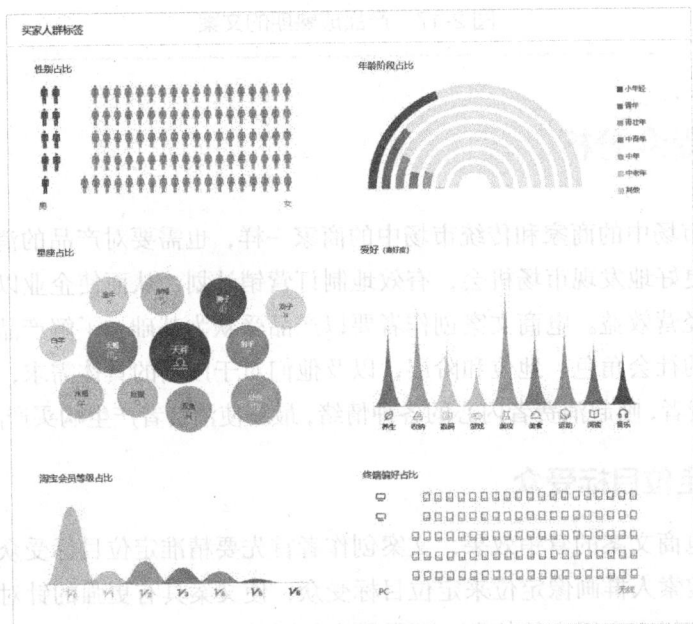

图 2-18　买家人群标签

在进行定位分析时要先筛选分析时间和类目，并重点关注以下数据。下面分别对这些数据进行介绍。

➢ 职业分布：主要用于了解不同职业人员的消费水平、消费观念和流行趋势，这些职业包括公司职员、个体经营/服务人员、医务人员、教职工、公务员、工人、学生7种类型；一般来说，公司职员这部分消费人群比较理性，不会盲目跟风，他们的消费主动性和接受新鲜事物的能力都比较强，若产品的功能、细节等方面满足他们的要求，他们当中的大部分都会选择购买；学生这一消费群体比较追求个性和时尚，但由于大部分学生都没有经济来源，消费水平并不高，因此，特价、优惠、促销等活动比较受他们的青睐，学生群体的从众、求美、求新等心理较强；公务员这一消费群体，由于行业的特殊性，他们比较追求高质量的消费，因此品牌商品会比较受他们的欢迎；工人这一消费群体则比较在乎产品的性价比，追求实惠；医务人员、教职工等消费群体比较理性，属于中高层次的消费者；个体经营 / 服务人员这一消费群体的消费行为受个人喜好的因素的影响较多。

➤ 年龄和性别分布：从年龄分布来看，25 ~ 29 岁的消费人群占比最高，其次是 30 ~ 39 岁的消费人群；从性别分布来看，通常进行网络购物的女性消费者是男性消费者的 2 倍左右，女性消费者购买产品时比较冲动，而男性消费者则比较理智。

➤ 省份分布排行、城市分布排行：可以看作是对购物地域的分析，以作为广告投放时确定投放地域的依据。

➤ 下单及支付时间段分布：对消费人群的下单及支付时间段进行分析，以判断购物高峰期，合理分配资源，做好广告时间投放、客服接待等战略安排；下单及支付时间段分布与消费者的职业、购物习惯等具有较强的联系。

➤ 属性偏好：对消费人群喜好的产品属性风格进行分析，筛选出匹配度高的属性内容，可作为商家选款或测款的依据。

➤ 购买价格偏好、购买频次属性：对消费人群的支付金额和购买次数进行分析，得到消费者对价格的接受程度和复购次数等相关数据，可作为调整产品价格的依据。

➤ 购买品牌偏好：对消费人群购买品牌偏好进行分析，定位主要的竞争对手，可学习竞争对手的优秀营销手法，借鉴其文案写作方法。

2. 搜索人群画像定位

由于移动互联网技术的飞速发展，企业之间的竞争、产品之间的竞争日益激烈，谁能更精准地定位目标消费者群体，谁就能更快地抢占市场。通过对搜索人群的社会属性、行为偏好、购买偏好等数据进行分析，商家可以有效掌握搜索人群的基本特征，从而在店铺装修、产品风格、产品定价、文案描写等方面更精准地契合目标消费者的需求。

特别是在进行电商文案创作前，文案创作者需要明确目标消费者的购买力，对其购买产品的特征、购物行为和购物特点等方面有一个深入的了解，这样才能进行有针对性的创作。分析搜索人群画像定位包括以下几个方面。

➤ 社会属性分析：通过分析搜索人群的基本社会属性，获得潜在消费者的特征，商家能够更有针对性地进行产品优化及营销推广。

➤ 行为偏好分析：通过分析搜索人群的优惠偏好、支付偏好等数据，商家能够更好地制定店铺的营销策略。

➢ 购买偏好分析：通过分析搜索人群对品牌及类目的购买偏好，商家能够更好地了解潜在消费者所偏好的产品特征，从而更好地制定营销策略和创作文案。

➢ 对比分析：通过对比分析不同搜索词所对应的搜索人群，商家能够更好地掌握不同搜索人群的基本特征，从而更好地制定营销策略，提高转化率。

例如，在"生意参谋"中对帽子的搜索人群画像进行定位分析，如图 2-19 所示。搜索人群画像分析可以直观地了解目标用户的地域分布、关注焦点等，可以帮助文案创作人员进行文案策划。

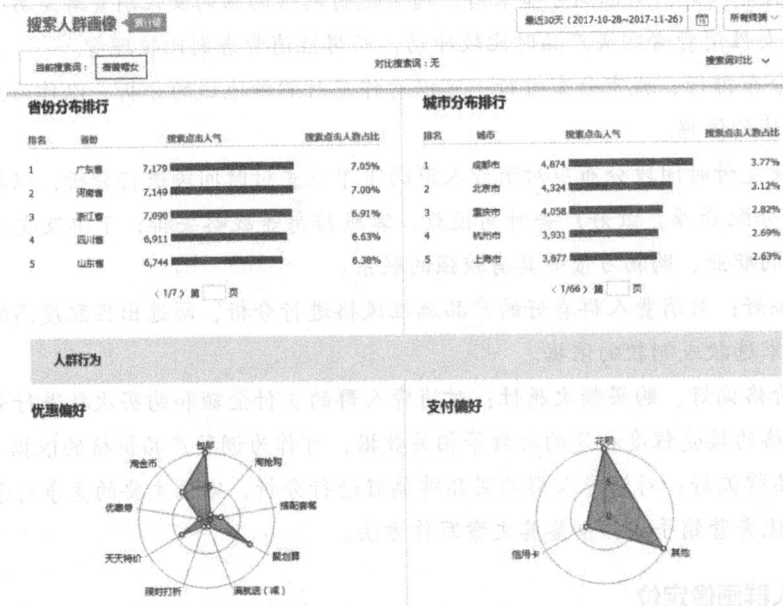

图 2-19　帽子的搜索人群画像

2.3.2　分析消费者的购买动机

购买动机是指消费者购买产品的内在驱动力。当消费者对产品有着积极的态度时，就可能产生购买该产品的明确意向。购买动机通常包括追求产品的实用性、方便性、安全性、廉价性、美观性等，电商文案创作者就需要通过在文案中描述产品的各种特性，来激发消费者的这些购买动机。

通常，影响消费者购买动机的因素有以下 3 点。

➢ 环境因素。指的是文化环境、社会环境和经济环境等外在的社会化环境因素。环境因素会影响消费者的购买意向，比如冬季雾霾严重，空气污染严重，则防霾口罩在这一时段就会比其他时段的销售量高很多；又比如某热播剧引起了人们对某个产品的关注，受该热播剧的影响，关注该产品的消费者也会急剧增多。

➤ 产品因素。主要是对产品的质量、性能、价格、款式、服务、广告和购买的便捷性等因素的考虑。如在淘宝直播平台中，消费者可以在观看直播的同时直接购买产品，这就比传统视频营销结束后告知消费者通过何种渠道进行购买要便利得多。

➤ 消费者个人及心理因素。消费者由于自身经济能力（如购买能力、接受程度）、兴趣爱好（如颜色偏好、品牌偏好）等不同，会产生不同的购买意向，并且消费者的心理、感情和实际的需求各不相同，其产生的购买动机也不相同。

综合以上因素和电子商务给消费者带来的便利，可知消费者在电子商务模式下的消费行为发生了很大的变化。因此，电商文案要激发消费者的购买动机，就要重视消费者信息的收集、分析并要总结出消费者的消费规律，研究消费者在电商平台上发生购买行为的原因。

【实例7】

某款防晒产品的电商文案如图 2-20 所示。在该文案中文案创作者从消费者的购买动机出发，介绍了该产品具有持久耐晒、防水防汗和焕亮补水三大功效。对于需要其中任何一个功效的消费者来说，购买这款产品后，不仅可以满足自己本来的需求，还能同时拥有其他两个附加功效，这样就很容易激发他们的购买动机，使其产生购买行为。

图 2-20　某款防晒产品的电商文案

2.3.3　洞察消费者的内心反应

由于消费者在购买电商产品时，通常会经历一系列复杂的心理活动，因此如果文案创作者能够预判消费者内心的反应，撰写出具有引导性的导购文案，则可能会对产品的销售起到很好的促进作用。研究消费者的消费心理，可以更加准确地定位消费者的购买行为，从而创作出更加符合消费者需求的文案。下面就来看看消费者在购买产品的过程中有哪些消费心理。

1. 好奇心理

好奇心理是指消费者对市场上那些不常见的、比较新颖的产品所产生的一种心理倾向。平衡车、智能机器人、电动牙刷等产品能在市场上风靡一时正是迎合了消费者这一心理。

那些好奇心比较强的消费者一般比较偏爱新奇、时尚的产品。这类型的消费者主要是以年轻消费群体为主，他们看重的往往不是产品的性价比，而是该产品能否满足自己的好奇心。

【实例8】

某款奶制品的电商文案如图 2-21 所示，该文案的主题是"向凌晨 4 点起床的奶牛致敬"。不少消费者在看到这个主题以后，可能会产生这样的疑问：奶牛为什么要在凌晨 4 点起床呢？这是文案创作者在试图唤起消费者的好奇心，紧接着就向消费者讲述了该款产品的制作细节，解答了消费者内心的疑问。

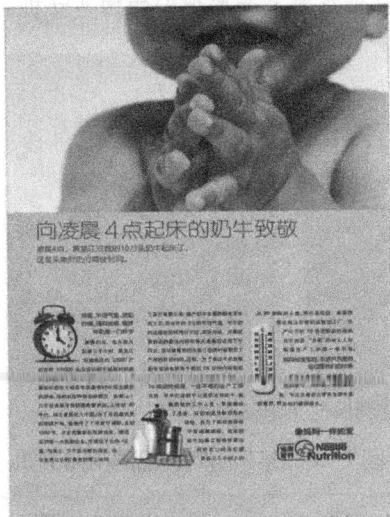

图 2-21　某款奶制品的电商文案

2. 实用心理

实用心理是指消费者特别注重产品的功能性和实用性的一种心理动机。在产品的交易过程中，拥有实用心理的消费者，其首要需求便是产品必须具备实际的使用价值。对待这种类型的消费者，文案创作者在撰写文案时，要特别注意关于产品的质量、功能等的实用性描述，不必过分强调产品的外形、特点等。

【实例 9】

小米体重秤的电商文案就是通过"喝杯水都可感知的精准"这样的描述来强调产品的实用性，如图 2-22 所示。购买体重秤的消费者或多或少都会担心自己购买的体重秤不能精准测量，特别是对于减肥人士来说，他们每天都要上秤好几次，可以说是"分毫必究"。若一款秤可以精确到 100g，并且消费者喝杯水都能在体重上体现出来，则这款实用的体重秤，对于具有实用心理的消费者来说必然是非常有吸引力的。

图 2-22　小米体重秤的电商文案

3. 从众心理

从众心理是指消费者受到大多数人的影响，从而跟随大众做出相同行为的一种心理。从众心理是一种非常常见的消费心理，因为大多数消费者都不愿落伍，所以他们在购买产品时会自然而然地选择和多数人保持一致。例如，消费者小 A 的朋友向其介绍一件产品性能多么优良的时候，也许小 A 当时并没有对该产品有多动心，但当朋友加一句"我身边好多朋友都买了"时，小 A 的购买冲动可能就会瞬间被激发。

4. 追求心理

人们总是对一些美好的事物充满向往，希望通过自己不断的追求能够获得这些美好的事物，这就是"追求心理"。例如，耐克的某款文案如图 2-23 所示，该文案没有直接强调产品自身的性能，而是抓住了消费者对"帅气"形象的追求心理，描绘出当消费者穿着耐克的产品进行运动时会显得非常帅气的这样一幅画面。

图 2-23　耐克的某款产品的文案

5. 受尊重心理

根据马斯洛需求层次理论可知，当人们的生理与安全需求得到解决后，其需求就会上升为"尊重需求"。购物也一样，当产品在性能方面满足了消费者的基本需求之后，消费者的尊重需求就会突显出来。而商家们为了满足消费者的这种受尊重心理，在经营过程中会尽力为消费者提供最优质的产品服务。

如果店铺的服务质量很差，那么就算产品的质量再好，消费者也未必会购买，因为消费者会觉得自己没有从商家那里获得尊重。因此，电商文案创作者在进行文案创作时也必须要考虑到消费者的这种受尊重心理，要能够让消费者感受到来自商家的真诚和对自己的尊重。

佳能拍摄的创意视频文案如图 2-24 所示。该文案在视频开头展现了一些消费者通过各种姿势来使用佳能相机进行拍摄，在视频的最后又将他们使用佳能相机拍摄的优秀作品呈现出来，既肯定了这些消费者的专业摄影水平，使他们获得了尊重感，同时也增加了他们对品牌的忠诚度。

图 2-24　佳能品牌的创意视频文案

6. 被理解心理

现代社会，人与人之间的交流越来越少，很多人常常会感到孤独，当这种孤独感袭来的时候，人们就会特别希望别人站在自己的角度来理解自己，哪怕只是一个会心的微笑。所以电商文案创作者在进行文案创作时，应该尽可能地站在消费者的角度去思考问题，合理化地支持他们的一些消费行为，这样才能够让消费者迅速地"敞开心扉"，从而购买产品。

例如，某运动品牌的文案就是为了体现对年轻人的特立独行的理解而创作的，如图2-25 所示。这样的文案能够让这类消费者感受到被品牌和产品理解，相对来说拥有此类心理的消费者更容易购买该品牌的产品。

图 2-25　某运动品牌的文案

2.3.4　找准消费者的"痛点"

消费者的"痛点"简单来说就是消费者购买产品的理由。商家只有站在消费者的角度，挖掘出那些让消费者不得不购买这款产品的理由，以消费者的"痛点"来带动产品的卖点，才能够有效地加深消费者对产品的认同，从而激发他们的购买欲望。

创作电商文案时需要精确捕捉消费者的购买动机和购买欲望，通过文案，消费者可以与品牌和产品建立连接。比如汽车用品的痛点就是安全、环保等；家居产品的痛点则是做工精良、经久耐用等；食品类产品的痛点则是健康、美味、新鲜等。

【实例 10】

美的的某款油烟机产品的文案如图2-26 所示。油烟机虽然能够吸除油烟，但是用久了会变得很脏，而清理油烟机又是一件很麻烦的事情，所以油烟机的清洗就成了很多消费者的需求痛点。该文案就说明了这款油烟机与其他油烟机的很大的区别——不会积累油垢，是一台能够进行自我清洁的油烟机。这款油烟机每次使用后都能自动蒸汽清洗的特点，直击消费者的痛点，从而吸引消费者购买。

美的蒸汽洗
一台会自己洗的油烟机

图 2-26　美的的某款油烟机产品的文案

2.4　制定电商文案的创作方案

文案创作者在仔细地对产品所在的市场、产品的特性和产品的受众进行分析以后，就可以开始制定电商文案的创作方案了。制定电商文案创作方案是进行电商文案创作的第一步，只有拥有清晰明确的创作方案，文案创作者才能高效精准地创作出结构清晰、逻辑严密、语言流畅、深受消费者认可和喜爱的电商文案。

2.4.1　明确电商文案的写作目的

在制定电商文案创作方案时，首先应该明确创作该文案的目的，这对于后续的文案创作来说具有很强的指导性。文案创作的目的不同，其创作过程中所运用的基本思路和方法也会有所不同。通常，文案创作的目的主要有 4 个：促进产品的销售；宣传品牌或企业；与消费者互动；进行活动推广。

➢ 如果创作文案的目的是促进产品的销售，那么文案创作者就要思考如何在文案中体现产品的竞争优势，怎么才能让消费者觉得该产品的价值高于其他竞争对手的产品。

➢ 如果创作文案的目的是宣传品牌或企业，那么需要在创作的文案中体现所要宣传的对象，同时又不能引起消费者的反感，并且文案的内容要贴近品牌或企业的整体风格与形象。

➢ 如果创作文案的目的是与消费者互动，那么就需要通过文案内容来充分激发消费者的兴趣，调动他们的互动积极性。

➢ 如果创作文案的目的是进行活动推广，那么文案的内容就需要具有极强的吸引力，能够让看到文案的人自发地参与活动。

【实例 11】

　　某淘宝店铺上新活动的宣传文案如图 2-27 所示。从文案中"35 元清仓包邮""30 天无理由包邮退换货"等文字可以明显看出发布文案的主要目的并不是进行新品促销，而是进行清仓销售。文案正文提到了"夏装 35 元清仓包邮"和"秋装 7 折包邮送 T 恤"，这样设计文案的目的就是在冬季新品上市的同时，将夏装和秋装产品进行清仓销售。由此可以看出文案的内容是视文案创作的目的而定的。

图 2-27　某淘宝店铺上新活动的宣传文案

2.4.2　明确电商文案的写作主题

　　明确文案写作目的并进行了相关的文案创意收集之后，很多文案创作者就直接提笔进行写作了，其实这样并不合适。文案写作目的只是文案写作的一个方向，用于帮助文案创作者进行文案写作方向的构思，但如果没有一个明确的文案写作主题，文案创作者随意按照自己的喜好和思路来写作，那么就会使文案没有突出的重点，也就无法吸引消费者。这容易使文案变成自娱自乐型的文案，既达不到好的营销效果，也不利于文案创作者写作水平的提高。

　　文案的写作主题是文案策划和创作的方向，它将贯彻于文案创作的整个过程，对文案的最终效果有很大的影响。如果说文案写作目的就是向消费者传达产品、服务或品牌的某种信息，那么这种信息正是文案所要表达的主题，比如产品卖点、促销优惠、企业精神、品牌理念等。

1. 了解选择主题的思路

　　一切社会活动都是有规律的，可以根据规律来研究社会活动的整个过程。这个道理也可以运用到选择电商文案主题的工作中，文案创作者只有先了解了选择主题的步骤和思路，才能高效地选择主题。文案创作者可以通过以下4个步骤来进行电商文案的主题选择工作。

➤ 关注。文案创作者需要持续关注社会问题、流行文化和近期热点。例如，下面这个甜品品牌的产品文案就是通过关注最近流行的美食文化进而创作出的文案，如图2-28所示。该文案将情怀注入甜品中，让很多人在阅读该文案时，能够从中找到引起自己共鸣的那一部分内容，从而让消费者产生购买的冲动。

➤ 筛选。文案创作者需要从关注的所有内容中筛选出有新意、有意思、有针对性、有冲突性、有话题性的部分，作为备选主题。

➤ 梳理。在经过关注和筛选这两个素材积累的阶段后，文案创作者需要为备选主题找到一个正确清晰的切入角度。

图2-28　某甜品品牌的产品文案

➤ 提炼。在明确了主题的切入角度之后，文案创作者需要通过提炼观点、突出卖点等方法，将主题清晰地呈现出来。

2. 从内容角度出发归纳文案主题

文案的主题需要从内容的角度出发进行归纳。

（1）主题应该与日常生活相关联

日常生活是产品、文案与消费者之间联系的重要纽带，也是文案的最佳"产地"。真实的生活感受往往最容易引起人们的共鸣和关注，所以很多优秀的文案都是从日常生活中提炼出来的。如果文案创作者在选择文案主题时，能够有意识地将与日常生活息息相关的内容作为主题，则一定能够引起不少消费者的关注。比如，"城市漂泊"这个主题就经常被应用在各种产品的文案中，在地方特产类产品文案中，该主题可以表现为家乡的召唤，在酒类产品文案中，该主题又可以表现为远离家乡的孤独。

（2）主题应该与消费人群相关联

不同的人群之间总会存在一些固定的话题，这些话题很容易触动这部分人群。房价、升职、健身等话题就非常容易引起上班族群体的关注；学生群体则对情感、运动和游戏等话题比较感兴趣；而宝妈群体平时关注较多的则是海淘、辅食、幼教等话题。如果在文案内容中能够涉及这些特定消费人群感兴趣的话题，有相应的关键词，那么就会更容易促使这些特定目标人群去关注品牌和产品。例如，某款功能饮料的产品文案，针对高考考生这一特定消费者人群，以"拼！就尽全力！"为主题创作的文案，如图2-29所示。

图 2-29　某款功能饮料的产品文案

（3）主题应该与热点事件相关联

在选择主题时，筛选热点事件有以下 3 点需要注意。

➢ 反应快。要在第一时间利用热点事件进行文案的关联创作。

➢ 挖掘话题。选择的热点事件要能进行话题延伸，要能给予消费者一些新的信息，这样创作出的文案才能刺激受众进行转发和传播，凸显品牌或产品的价值。

➢ 与品牌或产品相关联。选择的热点事件要具备和文案推广的品牌或产品相关联的因素，这样才能起到宣传或推广的效果。

例如，图 2-30 所示的两篇文案，文案创作者都是利用"三八妇女节"这个热点作为主题来进行文案创作的。但这些文案在利用热点事件的同时，也会根据自己品牌的特点进行关联和延伸。

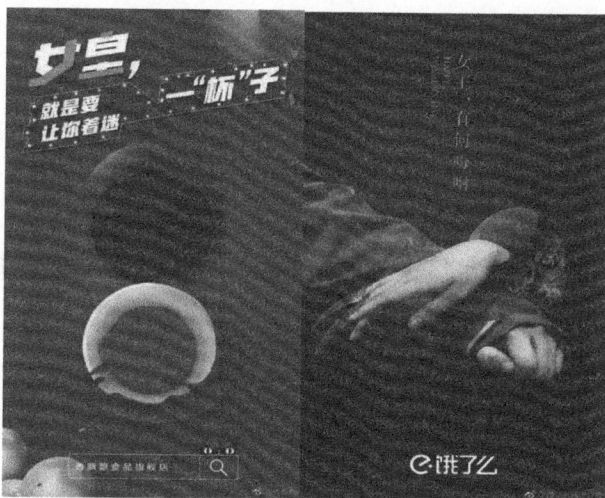

图 2-30　利用热点事件创作的文案

2.4.3　确定电商文案的表达方式

在电商文案的创作过程中，除了确定文案的写作目的和主题外，还需要根据文案的创作方向选择一种合适的表达方式。电商文案的创作目的是通过内容向消费者传递产品或品牌的价值，使消费者能够对产品或品牌产生新的认知，这就要求文案创作者不仅要具备文案写作的基本能力，还要掌握文案的具体表达方式。

1. 动机型

动机型表达方式是通过将产品的价值融入文案创作的具体场景中，再通过文案中描述的场景给消费者一个明确具体的购买理由，这个使消费者在众多的竞争产品中更加倾向于文案所宣传的产品。这种写作方式要求文案创作者站在消费者的角度来思考问题，创作出能够影响消费者感知的文案。例如，某款手表产品的文案，在描述其计时精准的产品卖点时，将"把握生命的每分每秒"作为文案内容，很好地给消费者塑造了一个生活化的场景，让消费者能够快速联想并感知到产品的性能，如图 2-31 所示。

图 2-31　某款手表产品的文案

2. 实力型

实力型表达方式是指直接将产品（良好的品质、性能、功效等）或服务作为文案内容的表达重点，给消费者留下一个优质的产品或服务印象。实力型表达方式注重通过产品或服务的核心竞争力来体现其竞争优势。例如，格力空调的品牌文案"格力，掌握核心科技"，其中的"核心科技"这 4 个字就直观地体现了产品优质的性能和品质。

3. 暗示型

暗示型表达方式是指不直接说明文案的主题，而是通过暗示的方式让消费者明白文案的真实意图。这种写作方式比较适合以创意为主的文案内容，不建议用在产品上新、活动推广之类的文案写作中，但可以作为企业理念、品牌精神等文案的创作思路，以加强消费者对企业的认同。例如，keep 健身 APP 的文案，就很好地诠释了 keep 所倡导的坚持、自律的品牌精神，如图 2-32 所示。

图 2-32　keep 健身 APP 的文案

4. 理想型

理想型表达方式是指在文案中通过表达远大的目标或愿景，在价值层面引起消费者的共鸣。这种写作方式比较适合具有一定品牌知名度的企业使用，主要从精神层面来体现自身与竞争对手的差距。例如，某款啤酒产品的文案，无论是产品名称还是文案内容，都很好地体现了该品牌勇于探索、敢于创造的无畏精神，从而激发消费者与品牌展现出的无畏精神产生强烈的共鸣，如图 2-33 所示。

图 2-33　某款啤酒产品的文案

2.4.4　找准电商文案写作的切入点

电商文案写作的切入点，也就是实现电商营销目的的关键点，这个关键点有可能是消费者的痛点，也可能是转瞬即逝的潮流。文案创作者只有找到了这个切入点，才能有效地将文案内容与消费者联系在一起，从而引起消费者的注意、激发消费者的购买欲望，最终完成销售的转化。

1. 以新闻故事为切入点创作文案

以新闻故事为切入点创作文案，不仅体现了文案创作者关注新闻，还反映了产品同新闻一样的超前意识。通常新闻都是有一定的时效性的，利用新闻创作文案的最佳时机就是在新闻发生到媒体记者挖掘出更多的信息的这段时间里。如果文案创作者能以最快的速度创作出与新闻故事相关的文案，那么就很容易被关注新闻的人们接受。文案创作完成后还需要认真选择宣传渠道，尽量选择与新闻联系紧密的平台，如微博、微信等，这也是文案成功的关键。

例如，小米以科比退役的新闻创作的文案，将小米产品"探索不息"的品牌精神和篮球运动员的拼搏精神相结合。文案结合新闻，简单有力，直击消费者的内心，如图 2-34 所示。

图 2-34　以新闻故事创作的文案

2. 以热点话题为切入点创作文案

热点在传媒领域是指比较受大众关注的信息，具有很强的时效性。热点通常能吸引大量的社会关注。利用热点进行营销，是一种非常有效率的营销方式。如果一个热点事件一直被大量的人注意，创作的与此热点有关的文案也就很容易得到传播。由于热点具有时效性，一般在一个星期后，大众的关注度就会降低，因此最好在热点出现的前三天就及时地进行营销，这样方能取得较好的效果。

以热点话题为切入点创作文案最重要的就是把文案内容与热点话题联系起来，两者之间要有一定的契合度，只有与热点话题有一定相关性的推广文案才能获得较好的营销效果，否则就有一种强行营销的感觉，可能引起消费者反感。例如，图 2-35 所示的 3 个产品文案，就是根据某手机品牌推出的某款新手机的"面部识别技术"所创作的文案，这些文案既联系了热点话题，又展示了自己产品的特色，起到了很好的营销效果。

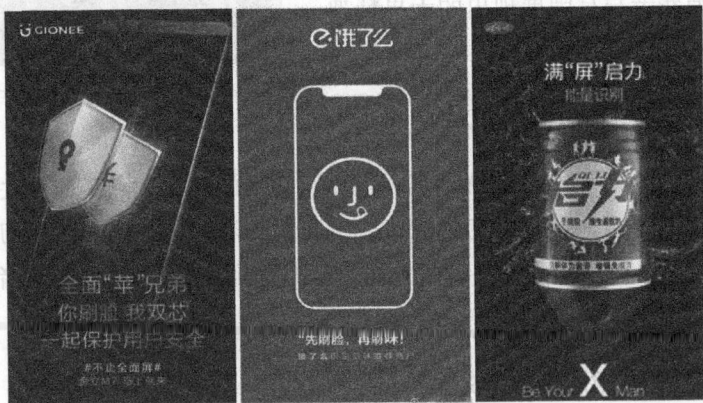

图 2-35　以热点话题为切入点创作的文案

3. 以日常生活问题为切入点创作文案

在创作电商文案的时候，文案创作者如果能将消费者在日常生活中较为关注的问题，与文案推广的产品联系在一起，就能较大限度地引起消费者的关注。比如，对于普通消费者来说，衣食住行是最基本的生活需求，特别是大部分漂泊在外的人，他们都想有一个安稳的家，即使现在没有足够的钱，但仍然有很多人哪怕贷款也要买一套属于自己的房子。于是，某房地产商就以此为切入点，创作了以"决定留在这个城市"为主题的产品销售文案，如图 2-36 所示。该文案将楼盘的销售与普通人较为关心的住宅问题联系起来，打动人心，很容易吸引消费者的注意。

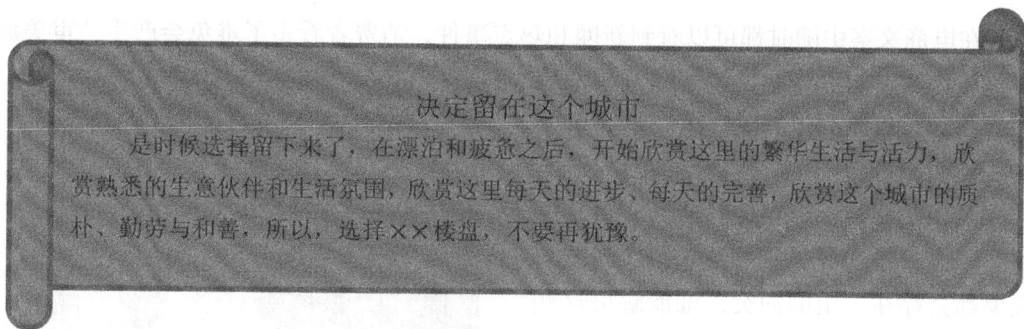

> ## 决定留在这个城市
>
> 是时候选择留下来了，在漂泊和疲惫之后，开始欣赏这里的繁华生活与活力，欣赏熟悉的生意伙伴和生活氛围，欣赏这里每天的进步、每天的完善，欣赏这个城市的质朴、勤劳与和善，所以，选择××楼盘，不要再犹豫。

图 2-36　以日常生活问题为切入点创作的文案

4. 利用逆向思维创作文案

所谓逆向思维，即从结果到原因，反向思考问题，并提出解决方法。有时通过正向思维思考问题有可能无法获得答案，这时人们就可以尝试从逆向思维中去找寻灵感。

在这个信息发达的互联网时代，各种文案的投放较多、较广，电商市场的竞争尤为激烈，若按照一般的逻辑来思考问题、创作文案，往往很难达到理想的宣传效果，产品也很难在市场竞争中脱颖而出。如果文案创作者能够通过逆向思维来创作文案，那么正好可以区别于正向思维，提出与众不同的诉求点，使文案出奇制胜。

【实例12】

甲壳虫汽车的文案就是利用逆向思维进行创作的经典文案，如图 2-37 所示。一般的汽车广告都会着力宣传外观设计很美，但是该文案的主题却是"它很丑，但是它能带你去想去的地方……"。文案中展示了一个外观并不美观的探测器，这个探测器能够帮助人类进行更遥远的探索。文案创作者没有直接从正面宣传产品的优点，

图 2-37　利用逆向思维创作的甲壳虫汽车广告文案

而是借用这个不够美观的探测器来表达自己的观点，即甲壳虫汽车和探测器一样，虽然外表不够美观，但却具有很强大的实用性，能够带消费者去想去的地方。

5. 通过制造冲突来创作文案

在电商文案中随时都可以看到新闻和热点事件，消费者看多了难免会产生"审美疲劳"，偶尔出现一些冲突，可以有效地刺激消费者，增加一定的关注度。从另一个方面来说，消费者在进行消费选择时也会存在很多冲突，比如物美和价廉、多功能和便捷性、美食和健康等，它们之间或多或少都会存在一定的冲突，谁能解决这些冲突，谁就能成功地为消费者找到消费的理由。

图 2-38　通过制造冲突来创作的文案

例如，某款功能饮料的文案就是通过制造冲突来创作的文案，如图 2-38 所示。该文案内容所表现的是疲倦和休息之间的冲突，累了困了又暂时无法休息或者不想休息时应该怎么办，如果使用这款产品可以帮助消费者解决这个冲突，那么消费者自然很愿意接受这款产品。

6. 利用文案唤醒消费者的内心情感

情感营销文案是指在品牌的文案中注入情感或情怀，增加品牌的感性特质（如感情、情怀等），使消费者不但认可产品的质量，还认可品牌附属的感性特质，从而使产品或品牌在竞争中更具优势。

市场竞争的本质是"争夺"消费者，谁能获得消费者的认同，谁就能在市场竞争中获得胜利。情感营销文案主要是通过释放品牌的感性特质来打动消费者，获得消费者的认同，至于产品的卖点、功能等方面的介绍，可以有也可以没有。对于大众熟知的产品，可以不对产品本身的特质进行介绍，如酒、饮料等。例如，大部分白酒品牌通常都会以产品的口感、历史或文化内涵作为产品的卖点进行文案创作，但江小白却独辟蹊径，将情怀、情感、情境等内容作为文案创作的切入点，针对都市青年的心理感想进行营销，取得了很好的营销效果，如图 2-39 所示。

图 2-39　江小白的情感营销文案

2.4.5　确定文案中的营销关键词

在电商文案的创作中，根据产品本身的特点和用户群体，文案创作者可以制定很多的关键词，所有的文案都可以围绕这些关键词来进行创作。在电商文案中，营销关键词的作用在于包装产品，塑造价值，让消费者对产品产生信任，从而完成交易。所以，在电商文案中设置营销关键词能够有效地提高产品的搜索率和转化率。下面就来看看在确定营销关键词时，文案创作者应掌握的相关知识。

1. 语句通顺自然

在创作电商文案时，文案创作者应该结合文案的上下文语义来插入关键词，不能随意在文案的开头、中间、结尾插入关键词。因为在文案中随意插入关键词，很有可能会导致文案语句不通顺、不自然，这时平台的搜索引擎系统有可能会通过语义识别将其判定为作弊，这样会对文案的传播造成不利的影响，所以文案创作者在文案中插入关键词时一定要保证语句通顺自然。

2. 语义分析

在电商文案中设置关键词的一个重要目的就是方便消费者通过搜索引擎进行搜索。但是搜索引擎是没有任何思维能力的，比如电商文案中出现"睡衣"这个关键词，消费者看到这个关键词时通常会想到穿着睡衣躺着床上的舒适感觉，但这个关键词在搜索引擎那里却只是两个字符而已。所以在创作文案时，文案创作者需要对文案的语义进行仔细分析，充分理解每个关键词的意思，这样才能做好关键词的优化。

3. 关键词的形式变化

为了提升搜索引擎的搜索效率，文案创作者在设计营销关键词时，不一定都要用同一个关键词，可以将多种形式的关键词交叉使用。常见的有同义词、近义词和英文形式。

➤ 同义词。例如，"打折"可以用"折扣"来代替。

➤ 近义词。例如，"运动鞋"可以用"跑步鞋"来代替，与同义词类似。

➤ 英文形式。例如，"独享装"可以用"Self-consumption"来代替。

4. 关键词出现的频次

在创作电商文案时，在文案的开头、正文和结尾处均可以设置关键词。但文案创作者需要注意关键词出现的频次。

➤ 文案开头。关键词在文案开头一般出现1次即可，如有必要也可以出现2次，但最好不要超过2次。

➤ 文案正文。正文中关键词出现的次数需要视电商文案的篇幅而定，正常情况下关键词出现的次数一般为1～2次，如果是篇幅较长的软文类文案可以适当增加关键词出现的次数，但切忌出现关键词堆砌的现象。

➤ 文案结尾。为保证首尾呼应，在文案结尾处也需要再出现1次关键词。

实践与练习

1. 某电商企业将要推出一款全新的儿童运动鞋，其主要特点是透气、轻便和无汗味，主要卖点是无汗味、不臭脚，产品主要针对7～12岁的儿童，请根据本章所学的知识，按照以下要求进行文案创作前的相关分析，然后创作产品文案。

（1）进行市场分析。通过淘宝网和京东商城，以"儿童运动鞋、7～12岁"为关键词，搜索相关产品，进行市场调研和分析。

（2）分析产品的特性。根据本章所学，围绕"无汗味、不臭脚"这个核心卖点，塑造产品的品牌形象。

（3）分析产品的受众。由于产品面向7～12岁的儿童，因此需要分析该年龄段儿童对于运动鞋的主要需求，另外需要注意的是，该年龄段消费者没有经济能力，购买产品通常是由其父母负责，所以还需要分析父母购买运动鞋的相关动机，找到消费者的痛点。

（4）创作文案。试着综合以上准备工作的内容，创作该产品的营销文案。

2．根据本章所学的知识，分析图 2-40 所示的文案所处的产品生命周期。

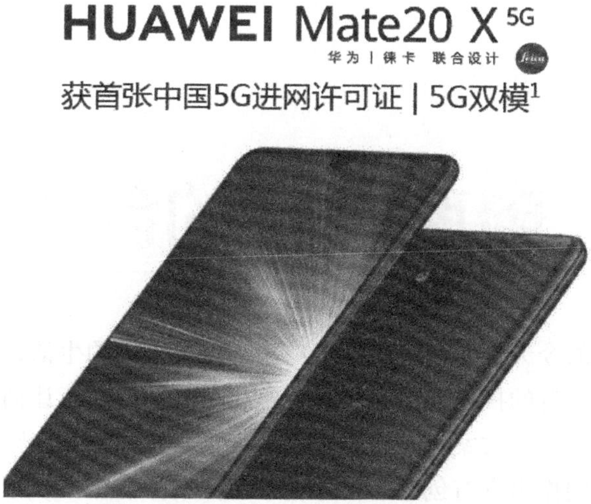

图 2-40　某手机产品文案

3．根据 6 种不同的写作切入点，为液晶电视创作至少 6 个不同的品牌推广文案。

第3章

电商文案的创意与构思

在信息"爆炸"的今天，各种宣传推广信息充斥着人们的生活，大量低质量且无用的信息导致消费者对信息的接收显示出一种疲惫状态。如何才能让消费者在众多的宣传推广信息中对自家所创作的文案特别感兴趣，并产生深刻印象呢？除了采用多渠道、多频次的推广方法外，创作出富有创意、构思精妙的文案，往往可以让产品或品牌的推广起到事半功倍的效果。

3.1 创意和构思是文案的"灵魂"与"骨架"

创作文案是一项非常复杂而又困难的工作，文案创作者需要根据产品的生产类型、复杂程度以及企业的品牌文化等精心组织，才能构思并创作出有创意的文案。实践证明，文案的创意构思越多，推广和宣传的产品就越容易获得消费者的青睐。如果把文案比作一个人，那么创意就是人的灵魂，创意对于文案来说有着重要的作用；构思则是人的骨架，组成文案的各个部分，支撑文案的创作。

3.1.1 创意：文案打动消费者的工具

创意是一种创造意识或创新意识，是指通过对某项事物的理解和认知，而衍生出的一种新的抽象思维和行为潜能。换句话说，创意就是运用专业技术和能力，针对原有资源，在概念或外形等方面进行创作的过程。创作电商文案的目的是引起消费者的注意，然后打动消费者，使其购买推广的产品，为企业带来经济效益。在这个资讯飞速传播的时代，大家可以通过互联网获取大量的信息，那么怎样才能打动见多识广的消费者呢？有时候仅仅依靠真心或者低价是不行的，而好的创意就是打动消费者最好的工具。

【实例 1】

某品牌的保鲜冰箱文案——为爱保鲜，如图3-1所示。该文案和其他的冰箱文案不同，其他冰箱文案可能会通过实际的保鲜效果来展示冰箱的保鲜性能，但这种方式消费者已经见过太多，基本无法引起消费者的购买兴趣，甚至无法吸引消费者的注意力。而这个文案却另辟蹊径，从感情出发，从对家人的爱出发，展示了利用冰箱的保鲜性能可以为家人提供更加鲜美的食物这一好处。"为爱保鲜"，不仅能体现消费者对家人的感情，也能突出冰箱的保鲜性能。这个文案可以使消费者觉得购买该产品，既能获得实用价值，也能表达对家人的爱，一举两得，这样往往更容易打动消费者。这个文案既能在短时间内吸引消费者的眼球，也能在今后更长的时间里对消费者的消费选择造成一定的影响，这就是创意带来的"高性价比"。

图 3-1　某品牌的保鲜冰箱的文案

下面来看看创意的组成元素及其产生的基本过程。

1. 创意的组成元素

创意的组成元素包括创意人的智慧、创意方向、创意的概念和点子。

（1）创意人的智慧

电商文案创作者要想创作出有创意的文案，关键是要有丰富的想象力。文案创作者需要对文字和语言有极高的敏感度，这样才能进行文案创意。想象力是创意的催化剂，它可以将文案创作者的生活经验、专业技能以及创新力转变为精彩的想法。想象力越丰富的人，其创意的沸点越低，越容易点燃创意的火花。

【实例 2】

图 3-2 所示的京东小金库的文案内容很触动人心。比如文案中写到"别用所谓的成功，定义你的人生。京东小金库，你的坚持，我的支持。"这些句子引起了不少人的共鸣，获得了不少消费者的关注。这篇文案之所以能吸引众多消费者的眼球，在于

文案创作者对生活细节的把握，以及对消费者痛点的洞察。文案创作者将对生活细节的关注和对事件的足够敏感度，通过他的想象力，将产品和文案结合在一起，从而点燃了创意的火花。

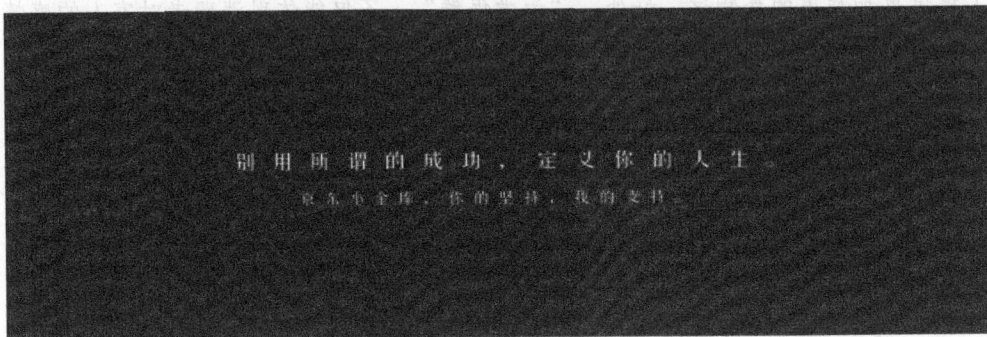

图3-2　京东小金库的文案

（2）创意方向

文案的创意方向就像是武器的准星，一件武器无论威力再大也只有在准星的协助下，才能快速瞄准并击中目标。因此，文案创作者首先需要寻找到文案创意的正确方向，然后锁定该方向，这样才能成功创作出具有创意的文案。没有方向的创意就像无头苍蝇，到处乱飞，其创意结果也不能让人满意。确定创意方向的最重要的方法就是进入消费者的世界，站在消费者的角度来进行创作，这就要求创作者要对消费者有比较深入的了解。

【实例3】

下面以某款燕窝产品的文案为例来进行文案创意方向的分析，如图3-3所示。在进行这个文案创作时，文案创作者首先应该对燕窝的消费者人群进行分析，燕窝的价格一般都不便宜，所以愿意购买燕窝的消费者通常是一些有身份、有地位、有财富的成功人士。这类人群需要的往往是能够体现身份、具备一定稀缺性的产品。因此，文案创作者需要从掌握的燕窝信息里挑出具有这些特性的信息，比如燕窝在古代是只有皇族才会食用的；一些国家给外国元首和贵宾的赠礼就是燕窝等。

假设把燕窝产品的文案创意定为"买一盒送

图3-3　某款燕窝产品的文案

两盒"，那么该文案的创意方向就是完全错误的。因为燕窝产品的消费群体是中高端人群，如果将"买一盒送两盒"作为文案创意，那么就无法体现出燕窝产品的高端和珍贵，很难在销售中取得好的营销效果，因为文案的创意方向不对。

（3）创意的概念和点子

在文案创意的过程中，创意概念就像是手枪的扳机，而创意点子则是手枪的子弹，扳机是用来击发子弹的，子弹则是击中目标的利器。因此，创意概念的作用就是用来协助激发创意点子的，好的创意点子都是被好的创意概念所激发出来的。创意的概念往往是固定的，但创意的点子却是多变的，围绕一个创意概念，可以激发出多个不同的创意点子。对于文案创作者来说，要多从生活中挖掘一些与创意概念有关联的点子，进而创作出优秀的创意文案。

2. 创意产生的基本过程

20 世纪 40 年代的一个广告文案撰稿人——詹姆斯·韦伯·杨（James Webb Young），总结归纳了创意产生的基本过程。

（1）收集资料。尽可能多地收集与文案主题相关的资料，这些资料包括原始资料、一般资料和特定资料。创意人员掌握的原始资料越多，就越容易产生创意。

（2）整理并理解所收集的资料。创意人员应该对收集的资料进行仔细整理，理解并掌握这些资料的主要内容。

（3）认真分析和研究资料。利用各种方法，通过不同的角度对资料进行分析，尝试把相关的两个事物放在一起，研究它们的内在关系的配合性。划出重点，提出问题，尽可能全面地观察产品或品牌，积极地解决问题。

（4）放松自己。更换思维方式，放松自己，去做一些自己喜欢的其他事情，比如打篮球、听音乐、看电影等，使自己彻底放松。这种方式看似毫无意义，实际上是激发想象力和潜意识的最有效的方式之一。

（5）创意的出现。在经过前面的 4 个阶段之后，创意会在不经意之中产生。物理学家阿基米德就是在极度疲劳、放开思维的情况下，洗澡离开浴盆时才发现了用排水量来计算水中物体的重量的方法。

（6）对突发的创意进行修改、完善。一个突发的创意，在其创意形成初期都不是很完善，需要通过不断地修改、测试、细化处理，才能达到最佳的效果。

3.1.2　构思：创意得以实现的平台

优秀的、成功的创意文案是每个文案创作者的追求。创意不是文案创作者坐在那里凭空想象就能实现的，而是要经过专业的学习和训练，运用奇妙的构思才可能实现的。

1. 构思创意文案的技巧与注意事项

构思创意文案的技巧与注意事项如下。

（1）首先要熟悉产品与市场调研资料，然后用20～30个字来描述产品的特点、功能、目标消费对象、精神享受等4个方面的内容。

（2）必须给消费者承诺。承诺很重要，可以这样说，没有承诺就不会有消费者的购买。承诺越具体越好，比如，"为你节约钱"不如"让你节约20元钱"的宣传效果好。另外，承诺要清楚、有保证，不要让消费者不相信你的承诺，必须在文案中说清楚你的承诺的保证是什么。

（3）文案标题写得好，文案就成功了一大半。一个有创意的文案标题应该具备以下3个基本特性。

➢ 故事性。要让人看一眼标题就觉得文案的内容中肯定有一个很吸引人的故事，这样才会有消费者愿意进一步去阅读其内容。比如"一只奶牛的成长史"这个标题就很具有故事性，能够引起众多消费者的阅读兴趣。

➢ 新奇性。文案标题一定要有新奇性，一个能够引发人们好奇心的标题能激发更多消费者的阅读兴趣。比如某款降火凉茶的文案标题——"给身体 清凉一'夏'"就非常符合新奇性这一特点，消费者一看到这个标题，可能就会产生好奇，想要看一看在炎炎夏日中这款凉茶到底怎样让自己感受到清凉，进而继续阅读该文案的内容。

➢ 新闻性。很多人都爱看新闻，如果文案标题写得像新闻一样，自然就会引起不少人的注意。比如某款瓷器的文案标题——"宋代鼎盛时期的异彩盏，800年后成功复原了"，此标题就具有很强的新闻性。

（4）好文案的内容必须真实可靠，并且具有亲切感。电商文案忌讳空洞的、虚假的宣传，而应该包含一些非常实在、具体的数字。同时，电商文案要给消费者真诚、可亲近的真实感受，以打动消费者的情感，让其去购买产品。

（5）好的文案应该直接与目标人群呼应。如果产品的目标消费人群是学生，那么文案中就应该出现"学生"这样的字眼，以明确产品的目标消费人群。

（6）为了使文案更加生动，文案创作者可以将文案与某一事件或活动相结合。若再搭配一些赠送活动，相信一定可以起到非常好的宣传效果。

（7）巧用数据，更有说服力。如果能提炼出一些有用的数据，那么文案创作者可以在文案标题中使用这些数据，这样做会达到不错的宣传效果。比如某款除螨虫仪器的文案标题——"只需3分钟，轻松去除被窝里98%的螨虫"，因为标题中加入了数据，整个文案看上去更加形象，也更具有说服力和吸引力。

（8）在一个文案中集中表达产品的 1 ～ 2 个卖点。文案创作者只需言简意赅地向消费者表达产品的 1 ～ 2 个卖点即可，如果产品的卖点陈述得过多，反而容易让消费者遗忘或者弄不清楚产品最主要的卖点。

2. 构思创意的五大方式

经研究发现，大量的创意需要进行规范化的构思才能实现，而构思创意时通常有五大方式，巧妙地使用这五大方式可以让你的电商文案大放异彩。

（1）形象类比

形象类比就是把某个象征性的物品添加到产品上，以此来更加形象地突出该产品的某种特性的一种构思方式。例如，如何突出笔记本电脑"轻薄"的特性，其构思创意过程可分为以下 3 步。

第 1 步：确定象征物品。选定的象征物品应该是大众熟悉的，因此文案创作者可以思考一下，在大众心中什么样的物品可以代表"轻薄"这个形象？比如羽毛就可以是"轻薄"的象征。

第 2 步：将产品与象征物品联系起来，即思考产品的哪个方面（比如产品的标志、重量、形状等）可以跟"轻薄"的象征物品（比如羽毛）联系起来。

第 3 步：创造一个富有创意的新形象，将产品与象征物品联系起来。比如，将笔记本电脑的重量与羽毛联系起来，再结合相应的文字和数据展示，带给消费者一种"该产品很轻薄"的感觉，如图 3-4 所示。

产品的创意文案往往表达的是一个抽象的概念，比如"轻薄""安全""快捷"等，而人们对抽象的概念大多都没有直观的感受。因此，文案创作者需要为这个抽象的概念寻找一个"象征物"，并且把这个象征物与产品的某个特性联系起来，从而为产品打造出一个富有创意的、具有吸引力的新形象。

（2）夸张手法

夸张手法就是在某种情景下，利用夸张的手法夸大产品的某一特点或卖点的一种构思方式。例如，某品牌箱包的文案，为了突出"箱包容量大"

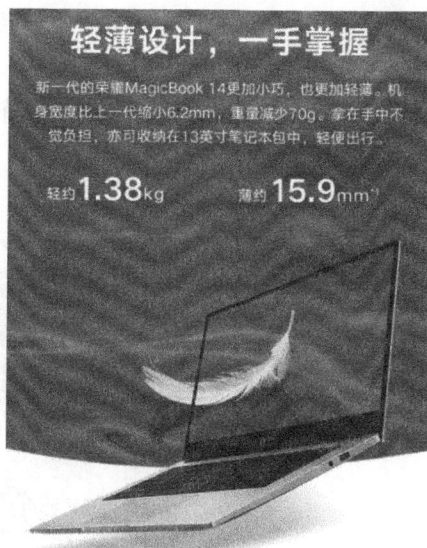

图 3-4　某款笔记本电脑的文案

的特点，通过夸张的文字"装得下，世界就是你的"，再结合夸张的图片展示"该箱包能装下一头大象"，生动形象地向消费者展示了该箱包容量大的这一特点，如图 3-5 所示。

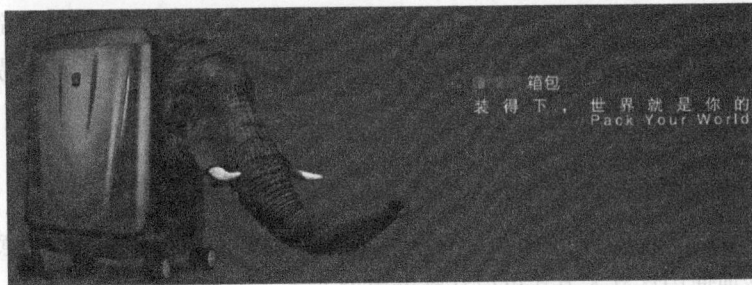

图 3-5　某品牌箱包的文案

（3）展示后果

　　展示后果就是向消费者展示使用产品过程中有可能会发生的某些极端后果的一种构思方式。这种后果可以是正面的，也可以是负面的。并不是所有的文案都一定要直接地展示产品的优点，有时候从另一个角度出发，向消费者呈现一些因为产品优点而导致的负面后果，通过这种从侧面展现产品优点的方式来撰写文案，也可以增加消费者对产品功能的认可。例如，某款手机为体现其"超薄"的特性，在其产品的文案中表示："手机太薄了，一不小心就容易掉到下水道里。"虽然表面是在描述使用产品的负面后果，但实际上却是在向消费者展示产品"超薄"的这一特性。

（4）制造竞争

　　制造竞争就是通过将文案中宣传的产品与其他类型的产品进行对比的形式，来突出该产品优势的一种构思方式。例如，某款运动鞋产品以"为跑而生"为主题的文案，配上代言运动员穿着这款运动鞋与跑车赛跑的图片，展示出竞争的场面，以此来突出运动鞋的卓越性能，如图 3-6 所示。

图 3-6　某款运动鞋的产品文案

（5）互动实验

　　互动实验就是让消费者在购买产品后根据文案的描述进行实验，从而验证产品功效

的一种构思方式。例如,某款洗发水产品的文案为"专研持久去屑",并在文案配图中
展示了产品包装中搭配的头屑测试卡,让消费者在使用产品后用这个头屑测试卡亲自观
察自己头发上头屑的变化情况,如图 3-7 所示。该文案可以有效地展现产品的去屑效果,
让广大消费者信服。

图 3-7　某款洗发水产品的文案

3.1.3　创意与构思在新媒体中的体现

电商文案创作完成后,除了在电商平台上进行展示和传播以外,还可以借助微博、
微信、视频网站等新媒体平台进行展示和传播。每个文案传播平台都有其独特的传播方式,
在进行电商文案传播时,文案创作者要观察不同平台的特征,根据不同平台的特征进行
文案的创意与构思。

与传统的电商平台相比,新媒体平台上的电商文案传播的链条不再是单向的"引发
阅读兴趣→阅读文案",而是双向的"引起关注→参与互动→二次传播"。基于这一变化,
文案创作者针对新媒体平台进行电商文案的创意与构思时,应该着重考虑以下两个方面
的问题。

(1)有趣

对于电商文案创作者而言,其创作出的文案的首要特点就应该是有趣。几乎没有人
会愿意去关注一篇篇幅很长,又乏味无趣的文案。但如果文案的内容足够有趣,即使文
案篇幅较长也可以吸引不少消费者阅读。创作有趣文案的方法有很多,比如讲述一个好
玩又趣味十足的小故事,或者借鉴网络流行用语进行创作等。

(2)互动

有趣的文案内容可以吸引消费者进行阅读,但这并不是通过新媒体平台传播电商文
案的最终目的。在新媒体平台中,吸引消费者参与互动,实现文案的二次传播才是文案
传播的最终目的,这也是文案创作者进行文案创意和构思的方向。要想通过文案吸引消

费者进行互动，文案创作者在进行文案的创意和构思时，就得考虑如何去制造和引发话题。

ⓘ 提示

为文案制造话题的方式有很多。比如在文案中关联其他事物；搭载热点话题；利用名人效应；设计开放式、易复制的创意模式；为文案留白，给读者留下充分的想象空间等。这些方式都能够为文案带来话题性。

总之，在新媒体平台上进行电商文案的创意与构思时，不仅要考虑如何吸引消费者的阅读兴趣，还要让消费者在阅读完文案后能够参与互动，主动将文案分享给他人，实现文案的二次传播。

3.2　做好电商文案的创意

随着竞争的日益激烈，平庸的文案很难吸引消费者的注意力，如常见的"新品大促销""超值抢购""全场5折"等广告文案已经不能夺人眼球了。有创意的文案总能从平庸的文案中脱颖而出，让人耳目一新。电商文案创作者只有创作出具有创意的文案并将产品的独特卖点与富有创意的文案相结合，才能给消费者留下深刻的印象，从而提高转化率。那么，好的电商文案创意具有哪些特征呢？创意策划的思维方法和文案创意的常用方法又有哪些呢？

3.2.1　好创意的特征

文案有创意才会有生命力，才能给人留下深刻印象。好的创意能将产品的魅力展现得淋漓尽致，让消费者眼前一亮，从而产生惊人的销售力。好的电商文案创意一般具有以下6个基本特征。

1．创意要简单

好的创意一定是简单易懂的，便于消费者理解的。消费者浏览电商文案的时间可能只有几秒钟，所以展示创意的时间也只有几秒钟。文案创作者需要通过文案向消费者展示产品的真实情况。在创作文案的时候，文案创作者要用最简短的文字与最直白的图片表达产品的独特信息。例如，可口可乐的某款文案作品，如图3-8所示，其创意就很简单，通过"瓶口喷射出礼花"的创意，既点明了主题（人们用可口可乐来庆祝春节），又宣传了产品，一举两得，

图3-8　可口可乐的某款文案

简单直接。

创意文案的表达看似只是简单的一句话或几句话，但再简单的宣传文案其背后也包含着文案创作者的智慧的结晶和辛劳的付出。例如，文案创作者在创作文案之前，一般都需要对产品、品牌、竞争对手的产品及其弱点等各种信息进行收集与分析处理，其中包括对产品性价比数据、消费者的各种情绪等的分析。最后将这些分析结果与产品相结合，形成创意，进而完成文案创作。

由此可见，"创意要简单"是要求文案的表达要做到简短、精练、深刻，能够迅速吸引消费者的注意力。要想提出简单的创意主要有以下两个方法。

（1）倒金字塔结构模式

倒金字塔结构就是按照先主后次的顺序来安排内容，即把最重要的信息放在最前面，根据重要程度依次递减的顺序来排列其他信息。从心理学的角度来讲，人都倾向于从整体认识事物，更喜欢首先看到的是对事物的核心的完整的描述。因此，文案创作者在描述创意或观点时，采用倒金字塔结构模式，其优点在于可以优先提炼核心内容，用"精、准、深"的语言阐述创意或观点，便于消费者在最短的时间内获得自己需要的信息。

（2）蜜柚式思维模式

蜜柚式思维又被称为类比的思维，即让文案内容与消费者熟悉的事物产生联系。由于消费者通常都是凭借自己的经验去理解一个新事物或一个新观点的，因此，文案创作者在阐述创意或观点时，应该充分利用消费者现有的知识经验和认知水平，让消费者快速理解和认同该产品，从而使该产品获得更多消费者的青睐。

2. 创意要意外

创意不仅要简单，还要出乎消费者的意料，这样才能吸引消费者的注意。意外就是创意或观点要与众不同，在人们的意想之外。为什么生活中很多信息、创意、观点没有引起我们的注意，原因就是这些信息、创意、观点都没有什么新意。只有制造出意外的事物，才能让消费者印象深刻。制造意外通常有以下两种方式。

（1）打破常规

打破常规就是打破固有的规章制度。文案创作中的打破常规要求文案创作者尽可能地去挖掘一些不同寻常的表达来彰显文案的创意，这也是吸引消费者注意力的最常用的方法之一。

（2）制造缺口

制造缺口就是利用消费者想要规避风险的自我保护意识，去制造紧张感和不适感，从而打开消费者的心理缺口。简单来说，就是先告诉消费者某些他们需要知道的问题，从而制造焦虑，再引出解决问题的创意或观点。

【案例4】

某运动品牌的创意文案如图 3-9 所示。该文案先提出一个问题："伟大的反义词"，如果按照常理，伟大的反义词应该是"平庸"或者"平凡"，但为了制造缺口，文案创作者告诉消费者"伟大的反义词不是失败"。这时消费者就会思考，不是失败，那是什么呢？于是，文案给出最终的观点"伟大的反义词 不是失败 而是不去拼"，告诉消费者"要想活出你的伟大，就要去拼搏"。

图 3-9　某运动品牌的创意文案

3. 创意要具体

创意无论是简单还是意外，其作用都是吸引消费者的关注，但想让消费者记住并且理解该文案的创意，则需要更加具体的描述。因为对事物的细节描述、场景化的表达，以及对情境的营造都会给人留下深刻的印象。比如，讲解一些抽象的理论或学术词汇是非常乏味的，并且不容易让人理解，但如果将这些理论或词汇用有趣的、具体的案例来进行讲解，消费者就很容易理解，并且记忆深刻。因此，要想让文案的创意或观点能够快速传播，就必须将抽象的名词用具体的、有画面感的以及有场景代入感的语言来进行描述。

【实例5】

某款手机的创意文案如图 3-10 所示。该文案一开始并没有使用过多的文字进行专业化的介绍，而是采用强烈的情感语义化表达方式，简明扼要地通过"大屏幕上见"的文案主题来营造意境，突出了产品屏幕大的卖点，给消费者留下了一定的想象空间，下面再通过具体的产品描述，让产品文案具体化。

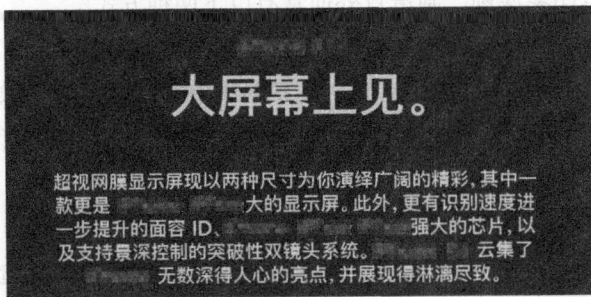

大屏幕上见。

超视网膜显示屏现以两种尺寸为你演绎广阔的精彩，其中一款更是　　　　　大的显示屏。此外，更有识别速度进一步提升的面容 ID，　　　　　强大的芯片，以及支持景深控制的突破性双镜头系统。　　　云集了无数深得人心的亮点，并展现得淋漓尽致。

图 3-10　某款手机的创意文案

4. 创意要可信

虽然消费者可以被文案的创意或观点吸引，并理解文案的内容，但他们并不一定会相信这些内容。因此，需要在创意和消费者之间建立信任。提高创意或观点的可信度有以下 3 种方式。

（1）权威代言

权威通常会带给人一种信任感和安全感，消费者为了减少试错成本、节约精力，一般会倾向于相信权威。权威代言不仅可以提高产品的关注度和知名度，还可以增加消费者对品牌的信任度和喜好度。因此，商家会选择明星代言或邀请专家来介绍自己的产品。其实质就是利用明星（权威人物）的知名度，将他们与具体产品联系起来，以达到产品营销的目的。

（2）相信数据

添加一定的数据更具有说服力，这就是消费者都喜欢查看产品的销售数据的原因。例如，某款蚕丝裤产品的文案，以销量作为创意，向消费者展示产品的销量，以吸引消费者的注意力，让消费者相信，有这么好的销量，该产品的质量肯定不错，如图 3-11 所示。

图 3-11　某款蚕丝裤产品的文案

（3）消费者亲自验证

百闻不如一见，消费者更愿意相信自己看到的事物，希望能够亲自验证产品是否达到自己的预期效果，比如通过试用、试吃、试听等方式来验证，这样做也非常有利于企业扩大品牌影响力。

5. 创意要"走心"

好的创意能够激发消费者的情感，这种能激发出情感的创意，往往能给人留下特别深刻的印象。所以，文案创作者要想让自己创作的创意文案被更多的消费者关注，其创意一定要"走心"，要努力地调动消费者的情绪，让其不自觉地与产品进行互动，从而对产品产生认可。

【实例 6】

如图 3-12 所示，某白酒品牌针对"北漂"人群推出了一组创意文案：没有酒，说不好故事。该文案将酒文化和"北漂"人群相结合进行产品营销，采用故事型文案的形式，再以黑灰色的街景作为文案背景，将"北漂"人群内心的孤独感和压抑感表现得淋漓尽致，让所有背井离乡、在外打拼的人们，在看到这个文案后都深有感触。

图 3-12 某白酒品牌的创意文案

6. 创意要生动

创意要生动，最好的方法就是讲故事，因为故事通常都比较生动，而生动的故事会潜移默化地影响消费者的态度，促使消费者产生购买行为。正能量的故事往往都具有激励作用，可以影响消费者对产品的认识。但是故事必须是真实的，因为不可信的创意是不能被消费者记住的。而真实的案例，会让消费者在大脑里产生激励自己的虚拟模型，从而产生购买行为。

对于电商文案来说，最多也最容易吸引消费者的就是心灵鸡汤式的故事，这类故事一般可以按照以下 3 种故事情节进行设计。

（1）挑战情节

挑战情节通常讲述的是挑战者如何战胜苦难取得成功的故事，也就是我们通常所说的励志故事。例如，某网校针对考研学生所设计的一组创意文案，如图 3-13 所示。该文案先是营造出一种"考研之路很艰辛"的气氛，让考研学生产生强烈的共鸣，接着又通过激人奋进的文字，给考研学生加油鼓劲。

（2）联系情节

联系情节就是围绕人与人之间的各种社交关系而展开的故事，涉及人与人之间的亲情、爱情、友情，甚至是陌生人之间的关系。

图 3-13 某网校的创意文案

（3）创造力情节

创造力情节就是讲述创造者是如何突破各种困境从而解决难题的故事。比如牛顿、爱迪生等名人故事就属于创造力情节的故事。

好的创意文案大多要通过讲述生动的故事去感染消费者，最终促使消费者产生购买产品的行为。对于电商企业而言，讲好故事不仅可以促进产品销售，还可以很好地树立自己的品牌形象。

3.2.2　创意策划的思维方法

电商文案的创意策划是一项需要创造性的工作，需要文案创作者有创造性的思维方式，要打破陈旧，勇于创新。通常情况下，人的思维方法分为垂直思维法和水平思维法、收敛思维法和发散思维法、顺向思维法和逆向思维法、头脑风暴法等。

1. 垂直思维法和水平思维法

垂直思维法又被称为纵向思维法，是指在一定的范围内向上或向下进行纵向思考。垂直思维法是一种传统的思维方法，看重以往的经验或模式，多是依靠以前的知识与经验进行思考。使用垂直思维法就是对以前观念的改进，其创意缺少创新。垂直思维法创作的文案通常都具有极强的科学逻辑，比如某款手机的文案就使用的是垂直思维法，该文案如图 3-14 所示。

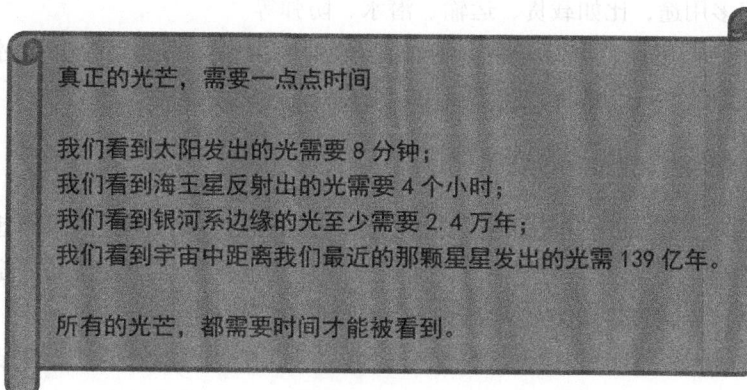

真正的光芒，需要一点点时间

我们看到太阳发出的光需要 8 分钟；
我们看到海王星反射出的光需要 4 个小时；
我们看到银河系边缘的光至少需要 2.4 万年；
我们看到宇宙中距离我们最近的那颗星星发出的光需 139 亿年。

所有的光芒，都需要时间才能被看到。

图 3-14　某款手机产品的创意文案

水平思维法又被称为横向思维法，是指从多角度、多方位寻求各种不同的新见解，以摆脱旧意识、旧经验的束缚，创造出一种新想法的思维方法。水平思维法是一种适合创新的思维方法，比如某书店的一篇关于书店搬家的文案就采用了水平思维法，如图 3-15 所示。

卡缪搬家了。马奎斯搬家了。卡尔维诺搬家了。莫内搬家了。

林布阑搬家了。毕卡索搬家了。瑞典KOSTA BODA彩色玻璃搬家了。

英国WEDGWOOD骨瓷搬家了。法国HEDIARD咖啡搬家了。

金耳扣大大小小的娃娃也要跟着人一起搬家了。

图 3-15　某书店搬家的创意文案

垂直思维法和水平思维法这两种思维方法都是文案创意中最基本的、最常用的方法，对于电商文案创作者来说，混合使用这两种方法进行文案创意，会带来更好的宣传效果。

2. 收敛思维法和发散思维法

收敛思维法和发散思维法是两种相对的思维方法。收敛思维法又被称为集中思维法或求同思维法，是指在解决问题的过程中，以某个问题为中心，尽可能利用已有的经验和知识，从不同的角度、不同的方位将思维指向这个中心，并综合收集已有的信息，最终得出一个合乎逻辑的结论的思维方法。

发散思维法的思维的方向是发散的、向外辐射的，即是以某个问题为中心（从一个点出发），朝着不同的方向去思考，充分发挥人的想象力，从各种各样的答案和想法中找出更好的结论的一种思维方法。例如，汽车的用途最初只是载人，运用发散思维法可以想出其他很多用途，比如载货、运输、潜水、防弹等。

收敛思维法与发散思维法是相辅相成的，有收敛才会有发散，有发散才会有更高层次的收敛，从而才能不断地深化观点或意识，取得创造性成果。

3. 顺向思维法和逆向思维法

顺向思维法又被称为正向思维法或顺序思维法，是指顺着固定的思路想下去，即按照事物顺序发展的方向去思考的一种思维方法。因为顺向思维法是按照既定的顺序去思考问题的，所以顺向思维法也是人们最常用的习惯性思维方法之一。

在海量的电商文案中，绝大部分文案创意都采取平铺直叙的手法，深受定势思维的影响。比如，西装产品文案中的模特肯定要选一位男士；而玩具产品文案中必定选用儿童作为模特。这些创意虽然成熟稳定，但容易形成习惯性思维，极大地影响创造性思维的开发。

逆向思维法又被称为求异思维法，与顺向思维法相反，它是逆着通常的思路来思考，即对看似已成定论的事物或观点反过来思考的一种思维方法。逆向思维法就是让思维向相反的方向发展，打破陈旧观念，勇于创新。使用逆向思维法通常能使创意和策划工作获得新的突破。

【实例 7】

七喜汽水最初为了在饮料市场中占据一定的份额，在其文案创意中就运用过逆向思维法。下面就以七喜汽水的文案创意为例，具体分析一下逆向思维法在文案创意中的运用。

为了将七喜汽水推向市场，让广大消费者认可该产品，文案创作者通过逆向思维法将七喜汽水定位成一种"非可乐型饮料"，这就在消费者的脑海中植入了一个新的观念，即饮料分为两种类型，可乐型饮料和非可乐型饮料。此前可口可乐一直是可乐型饮料的代表，而文案创作者将七喜汽水定位成非可乐型饮料的目的，就是想将七喜汽水打造成非可乐型饮料的代表，从而促使消费者在两种不同类型的饮料中做出自己的选择。因此，七喜汽水将文案标题定为"你过去到现在一直用一种方式思考吗？现在可以改变了。"将文案标语定为："七喜，非可乐"。该文案打破了传统的思维习惯，成功地在消费者的大脑中建立起了七喜汽水是"非可乐型饮料"的概念，引起了消费者的好奇心，从而也带动了产品的销量。

4. 头脑风暴法

头脑风暴法是一种创造能力的集体训练法，它鼓励人们打破常规思维，在不受任何限制的情况下无拘束地去思考问题，此方法有利于激发人们的创新思维。头脑风暴法可以在短时间内最大限度地发挥人们的创造力，从而产生大量意想不到的创意。

使用头脑风暴法时通常采取的方式是组建一个研讨性的会议小组，针对会议主题，参与者可以自由地、积极地、毫无顾虑地提出各种想法，各参与者之间相互鼓励、相互影响、相互刺激，从而发挥每一位参与者的创造力，产生多种创意想法。头脑风暴法应遵循 4 个原则，如图 3-16 所示。

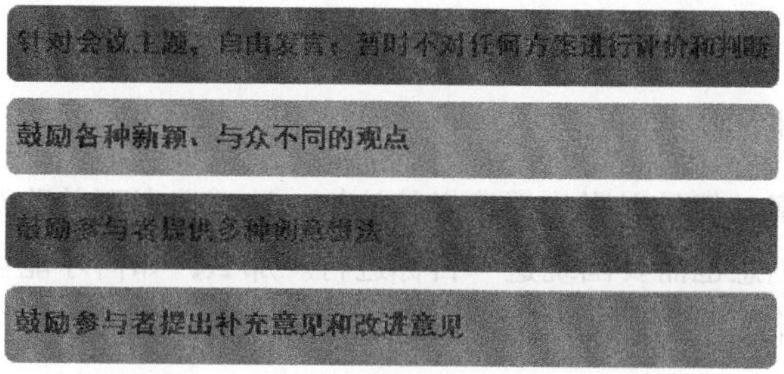

图 3-16　头脑风暴法应遵循的 4 个原则

头脑风暴法的实施步骤如下。

（1）准备工作

进行头脑风暴前应做的准备工作如下。

➤ 主持人应熟悉会议流程，设定会议要达到的目标；确定参会人员，一般以 8 ～ 12 人为宜。

➤ 提前告知与会人员相关事项：会议的主题、时间、地点、所要解决的问题、可供参考的资料和设想、需要达到的目标等。让与会者做好充分的准备，以便其了解议题的背景和外界动态。

➤ 布置会议现场，座位排列布置成圆形会更有利于讨论和交流的展开。

（2）明确问题

主持人开会讨论前，先介绍会议的规则，比如每个人的单独发言时间、会议的全程时间等。然后简明扼要地介绍有待解决的问题。主持人还要尽力创造一种自由、宽松、和谐的会议氛围，使大家都得以放松，让大家处于轻松和活跃的状态，无拘无束，促进思维的发散。

> **ⓘ 提示**
>
> 介绍会议的规则时不用过分详细，否则信息过多会限制人的思维，影响创新的想象力的发散。

（3）产生创意

这个阶段的主要任务是畅谈创意、形成创意和筛选创意。开始讨论前，让每个人先就所需解决的问题独立思考十几分钟，然后引导大家自由进行发言。在这个过程中，大家可以任意想象，彼此之间可以相互鼓励、相互启发、相互补充和完善。如此循环，一个个新想法便可不断产生。每产生一个新的观点或方案，书记员就马上写在白板上，以便激发大家想出更多新的观点或方案。经过几轮讨论后，大家对问题已经有了更深入的理解。这时主持人需要对发言内容进行整理、归纳，找出那些具有启发性的表述和富有创意的见解。最后通过专家评审或二次会议评审选出最具有价值和创造性的设想来加以开发和实施。

3.2.3　文案创意的常用方法

所有的电商文案，都是以影响消费者的认知，让消费者下单购买产品为最终目标。所以，电商文案的创意也需要围绕这一目标进行。那么，如何才能创作出有创意的电商文案呢？具体又有哪些方法呢？下面总结了几种电商文案创意的常用方法。

1. 蹭热点

"蹭热点"就是利用人们对当前一段时间内的社会热点事件或热点话题的广泛关注

来进行文案创作的一种方法。"蹭热点"能够为产品或品牌带来非常好的宣传效果，可以有效提升消费者对品牌和产品的关注度。因此，文案创作人员应该随时关注最新的热点事件、热点话题以及最流行的热门词汇等。

　　在创作文案时一定要合理恰当地"蹭热点"，如果对"热点"使用不当，或者"蹭"得过于频繁，不仅得不到消费者的认可，甚至还会使消费者对文案中宣传的产品产生反感。因此，文案创作者在结合热点事件等进行文案创作前，需要对产品进行仔细的分析，找出热点或热词与产品或品牌之间的联系，这样才能在文案中很好地将热点与产品或品牌相结合，而不是强行建立联系。例如，某品牌"蹭"春节热播电影《流浪地球》的热度，将产品理念与电影相关联，进行产品营销，获得了不少消费者的关注，如图 3-17 所示。

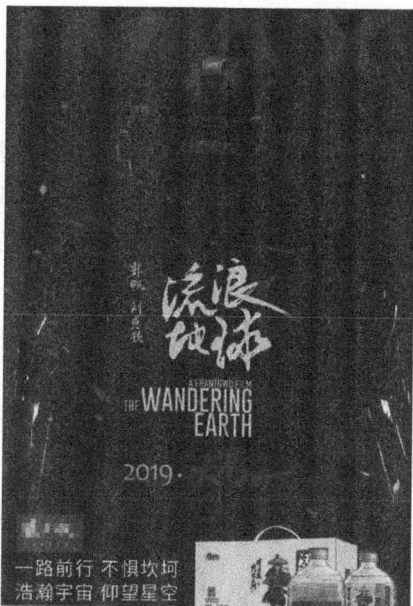

图 3-17　某品牌的文案

> **ℹ 提示**
>
> 　　"蹭热点"的文案要想获得成功，关键在于通过"借势"来快速获得消费者的传播认知，这就要求文案创作者在进行文案创作时要做到快速反应、精准策划、有效实施和有力监控。

2. 激发好奇心

　　在电商营销中，好奇心扮演着非常重要的角色，它可以使消费者主动了解营销中的产品或服务，并且产生购买行为。利用消费者的好奇心来创作文案，其关键是要能"引人发问"。那么怎样才能"引人发问"，激发消费者的好奇心呢？通常文案创作者可以采用以下 4 种方法来激发消费者的好奇心。

　　（1）向消费者提出有趣的问题

　　这是最直接、最简单，也是最有效的激发消费者好奇心的一种方法。由于消费者总是对未知的内容比较感兴趣，而提出有趣的问题可以驱使消费者去寻找答案，满足他们的好奇心。

　　（2）给消费者提供不完整的信息

　　不完整的信息往往会引起消费者对未知的好奇。如果消费者已经掌握了产品的所有信息,那么他们还会对你的文案产生好奇吗?他们还会停下来详细了解你的产品吗? 因此,请你不要在一开始就向消费者提供有关产品的所有信息,这样可以引起消费者的好奇。

（3）为消费者提供新奇的东西

人们天生就对新奇的东西感兴趣,都想"先睹为快"。而新奇通常来自新品的出现,或新环境中旧品的消失。比如,到饭店就餐,服务员告诉消费者说:"本店最近推出了几款新品,要不要来一份品尝一下? "这时消费者选择点一份新品来品尝的概率是比较大的。

（4）适当吊消费者的胃口

人的好奇心是永远无法得到满足的,从心理学的角度来说,越是得不到的东西,人们就越想知道、越想体验、越想拥有。如果消费者想得的某个产品,却很难得到,那么这时消费者就会想方设法去寻找这个产品,然后拥有这个产品。所以使用饥饿式的营销方式,不让消费者轻易得到想要的产品或服务,适当地吊他们的胃口,可以达到意想不到的效果。

苹果公司就是利用消费者的好奇心进行营销推广的典型,每一代 iPhone 手机在正式发布之前,都会有各种关于新产品的消息不断流出,吊消费者的胃口,激发消费者的好奇心,使消费者对新一代产品充满期待。当新产品正式发布时,消费者的这种期待就会转变为强烈的购买动机,消费者也会第一时间去抢购自己心仪已久的产品。例如 iPhone XR 的宣传文案,如图 3-18 所示。

图 3-18　iPhone XR 的宣传文案

3. 可视化效果

"可视化"是指将产品的优势和卖点用图像或视频的方式展示给消费者,因为具体的图像或视频要比抽象的文字更容易在消费者的脑海中形成画面。可视化的表达不仅更

具吸引力，而且还比抽象的文字更具说服
力。例如，某坚果阿胶糕的文案，为了显
示其中的坚果品种和数量多，文案创作者
直接在图中用坚果拼成糕点的形状，给予
消费者最直接的视觉体验，从而吸引消费
者购买，如图 3-19 所示。

图 3-19　某坚果阿胶糕的文案

文案中商品的价格也可以通过可视化
的方式来进行创意策划，这种商品价格上
的可视化，被称为价格可视。在设计文案
时，使用某些替代物来替代产品的具体价
格，往往可以取得较好的文案效果。比如，38 元在线儿童英语课的文案为：只需一张电
影票的价格，让孩子的人生舞台从此与众不同。这里用电影票的价格替代英语课程的价格，
通过对比，让消费者对产品价格产生更加直观、更加真实的认知。

4. 反差衬托

使用反差的文字更容易吸引消费者对产品或品牌的关注。反差与消费者脑海中固有
的观念不相同（或相反），反差往往能给人惊奇或意想不到的感觉。利用反差可以打破
消费者传统的思维，给消费者留下深刻的印象。

【实例 8】

沃尔沃汽车的文案——"别赶路，去感受路"，就是利用反差衬托的方法来进行创作的，
如图 3-20 所示。大多数汽车文案都是直接
从正面强调汽车优越的性能和操作的便捷
性，但该文案打破传统固定的思维模式，以
驾驶者的内心感受为出发点，从另外一个角
度来反衬汽车优越的性能和操作的便捷性。
该文案将汽车与驾驶融为一体，让驾驶者能
自由自在地去感受路途，轻松地驾驶汽车，
这样新颖独特的立意无疑让人眼前一亮。因
此，电商文案创作人员应该尝试去挖掘用户

图 3-20　沃尔沃汽车的文案

使用产品的体验，从用户体验的角度来宣传产品往往比直接从正面宣传产品的效果更好，
也更容易打动消费者。

5. 心理距离

心理距离是指消费者内心需求与产品之间的距离度，可分为拉近距离和拉远距离这两种方式。在产品的宣传广告中，大都采用拉近心理距离的方式进行推广宣传，替消费者发声，替消费者表达情感。例如，某消费信贷产品的宣传文案就是通过拉近消费者心理距离的方式，来获得消费者的好感，如图 3-21 所示。

图 3-21　某消费信贷产品的宣传文案

ℹ 提示

文案创作中通常可以使用"我们的""我们是""你的""专属的""共同的"等文字来拉近与消费者之间的心理距离。

而拉远心理距离的文案通常没有过多的文字描述，甚至没有人像，给人一种高傲的感觉，这种方式的文案一般适用于奢侈品这类高档产品。例如，某款高档腕表，由于辨识度很高，其文案中除了产品图片和品牌名称外，没有任何多余的描述，如图 3-22 所示。这样的文案通常会给人一种"高端品牌，无需多说"的感觉，但文案创作者恰恰就是在利用"越是得不到的东西就越想得到"的心理，来引起目标消费人群的购买欲望。

图 3-22　某款高档腕表的文案

6. 制造冲突

要想吸引消费者的注意力,制造冲突是一个非常不错的方法。文案创作者通常可以先利用冲突来吸引消费者的注意力,然后抛出自己的观点,以达到宣传的目的。

【实例 9】

优信二手车的广告文案如图 3-23 所示。该文案先给出了一个大家都认可的观点"人生没有退路",以此作为冲突的焦点,然后马上又抛出了一个意外的转折"但,买优信二手车有",这种与常理不同的矛盾往往能够出其不意地突破消费者的心理预期,最后让消费者清楚地记住在优信买二手车有保障,可以退款,钱不会有损失。

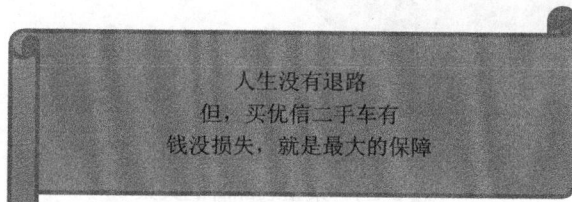

人生没有退路
但,买优信二手车有
钱没损失,就是最大的保障

图 3-23 优信二手车的广告文案

当然,制造冲突不是为了和消费者站在对立面,其目的是吸引消费者的关注,引导消费者购买产品。那么,如何制造冲突才能吸引消费者的注意呢?

第一,冲突要与你的产品或服务紧密关联,如果产品不贴近消费者的生活,那么消费者就不会被你制造的冲突吸引。如果冲突与你的产品或服务无关,那么这种冲突也没有实际意义。

第二,冲突要让消费者意外感。其实,在我们的日常生活中,到处都存在着冲突,比如家庭与事业之间、爱情与金钱之间、学习与玩乐之间……这些都是人们在认知上的固有矛盾,它们难以解决,也具有话题性。运用这类话题时,你可以先选择一个大家都认可的关注点作为背景,然后马上抛出自己的观点进行转折,给消费者带来意外感。

第三,解决冲突,达到营销目的。当制造了消费者的内心冲突后,接下来就应该解决消费者内心的冲突。因为冲突是用来吸引消费者的,冲突后的解决办法才是最重要的,将消费者的注意力从制造的冲突转移到营销目标上去,以达到解决冲突进行营销的目的。由此可见,谁能替消费者解决冲突,谁就能激发消费者的购买力。

7. 提供动机

提供动机简单来说就是为消费者提供一个购买产品的理由,使他们产生实际的购买行为。提供动机这种文案创意方法通常用于产品促销的文案中，某童装品牌的文案如图 3-24 所示。该文案给了消费者 3 个动机，分别是时间动机——"双 11"购物狂欢节；弥补动机——弥补童年的时光；优惠动机——提前抢可能有优惠。这 3 个动机为消费者购买产品提供了充分的理由，很有可能会使一大批消费者进行消费。

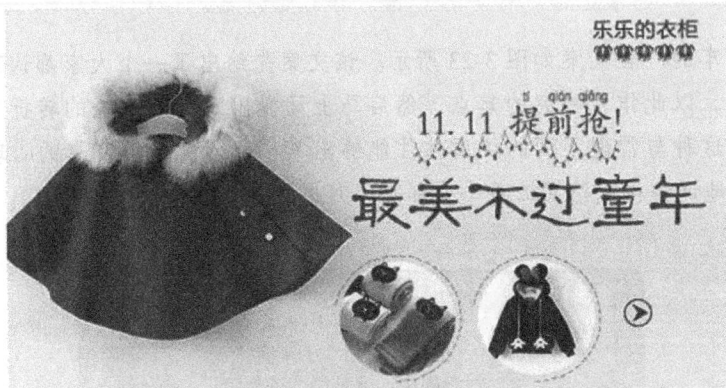

图 3-24　某童装品牌的文案

8. 提供有用信息

优秀的文案创意除了要吸引消费者的注意之外，还要在创意中直接展示产品对消费者有用的内容。也就是说文案除了要具有信息媒体的功能外，还要能够对消费者起到一定的帮助作用，并让文案成为消费者购买其产品或服务的理由。例如，某款移动电源产品的文案，就直接在文案中展示了该产品的实用性：我很小·但我容量很大。对产品体积和容量这两方面有需求的消费者一看到这个文案就可能会有购买的冲动，如图 3-25 所示。

图 3-25　某款移动电源产品的文案

9. 品牌人格

每个人有自己的品格、个性，品牌也有其特性。所以，在进行文案创意的时候，不能只从营销的角度去考虑，而忽略了产品品牌的特性。品牌人格是消费者在购买或消费过程中，针对产品或品牌所形成的一种人格化的特征。比如，脉动饮料代表着活力、激情、有朝气，所以年轻人较喜欢喝；而奔驰汽车代表着大气、稳重、高档、高品位，深受成功商业人士的喜爱。

【实例 10】

　　江小白的文案创意就很好地体现出了该品牌的品牌人格，如图 3-26 所示。江小白的目标消费群体主要为年轻消费群体，但是传统的白酒企业一般都以产品的历史文化作为其卖点，赋予产品高端、大气、尊贵等品牌人格，这样创作出来的文案往往更受老一辈消费者的青睐，而年轻消费群体对此却不是特别喜欢。年轻一代的消费者具有青春时尚、充满活力等特点，崇尚简单地生活、快乐地工作。所以，江小白的文案创意中突出了其产品青春、简单的个性，这一点正好与年轻消费群体的人格特征和生活形态相契合，江小白从而赢得了年轻一代白酒爱好者的喜欢。

图 3-26　江小白的创意文案

3.3　文案写作的构思与实现

　　电商文案的构思是在创意完成之后，孕育和创作文案的过程中所进行的思维活动，是完成文案创作的至关重要的一步。文案整体构思是文案创作的通盘规划和总体的设计构想，其主要任务是搭建文案框架，理清条理，对内容进行合理的安排和布局。首先电商文案创作者要对所掌握的资料进行归类和筛选，以获得文案的基本框架；然后根据基本框架进行填充、扩展，即可完成创作。

3.3.1　文案写作的金字塔原理

　　金字塔原理的核心理念就是先确定一个中心论点，围绕这个中心论点展开多个论点或论据，然后再以前面展开的论点或论据为中心，继续展开多个论点或论据，并层层延伸。其结构就像金字塔一样，如图 3-27 所示。

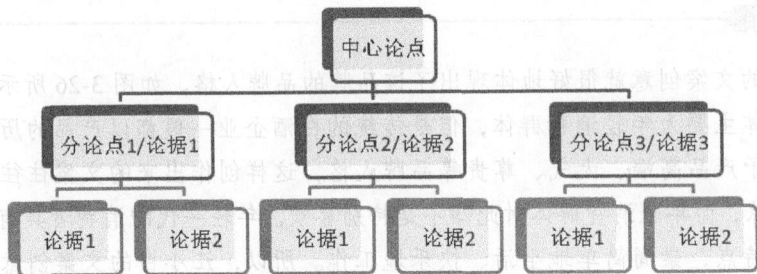

图 3-27　金字塔原理

金字塔原理主要包含 4 个部分的内容：核心思想、达到效果、基本结构和具体做法。

➤ 核心思想。即文案内容定位，找准消费者的需求和痛点。

➤ 达到效果。即文案内容目的，文案写作应该达到什么样的效果。

➤ 基本结构。即文案内容划分，文案写作应该采用什么样的逻辑结构。

➤ 具体做法。即文案内容撰写，写作时要遵循一定的操作规范。

由此可见，电商文案的写作是一个在明确目的的基础上，以消费者为中心，挖掘消费者痛点，进行产品或服务定位，安排内容结构，进行文案撰写的过程。

3.3.2　利用 SWOT 分析法构思文案

SWOT 分析法是一种基于内外部竞争环境和竞争条件的态势分析方法。SWOT 分析法就是通过调查列举出与研究对象密切相关的优势、劣势、机会和威胁因素，并将其排列成矩阵形式，然后运用系统分析的思想，把各种因素结合起来进行分析，从而得出相应的一系列决策性结论。在 SWOT 分析法中：S 代表优势（Strengths）；W 代表劣势（Weaknesses）；O 代表机会（Opportunities）；T 代表威胁（Threats）。一个常见的 SWOT 分析模型如图 3-28 所示，在其中填入相关内容，就可以进行态势分析。

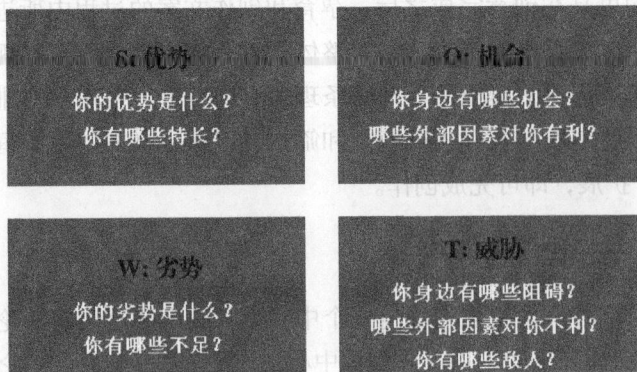

图 3-28　SWOT 分析模型

对于电商文案创作者来说，文案创作的目标是销售产品，可以根据 SWOT 分析法，分析产品的优势、劣势、机会和威胁，然后根据这些分析结论来打开思路并创作文案。下面就以小米手机的 SWOT 分析为例，学习小米手机文案的构思方式，如表 3-1 所示。

表 3-1　小米手机的 SWOT 分析

优势（Strengths）	劣势（Weaknesses）
（1）手机自身优势（包括产品的风格定位、配置以及外观设计等） （2）价格优势 （3）销售渠道优势 （4）售后服务保障政策 （5）独特的宣传战略 （6）优秀技术团队的支持	（1）手机自身缺陷（主要是产品硬件方面存在诸多问题） （2）缺乏信誉度 （3）售后服务遭受质疑
机会（Opportunities）	威胁（Threats）
（1）移动互联网的高速发展 （2）竞争对手实力的减弱 （3）未来移动终端的发展	（1）智能手机市场竞争激烈 （2）自主产权不多（产品的大部分元配件需要依靠外部供应商的支持） （3）舆论压力挑战（商业竞争对手编造的各种负面消息） （4）资本对投资回报的要求

正是因为小米手机在进行文案创作前，对产品的优势、劣势、机会和威胁等 4 个方面进行了认真分析，所以小米手机对其产品文案的构思和创作提出了两大要求：一是文案的语言表达要直接，让消费者一看就能明白；二是文案必须要切中要害，能够感知或打动消费者。小米手机某款产品的文案，如图 3-29 所示。

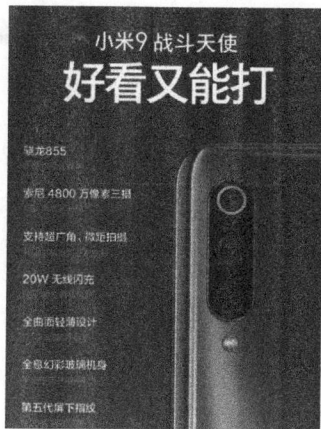

图 3-29　小米手机某款产品的文案

实践与练习

1. 某电商企业要推出一款全新的手机壳，其主要卖点是液态硅胶，主要性能如下所示，请根据文案创意的常见方法来创作多款文案。

   款式：软壳　风格：通用　主题：简约　保护方式：全包　材质：硅胶

2. 根据本章所学的知识，利用金字塔原理为某款电视创作营销文案，图 3-30 所示为参考文案。

图 3-30   某款电视产品的文案

3. 根据本章所学的知识，利用 SWOT 分析法为某款平衡车创作营销文案，图 3-31 所示为参考文案。

图 3-31   某款平衡车产品的文案

第 4 章

电商文案的基本写作思路和方法

　　消费者在电子商务平台中购物时，从选择产品到最终下单购买，要阅读大量的文案，如搜索结果中的主图文案、商品详情页文案等。因此可以说消费者的购买行为受到各种文案的影响。

　　但是，电商平台的文案写作与普通文章的写作是有区别的，电商文案的语言比普通文章更加精炼，内容更符合网络流行文化的发展趋势，而且内容通常只包括标题和正文这两个重要部分。所以，对于电商文案创作者来说，电商文案的创作是一件看起来很简单，实际上很复杂的工作，下面就来介绍电商文案写作的基本思路和方法。

4.1　电商文案标题的写作技巧

　　电商文案无论是用来推广产品还是推广品牌，最终都是为了将文案受众转换为品牌或产品的消费者。文案创作者要想让转换的过程变得高效，就应采用消费者最容易理解的方式来传达产品或品牌的信息。通常，一篇文案中能够最先吸引消费者注意的往往就是文案的标题，如果文案的标题具有很强的吸引力，那么就能有效吸引消费者的注意力，使消费者对文案内容产生浓厚兴趣，进而增加文案的阅读量、提高文案的曝光率，最终达到宣传推广的目的。

4.1.1　了解好标题的特点

　　一个好的电商文案标题能够快速吸引消费者的眼球，并给消费者留下深刻印象，所以电商文案标题的重要性不言而喻。在电商文案创作的过程中，一个好的标题应该具有以下几个特点。

1. 能吸引消费者的注意力

电商文案通常是凭借标题带给消费者的第一印象来吸引消费者的注意力的，因为无论是哪种形式的电商文案，消费者在看到文案标题后都会迅速从标题中获取自己需要的信息，并做出下一步的行动，所以一个好的电商文案标题一定要具有吸引力。能够吸引消费者注意力的文案标题，通常具有以下几个特征。

（1）有好处

在电商文案的标题中要体现出消费者能够直观看到的好处，或可以帮助消费者解决的某些疑难问题，如"清除厨房的各种油污"等，直接在标题中就将消费者可以从产品或品牌中获得的好处明确地表达出来，某款防晒伞的文案如图 4-1 所示。

图 4-1　某款防晒伞产品的文案

（2）有实惠

产品或服务的优惠价格、超值活动等是消费者比较感兴趣的内容，在标题中体现出超高的性价比或其他的优惠信息，可以快速激起消费者的实惠心理，从而增加销售量。在进行文案标题创作中，文案创作者经常会使用"免费""仅此""限时""折扣"等关键性词语来表达产品的实惠，吸引消费者的注意力。例如，某家销售女鞋的店铺，直接通过"拍下立省 77 元"的文案标题来向消费者呈现店铺的优惠信息，以此来吸引消费者的注意，如图 4-2 所示。

图 4-2　某家女鞋店铺的促销文案

（3）有新意

新事物、新产品、新消息总能引起消费者的好奇与注意，如"预售春茶，限时抢鲜""新春福利提前送啦！""发现""最近""创新""预售"等词语都是表现"新"的常用词语，在标题中添加这些词语会让标题更有吸引力，消费者也更容易因为好奇而产生购买行为。例如，华为公司推出的这款 5G 平板电脑产品，通过文案标题中的"5G 重构创造力"很好地体现了产品的新技术，从而对消费者产生了强大的吸引力，如图 4-3 所示。

图 4-3　华为平板电脑产品的文案

ⓘ 提示　其他吸引消费者注意力的标题特点

　　上面这些都是最直观地关系到消费者自身的标题拟定方法，文案创作者还可通过"借势"来获取关注，如借助时事热点、名人、流行词汇等，因为这些信息本身就自带关注度与流量，这样做可以把这些关注度和流量转移到文案标题中来，从而快速吸引消费者的注意。

2. 直接划分消费者人群

　　文案创作者在创作电商文案标题时通常会关注产品对应的消费者人群，并针对产品的消费者人群来设置标题。如标题"高端轻奢优雅连衣裙"针对的消费者人群就是 30 ～ 50 岁、有一定的经济实力、有品位的女性消费者。如果文案标题所表现出的产品风格很明确，那么对这类产品风格感兴趣的消费者自然会点开文章来阅读，这样不仅能帮助消费者节约时间，还能筛选出目标消费人群。例如，某款洗发水产品的文案标题为"控油去屑 | 持久留香"，直接告诉了消费者这款洗发水产品的主要功效是控油、去屑、留香，如果消费者想要购买带有修复滋润功效的洗发水或无香洗发水，那就不需要考虑这款产品了，如图 4-4 所示。

图 4-4　某款洗发水产品的文案

【实例 1】

　　某眼镜网店的文案创作人员要为一款老花眼镜产品创作一则微信营销文案。文案创作人员首先以"戴上它，还你清晰'视'界"为标题撰写了一篇软文，并将其发布在店铺的微信公众号中。虽然消费者通过文案标题可以知道商家销售的是一款眼镜产品，但该标题针对的具体消费人群并不明确。有的消费者看到这个标题后，会以为商家销售的是一款普通的近视眼镜，点进去后才发现销售的产品与自己所期望的产品不一致，产生不满情绪，进而导致店铺的信誉度降低。文案创作人员在意识到文案标题设置不妥之后，随即将标题修改为"老眼昏花？你的父母因你的选择而改变！"，这样，消费者就清楚地知道了，文案中宣传的产品是供老年人使用的老花眼镜，消费者也就不会再因为误读而产生不满情绪了。

3. 完全展示产品特点

由于网络上的信息太多，很多消费者为了节约时间，只看标题，或是没有时间阅读正文，这时，如果标题能够直接展示产品的特点，或者产品的最大卖点，那么就能够达到非常不错的宣传推广效果。例如，某苹果产品的文案直接在标题中展示了该产品的特点——甜，如图4-5所示。对于大多数喜欢吃苹果的消费者来说，甜是该产品最基本也是最需要具备的特点。既然该产品具备这一特点，那么自然能够吸引喜欢吃苹果的消费者的关注。

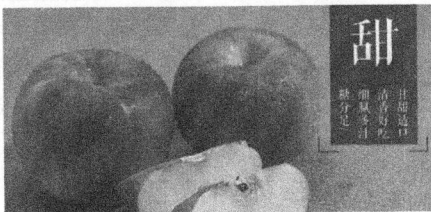

图4-5　某苹果产品的文案

4. 引导消费者阅读正文

好的电商文案标题能够有效地激发消费者的阅读兴趣，引导消费者对文案的正文内容进行深入阅读。文案创作者通常可以通过吊胃口、提问、提供奖赏、提供有用信息等方式来激发消费者的阅读兴趣。例如，某款晴雨伞的文案标题为"手机大小的晴雨伞"，如图4-6所示，当消费者看到该标题时就会产生一种强烈的好奇心，想要进一步去了解"手机大小的晴雨伞"具体是什么样的，因而产生继续阅读的兴趣。

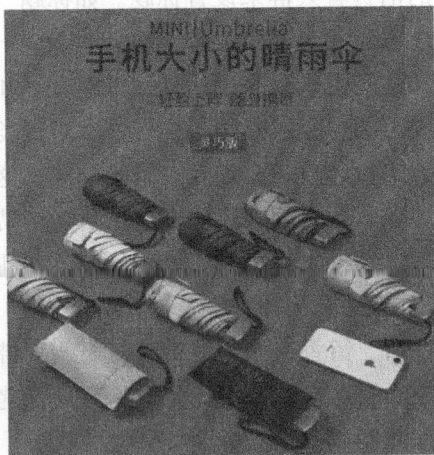

图4-6　某款晴雨伞的文案

4.1.2　常见的电商文案标题类型

通常，决定电商文案成败的关键是电商文案带给消费者的第一印象。而电商文案标题就是给予消费者第一印象的主要方式，也是说服消费者购买产品的第一步。优秀的电商文案标题都有一些共同的特性和写作模式，掌握这些特性和写作模式可以帮助电商文案创作者快速创作出具有吸引力的标题，以增加文章的阅读量。常见的电商文案标题类型主要有以下几种。

1. 直言式标题

直言式标题就是指直接展示文案创作意图的标题。这种标题明确而直接地告诉消费者他们可以获得哪些利益或服务，让消费者一看标题就知道文案的主题是什么。某些折扣促销活动文案、产品上新文案等就常用这一类型的标题，如图 4-7 所示。

还有一些常见的直言式标题的例子，具体如下。

图 4-7　某品牌促销活动文案

惊喜妇女节　羽绒服和春装买一送一！

99 元即购价值 388 元的全自动豆浆机一台。

10 个积分可以换购 100 元现金券。

2019 春装上市，3 天内全部 8 折。

双 11，店铺打折，买 100 送 100。

2. 提问式标题

提问式标题就是指通过提问的方式来引起消费者的注意，促使消费者进行思考，并引导消费者对文案进行深入阅读的标题。写作提问式标题时，文案创作者要从消费者关心的利益点出发，这样才能引起他们的注意，否则根本不能达到引起消费者注意和让消费者进行思考的目的。提问式标题的"提问"有多种方法，如反问、设问、疑问或明知故问等。例如，某款滤水壶产品使用的文案标题就属于提问式标题，如图 4-8 所示。

还有一些常见的提问式标题的例子，具体如下。

如何才能让自己的肌肤 24 小时保持水嫩？

你被以下这些厨房卫生问题困扰过吗？

这个神秘的产品，为什么占据了整个行业销量的半壁江山？

8K 显示屏比 4K 显示屏提升了 2 倍的性能？

为什么买滤水壶
要选择九阳JYW-B05？

四重过滤	用芯0.47元/天	3.5L容量	360°进水流道
换芯提醒	防尘壶嘴	小巧便携	简约外观

图 4-8　某款滤水壶产品的文案

为什么接你电话的客服总是解决不了问题？

3. 警告式标题

警告式标题是指通过严肃、警示的语气来说明内容，以对消费者进行提醒、警告的标题。警告式标题常用在对事物的特征、功能、作用等属性的内容写作中。对内心存在某种担忧的消费者来说，警告式标题可以给予他们强烈的心理暗示，引起他们的共鸣。需要注意的是，警告式标题可以有夸张的语句，但不能扭曲事实，要在陈述某一事实的基础上，以发人深省的内容、严肃深沉的语调给消费者以暗示，让消费者产生危机感，进而使消费者忍不住点击标题进而查看文案内容。警告式标题有几种常用的表达形式，包括"惊叹词＋主语＋意外词＋结论""千万不要＋事情""你不可能＋事情"等，某快餐品牌的文案如图4-9所示。

图4-9　某快餐品牌的文案

还有一些常见的警告式标题的例子，具体如下。

千万不要再穿这种跑鞋了！

没有它，生活中将失去甜味！

网购的必备产品，不用将失去网购的乐趣！

4. 励志式标题

励志式标题是指从自身或他人的角度出发，通过带有激励性质的语言来告诉消费者怎样才能达到某种效果的标题。励志式标题中所借鉴的人或事必须要具有一定的激励性和可行性，最好是成功人士的创业故事、经验分享或其他具有激励性质的内容。励志式标题可以使用"××是如何×××的"或"××的××"等方式进行写作。当然，也有很多其他的方式，比如某品牌的产品宣传文案标题就是典型的励志式标题，如图4-10所示。

图 4-10　某品牌的产品宣传文案

还有一些常见的励志式标题的例子，具体如下。

坚定向前，一切都有可能。

坚持一周就能变白的秘方。

一人立志，万夫莫敌。

做，这才是我们服务的答案。

每一个精彩的未来，都在于选择我们的产品。

伟大，就是把每一个不可能变成可能。

我要的，就是现在的……

5. 指导式标题

指导式标题主要用在对某一具体问题提供解决的建议和方法中。这种标题常使用"怎样""更""解决"等词语来凸显问题，以吸引具有相同疑惑的消费者的注意。例如，某网店针对情人节所做的活动文案中以"情人节浪漫解决方案"为标题，就是在有意地提醒消费者该文案的内容可以帮助他们解决情人节不知该如何为心爱的人制造浪漫的问题，以此来吸引消费者阅读文案的内容，如图 4-11 所示。

图 4-11　某网店的情人节活动文案

还有一些常见的指导式标题的例子，具体如下。

3 步解决肌肤干燥的问题。

怎样购买新鲜的苹果。

如何让衣服常洗常新。

盘点某某洗衣机的十大功能。

跑得更快的解决方案——某某运动鞋。

一定要买某某冰箱的五大理由。

6. 命令式标题

命令式标题具有很强的祈使意味，标题中一般都会有明确的动词来表现文案内容的重要性和必要性，从而促使消费者阅读文案内容。例如，某产品的新品发布文案，使用"见"这个动词来突出新品发布会的重要性，促使消费者准时观看直播，如图 4-12 所示。

还有一些常见的命令式标题的例子，具体如下。

让你爱车的性能"如虎添翼"！

收藏并转发到朋友圈，可获得×××。

千万不要做这几件事。

图 4-12　某产品的新品发布文案

7. 证明式标题

证明式标题就是指以使用者的身份来阐释产品的好处，增强消费者对产品的信任感的文案标题。证明式标题常使用口述的形式来传递信息，阐释产品优点时，既可以是自证，也可以是他证。例如，某款牙膏产品在文案标题中直接描述了该产品"亲测好用"，就等于是向消费者证明了该产品的品质优良，如图 4-13 所示。

还有一些常见的证明式标题的例子，具体如下。

亲测！这可能是我用过最好用的电动牙刷了！

据说穿了就可以去除脚臭的袜子！

30 岁的气质女性非常喜爱的连衣裙。

8. 推新式标题

使用推新式标题的主要目的是向消费者传递新的产品信息，因此这类标题的写作重点在于展示新消息。通常推新式标题可以应用在新产品的推出、旧产品的改良以及旧产品的新应用等方面的文案中。例如，某手机品牌推出的新款手机文案就使用的是推新式标题，如图 4-14 所示。

还有一些常见的推新式标题的例子，具体如下。

倒计时　距离 ×× 全新破壁豆浆机上市还有 5 天！

全新电动牙刷品牌共迎第 5000 万用户。

来自巴西红石榴精粹的产品，不要错过！

4.1.3　电商文案标题的撰写技巧

根据相关的数据统计，阅读标题的人数与阅读内容的人数之间的比值通常为 4∶1，也就是说，平均 4 个标题才能吸引 1 个读者阅读正文，由此可见标题的重要性，文案创作者一定要重视文案标题的撰写。要想创作出具有吸引力的电商文案标题，文案创作者不仅要站在消费者的角度去看待问题，还应该掌握一些电商文案标题撰写的基本技巧。下面就来看看电商文案标题的撰写技巧。

图 4-13　某款牙膏产品的文案

图 4-14　某手机品牌的推新文案

1. 利用数字

数字会给人一种严谨的感觉，在标题中使用数字可以使标题变得更加可信，也更能促使消费者进行购买。例如，某蚕丝被文案的标题为"100% 桑蚕丝被"，如图 4-15 所示。文案创作者正是通过"100%"这个数字来向消费者证明产品的优良品质，从而增加消费者对产品的信任度。

图 4-15　某蚕丝被产品的文案

除此之外，数字还具有很高的辨识度，消费者要在众多信息中找到自己需要的内容，往往会通过一些亮眼的数字来快速地进行判断，如"月销 3000 件与月销 30000 件产品的区别"和"优劣产品的区别"两则标题，前者往往能够更快速地吸引消费者的注意并促使消费者阅读文案内容。在文案标题撰写的过程中，特别是对于总结性的数量、销量、折扣、时间、排名等数据，使用数字会比使用文字更容易产生震撼的效果，也更容易让消费者记住。

2. 利用符号

标题中的符号并非是指感叹号或问号等符号，而是指符号化的词汇，这些词汇可以在第一时间让消费者知道该文案传递的信息，快速吸引消费者的关注。较常用的符号化词汇有"强烈推荐""震惊""警惕""当心""神奇"等，这类词语可以使消费者产生非常强烈的感受，也可能会使其产生危机感或好奇心，在标题中使用这类词汇是一种较常用的文案标题撰写技巧。例如，某家具品牌的促销活动文案标题为"限时半价购"，如图4-16所示。在该文案标题中"半价购"就是一种符号，告诉消费者可能有巨大的折扣。类似的符号包括"大促""狂欢节""购物节"等。

图4-16　某家具品牌的促销活动文案

符号化的词汇虽然能给予消费者强烈的感官刺激，但在使用时一定要适度，不要夸大事实，不然很可能被消费者认为是"标题党"，从而影响产品或品牌的口碑。

3. 使用对比手法

在文学作品或艺术作品中，对比是一种常用的手法，通过比较两个或多个事物，来给予人们深刻的印象。在电商文案中，对比式标题就是将文案中推广的产品的某个特性与类似的产品进行对比，从而突出推广的产品或服务的优势所在，以增强消费者对该产品的印象，加深对该产品的认知。

【实例2】

奔驰汽车某款车型的文案如图4-17所示。该文案的标题是将三国故事中著名的"过五关，斩六将"，改成了"过 5 关，斩 6 将"，而标题中的"5"与"6"其实是在暗喻两款竞争车型宝马 5 系和奥迪 A6L，该文案通过与同类产品的对比，一下子就吸引了消费者的注意，是一个经典的文案。

图 4-17　奔驰汽车某款车型的文案

4. 借力借势

对于中小型企业来说，其品牌影响力远不如大型企业，而且也没有太多的资金可以投入文案推广中，因此中小型企业要学会借助外界的力量来进行文案传播。

借力就是指利用别人的渠道对自身的产品或服务进行推广营销。这种方法成本低、见效快，对于那些没有太多资金的中小型企业而言非常实用，但其缺点就是推广渠道不受控制，营销推广内容受到限制，比如企业要在某一热门贴吧中进行文案推广，如果未取得贴吧管理员的同意，就有可能无法正常开展营销推广活动。

借势是指标题中包含最新的热点事件、热门新闻、热议话题等内容，以此来吸引消费者对文案内容的关注，进而增加文案的阅读量和转载量。比如世界杯、奥运会、热播电视剧和各种节日等，均可以作为文案创作者借势的事物。例如，某手链产品的文案就是借热播影视作品《三生三世十里桃花》而撰写出的文案标题，起到了很好的营销和宣传效果，如图 4-18 所示。

图 4-18　某手链产品的文案

5. 设置悬念

在标题中设置悬念可以使消费者产生追根究底的心

理，从而跟着文案创作者的思路走下去。悬念式标题就是利用消费者的好奇心来激发他们的阅读兴趣。在撰写这类标题时要注意以下 3 点。

➤ 标题要明确。要将事实与悬念贯通，即标题要明确，并能展现文案内容的主题。

➤ 标题要新。悬念式标题要新颖，要能给人带来一种既熟悉又新鲜的感觉。

➤ 标题要简明。设置悬念时要把握好一定的尺度，既要保持一定的神秘感，又不能隐藏得太深，否则会让消费者失去探究的兴趣。

悬念式标题可以引发消费者进行思考，让消费者带着疑问去阅读文章，使消费者在阅读的过程中逐渐找到问题的答案，并引导消费者一步步阅读下去。因此，设置悬念是一种能够很好地引导消费者深入阅读文案内容的标题撰写技巧。

【实例 3】

某电商商家针对一款高跟鞋产品发布了一则软文文案，如图 4-19 所示。该文案的标题为"她们做了一件事，让尖头高跟鞋不再挤脚"，即通过设置悬念的方式，引起消费者的好奇，进而吸引他们阅读文案的正文内容，随后文案创作者再在正文中逐步向消费者解开标题中设置的悬念，并引导消费者购买产品。

图 4-19　一款高跟鞋产品的软文文案

6. 谐音修辞

文案创作者在进行文案创作时，通常会充分利用各种修辞技巧，其中谐音修辞是文案创作者最常用的一种修辞手法。所谓谐音，是指字（词）的音相同或相近，在汉语中同音字（词）较多，这些字（词）虽然读音相同但所表达的意思却不尽相同。例如，在中国，每逢新春佳节，大多数老百姓的餐桌上都会有用鱼烹制的菜肴，因为"鱼"正好是"余"的谐音，传达了人们对于"年年有余""吉庆有余"的美好愿望。

谐音修辞是一种口语化的语言表达方式，富有很强的生活气息，使用了谐音修辞的文案标题，既生动形象又充满了幽默感和趣味性。不少文案创作者都巧妙地利用谐音修辞来表达文案标题所隐含的意思，从而使产品深受消费者的喜爱。例如，某款笔记本电脑产品的文案，如图 4-20 所示。该文案标题为"走进'芯'十代"，这里的"芯"就是谐音的"新"，这样一语双关，既突显出了产品的新特性，又强调了产品的核心卖点是"芯片"。

图 4-20　某款笔记本电脑产品的文案

❶ 提示

除了谐音修辞以外，文案创作者还可以使用比喻、夸张、拟人等修辞手法来增加文案标题的趣味性和吸引力。比如，某葡萄酒品牌的某篇软文文案的标题为"三毫米的旅程，一颗好葡萄要走十年"，运用的就是拟人的修辞手法。

7. 文化文艺

文案创作者在创作文案标题时，也可以借助诗词、成语、典故、名人名言等文化元素来撰写文艺的文案标题，以此来提升文案的整体文化涵养，带给消费者一种清新文艺的感觉。例如，某女装品牌的新品推广文案标题为"莺时自然而居"，极具"文艺范"，如图 4-21 所示。

图 4-21　某女装品牌的新品推广文案

4.1.4　设置电商文案标题中的关键词

电商文案标题通常是由多个关键词组合而成的，这些关键词对于店铺的文案宣传和产品销售具有非常重要的作用。下面就针对电商文案标题中的关键词来进行具体介绍。

1. 关键词在电商文案中的作用

关键词简单来说就是消费者在电商平台购物时，在搜索框中输入的用于搜索产品的文字。关键词主要是购买对象的主要特征，包括产品的名称、品牌、参数和广告语等。因为关键词可以是任何形式的词语，所以消费者输入的关键词越多，就越容易精确找到满足自身需求的产品。关键词的设置非常重要，是电商文案创作过程中最基本、也是最重要的一步，也是进行电商文案创作的基础。例如，在淘宝网中以"运动鞋""女款"为关键词进行搜索，在搜索结果展示页面的电商文案标题中，红色的字词就是商家设置的关键词，如图 4-22 所示。

图 4-22　"运动鞋 女款"的搜索结果展示页面

在电商文案标题中设置关键词的目的就是让店铺中的产品在众多的同类产品中脱颖而出。很多消费者在网上购买产品时，往往只有一个大体的目标，如图 4-22 中的"运动鞋""女款"，消费者就是靠搜索这些关键词来选择产品的，如果店铺的文案标题中没有这些关键词，那么，店铺中的产品就不会被消费者搜索到，自然也就无法达到销售产品的目的。具体来说，关键词有以下几个作用。

> 让消费者通过输入关键词直接找到店铺的产品，为店铺带来实际收益。

> 提高店铺或者产品的知名度。

> 增加店铺的访问量，关键词是目前增加店铺访问量的最有效的手段之一。

> 能够大大地减少营销推广费用，店铺如果没有资金进行宣传推广，可以通过设置关键词来达到宣传推广的作用。

2. 如何获取电商文案标题中的"热搜关键词"

电商文案标题中通常包含大量的关键词，在电商平台中，一件产品能否被消费者搜索到，主要取决于文案标题中的关键词与消费者搜索的关键词之间的匹配程度。如果文案创作者随意按照自己的喜好设置关键词，那么就无法很好地与消费者搜索的关键词进行匹配。因此，文案创作者在设置标题关键词时，应该尽量选取一些消费者常用的热搜关键词，保证关键词的热度，这样才可以让产品获得更多的关注和流量。

在电商平台中，获取热搜关键词的方法有很多，最常用、最高效的方法是通过淘宝的"生意参谋"、京东的"数据罗盘"等数据分析工具来获取。使用数据分析工具可以快速获得与自身产品类目相关的关键词，例如，使用数据分析工具选取并下载某电商平台上与"凉被"相关的关键词，并将搜集结果整理成表，如图 4-23 所示。

排名	关键词	搜索指数	全站商品数
1	夏凉被	1060	469639
2	空调被	966	116885
3	夏被	747	172381
4	成人 夏被	619	442
5	夏被四件套	277	45746
6	乳胶夏被 成人	264	67
7	夏凉被空调被可水洗	260	48753
8	空调被 夏季	251	84144
9	天丝夏被	247	24918
10	乳胶被	161	9727
11	儿童夏凉被	156	67011
12	冰丝夏凉被四件套	145	67
13	水洗棉夏被	145	141587
14	夏凉被四件套	140	40553
15	儿童 驱蚊被	140	49
16	驱蚊被	134	1437
17	冰丝夏凉被四件套	128	11398
18	水洗棉夏被	128	51955
19	凉被	123	172389
20	儿童被	117	509
21	夏凉被纯棉 全棉	111	82568
22	儿童被	99	179864
23	双层纱布空调被	99	1350
24	乳胶夏被	99	438

图 4-23　某电商平台上与"凉被"相关的关键词统计结果

文案创作者获取到这些关键词后，还需要对其进行更详细的分析，然后针对目标消费人群筛选出有效关键词，并将其运用到文案标题中，以提高产品在搜索结展示果页面中的展示排名。

文案创作者在筛选和设置关键词时，还应该综合考虑店铺的实际情况。如果店铺的资金实力雄厚，销售的产品又具有一定的知名度，那么文案创作者可以将品牌词和热度较高、搜索指数较高的关键词进行组合；如果销售的产品竞争力较小，那么文案创作者在保证消费者可以顺利搜索到该产品的前提之下，可以选择具有一定热度、用于描述产品属性的关键词。

以图 4-23 中的数据为例进行分析即可发现，"凉被"的相关关键词以适用人群、材质等内容为主，如图 4-24 所示。文案创作者只需从这些关键词中选择与自身产品匹配的关键词信息，再加上其他的辅助关键词，如厚薄、图案、促销价格等，即可获得最初的关键词词库。

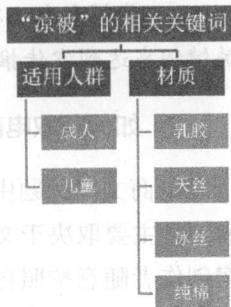

图 4-24　"凉被"的相关关键词分析结果

3. 分析网店文案标题中的关键词

在搜集了需要的关键词后，文案创作人员就需要根据网店中产品的特性，筛选出更为有效的关键词。关键词的重要数据包括关键词点击率、关键词转化率、全网产品数等，下面分别对这些数据进行具体的介绍。

➢ 关键词点击率分析。分析关键词点击率时可以从全网点击率的角度进行分析，全网点击率越高的关键词，表示其定位越准确，通常搜索这类关键词的消费者，都需要符合该关键词的产品。如果全网点击率比较低，则说明搜索结果中显示了很多产品，但被消费者点击的产品却较少。选择关键词时，应该选择全网点击率更高的关键词。

➢ 关键词转化率分析。关键词转化率分析是指通过分析转化率来筛选掉转化率低的关键词。如果产品获得了一定的展示机会，但却没有获得足够的转化率，那么电商平台会降低该产品在展示页面中的排名。一般来说，关键词的转化率为 0，或者低于 0.003，表示该关键词的有效性较低。可以通过一些专业的工具查看店外搜索关键词的引导下单转化率数据。

➢ 全网产品数。全网产品数一般是指搜索某关键词得到的结果产品数的最大值。与该关键词有关的全网产品数越多，竞争越激烈，对店铺的排名要求也就越高。例如，使用"生意参谋"中的选词助手工具查看"长裙"类关键词的全网产品数，如图 4-25 所示。

搜索词	全网搜索热度 ⇕	全网搜索热度变化 ⇕	全网搜索人气 ⇕	全网点击率 ⇕	全网商品数 ⇕	操作
气质长裙	55	↑37.50%	49	358.18%	424,293	☆ 收藏
学生长裙	42	↑31.15%	35	238.10%	190,834	☆ 收藏
半长裙	28	↑55.56%	23	132.14%	47,542	☆ 收藏
波斯米亚长裙	24	↑300.00%	20	83.33%	614	☆ 收藏
韩版长裙	24	−0.00%	21	554.17%	987,283	☆ 收藏

图 4-25　"长裙"类关键词的全网产品数

在对以上数据进行分析的基础上，选择与产品属性和特点匹配度较高的词语作为产品文案标题的关键词，即可大大提高产品的竞争力。

4. 在植入关键词时突出产品卖点

设置关键词的最终目的是增加产品页面的点击率，进而实现产品的销售转化。所以，如果文案标题中的关键词不能为消费者提供有用的产品信息，吸引他们深入阅读，那么即使该产品文案能够被消费者搜索到，也无法获得有效的点击率。因此，电商文案标题中设置的关键词不仅要便于消费者搜索，还应该尽量突出产品的卖点。

比如，淘宝平台中的产品标题最长可以包含 30 个字，因此在结构合理的情况下，文案创作者应该尽量多选择那些与产品属性和特点相符的热搜关键词。对于不属于热搜关键词范畴的词语，如果对产品描述有利，可以准确吸引对产品该属性感兴趣的目标消费人群，也可将其添加到标题中。

另外，文案创作者在设置标题关键词时，还需要在突出卖点的基础上排除一些无效关键词。所谓无效关键词，就是指无法提高点击率的词语，即没有搜索价值和流量的词语。要正确判断关键词是否有效，就要着重从关键词的点击率和转化率这两个方面来进行综合分析。另外，还应特别注意与产品无关的热词、品牌比较词以及禁用词等无效关键词。

➢ 与产品无关的热词。这类关键词是指虽然搜索量很大、热度很高，但与当前产品没有直接关系的词语。比如，某商家销售的一款鞋子，该产品的主要卖点是帆布鞋、情侣、平底、小白鞋等，但商家却在标题中加入与产品无关的热搜词——运动鞋，这就属于无效关键词，如图 4-26 所示。产品标题与产品不匹配，且不符合产品卖点，不仅无法为产品带来流量，还可能导致产品下架降权。

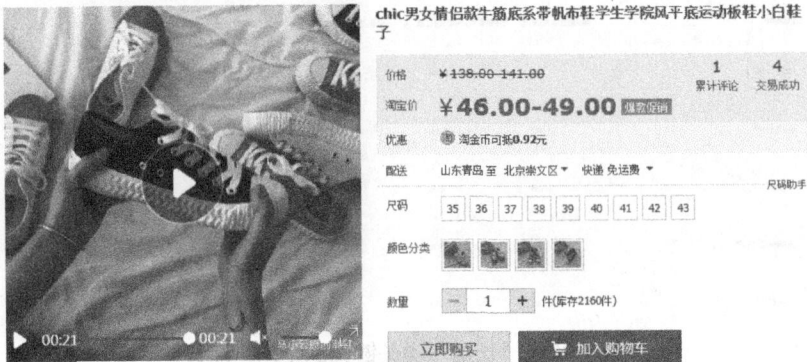

图 4-26　某款鞋子的文案

➤ 品牌比较词。大多数平台都有规定，在产品的文案标题中禁止出现与其他品牌相比较的词语，如"媲美××产品"等，也不能为了突出自身产品的优势而采用贬低性的词语来诋毁竞争对手。文案创作者应该从正面描述产品的优势或通过与某种现象的对比来突出自身产品的优势。

➤ 禁用词。为了吸引更多的消费者阅读文案正文，标题中通常会采用一些比较有亮点的词语来吸引消费者眼球。但需要注意的是，文案标题千万不能使用禁用词，主要包括绝对化用语、虚假宣传用语等。

4.2　电商文案正文的写作技巧

电商文案的创作目的就是实现转换，并促使消费者下单购买产品。电商文案标题只能用于吸引消费者阅读正文的内容，只有正文撰写得精彩，符合消费者对于产品的需求，才能实现销售的目标。因此，文案创作者除了要创作好的电商文案标题外，也要掌握电商文案正文的写作技巧，包括文案开头、主体和结尾的具体写作技巧。

4.2.1　文案开头的写作技巧

文案的开头是文案正文最重要的一部分，如果开头都无法吸引消费者，那么消费者自然也就不会对后续的内容感兴趣了。通常电商文案的开头有以下几种创作方式。

1. 直奔主题

直奔主题就是在文案的开头就直截了当、开门见山地向消费者说明文案的创作目的。这种写作技巧要求文案创作者在正文的开头就直接引出文中的主要人物或故事、点明创作主题、快速切入正文的中心，将正文需要表达的内容直接表现出来。

对于带有营销性质的电商文案来说，直奔主题就是直接说明某产品或服务的好处，介绍如何解决某种问题等。文案创作者可围绕产品或服务本身的功能或特性展开，同时结合消费者的情况，以引起消费者的共鸣。但需要注意，采用这种技巧开头时，正文的主题或事件必须要具有足够的吸引力，否则太过直白的营销信息会使消费者快速失去继续阅读的欲望。

【实例 4】

某服装网店的文案在正文开头就告诉消费者，本文案的目的是销售一款衣服，并展示了该款衣服的基本特点，对此有需求的消费者，自然会继续阅读文案的后续内容，如图 4-27 所示。

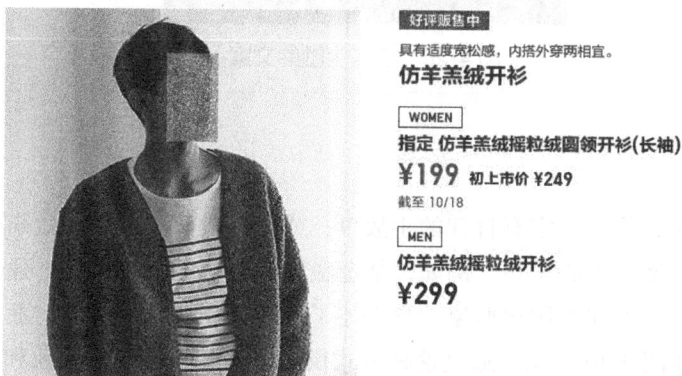

图 4-27　某服装网店的文案

2. 引用名言

很多善于撰文的人，常常会在文章的开头放上一些可以凸显文章的主旨及情感的名言，或者自己撰写一些精炼、符合文章主题、意味深长的句子，来引领文章的内容，让读者瞬间被吸引。

引用名言是一种既能吸引消费者，又能提高内容可读性的文案写作技巧。文案创作者在使用这种技巧撰写文案开头时，需要注意引用的名言要是正文内容通过演绎、归纳、解释和论证的结果，并且要言简意赅、富有哲理，这样才能起到画龙点睛的作用。

【实例 5】

京东金融的文案开头，引用了牛顿的名言"如果说我比别人看得更远些，那是因为我站在巨人的肩膀上"，再进行了一定的加工编辑，如图 4-28 所示。这种文案开头很容易吸引消费者的注意，促使他们继续阅读文案正文，看看这则文案到底宣传的是什么内容。

图 4-28　京东金融的文案

3. 讲述故事

在文案正文中，将一些富有哲理的小故事，或者与段落相关的小故事作为开头，可以很好地表达出文案的中心思想。例如，某金融服务公司的品牌文案，通过讲述故事的方式，向大家描绘了不同的用户形象，它讲述了养蜂人和槐花的故事、面馆老板和重庆辣子的故事等，如图 4-29 所示。通过这种方式撰写文案开头，人物形象和故事都会变得真实起来，这样既为消费者提供了继续阅读的动力，也向消费者展示了品牌和产品的鲜明形象。

图 4-29　某金融服务公司的品牌文案

4. 语言独白

互联网虽然使人与人之间的交流变得方便，但也使得人与人之间产生了一定的距离感，很多时候人们无法将内心的真实想法表露出来，这时候文案中的那些独白反而能够拉近消费者与产品或品牌之间的距离。如果文案创作者在文案开头就通过独白式的语言将自己内心的真实想法表露出来，则能给消费者带来一种亲切的感觉，从而引起消费者的共鸣。

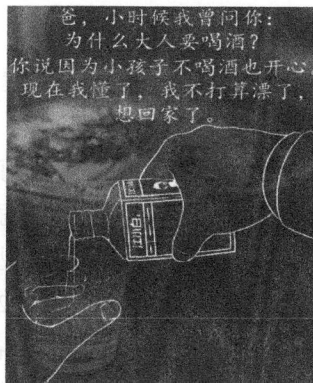

图 4-30　某白酒品牌的某款文案

例如，某白酒品牌的某款文案，如图 4-30 所示。该文案在开头通过内心独白的方式，将一个在外漂泊的年轻人对于父母和家庭的依恋表现得淋漓尽致，很容易引起在外打拼的同龄人的情感共鸣，从而使他们对该产品产生认同和信任。

5. 热点话题

除了电商文案的标题能够借助热点话题外，在正文开头借助热点话题也不失为一个吸引消费者注意的好办法。比如在推荐衣服时，文案创作者可以从最近的红毯活动、电影节等入手，分析明星穿搭，再在文案中适时推出自己的产品。在进行品牌推广时，文案创作者还可以借助节日、新闻热点等来撰写文案开头。由热点引入正文的文案，其阅读量通常都比较高，也很受消费者欢迎，所以文案创作者撰写文案开头时可以适当地借助热点话题。

一般来说，文案创作者也可以从微博、今日头条、百度风云榜、天涯社区、搜狗热搜榜、360 热榜、豆瓣、知乎等渠道获取及时的热点信息以用于文案开头的创作。例如，某白酒品牌借势某影片创作的文案，如图 4-31 所示。

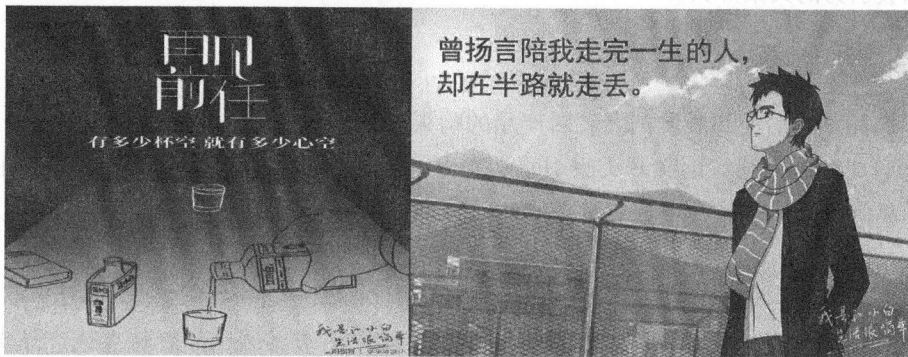

图 4-31　某白酒品牌借势创作的文案

6. 展示结论

文案创作者在撰写文案时，也可以在文案开头处直接展示文案的结论，然后再通过正文的主体内容提出论据，以此来证明开头的结论。这种文案开头的好处是可以从一开始就清楚点明文案的中心思想和观点，使消费者快速明白文案所要表达的意思。例如，天猫超市的文案，如图 4-32 所示。该文案在开头直接就给出了结论，告诉女性消费者上天猫超市购物就是会买东西的表现，能够有效地吸引消费者的注意力。

图 4-32　天猫超市的文案

7. 运用修辞手法

修辞手法有很多，比如排比、比喻、夸张、拟人、反问、设问等，运用修辞手法，可以让文案开头变得更加生动。例如，某品牌创作的一则广告文案如图 4-33 所示。

图 4-33　某品牌创作的一则广告文案

不同的文案有不同的开头场景设计，文案创作者可以灵活运用以上写作技巧，撰写出充满吸引力的文案开头。

4.2.2　文案主体的写作技巧

提高品牌知名度和激发消费者对产品的购买欲是创作电商文案的最主要的两个目的，所以电商文案在标题与正文开头吸引了消费者的注意之后，接下来就需要在正文主体部分展示品牌特点或产品卖点。文案主体部分的写作技巧主要有以下几点。

1. 直接展示

直接展示就是不拐弯抹角，不故弄玄虚，直接向消费者展示品牌特点或产品卖点。例如，某豆浆机的"破壁技术为你制作出有营养的豆浆"；农夫山泉的"农夫山泉有点甜"，这些文案的正文内容非常直接，让人一目了然。直接展示式的正文有两种常见的写法。

➤ 一是以直接、简短的文案突出内容和核心，如消费者耳熟能详的"车到山前必有路，有路必有丰田车"的丰田车文案就是非常经典的例子。其语言简单、直接明了，能让消费者快速接收到该品牌所传递的信息。该文案在消费者心中留下了深刻的印象，提高了品牌的知名度，让不少消费者在选车时第一时间考虑选择该品牌。

➤ 二是直接对现状进行真实描述。如某品牌厨房用品的文案"在国内上市才两年，但为什么众多消费者会选择我们？"就直接点明他们"上市才两年"，当然，这也是事实。不仅如此，当该行业的龙头产品说自己已经有 20 年的产品制造经验时，该品牌继续延续这种思路，在文案中表示"我们虽然上市才两年，但我们使用的是行业高端的研发技术"，这样的文案一出，该品牌反倒取得了成功，使选择该品牌产品的消费者越来越多。

这种直接的写作方法还有"言简意丰"的效果，例如鸿星尔克"To be No.1"、特步"飞一般的感觉"、联想"人类失去联想，世界将会怎样"，这些文案精简、直接，还一语双关，用简单的文字表达了丰富的内涵。

2. 逐步打动

文案的主体内容应该是层层推进、纵向发展的，后面内容的表述需要建立在前面内容的基础上。

【实例 6】

999 感冒灵发布的一则标题为"这个世界，总有人偷偷爱着你"的视频推广文案，该文案以真实事件为基础进行改编，将多个反转进行递进式讲述，是一则充满温情与真诚的视频广告，推出后大受好评。

片段 1：女孩前来买杂志却遭到老板的拒绝，或许大家会认为这个老板太过冷漠，殊不知老板只是想让女孩尽快避开她身边的那个小偷，如图 4-34 所示。

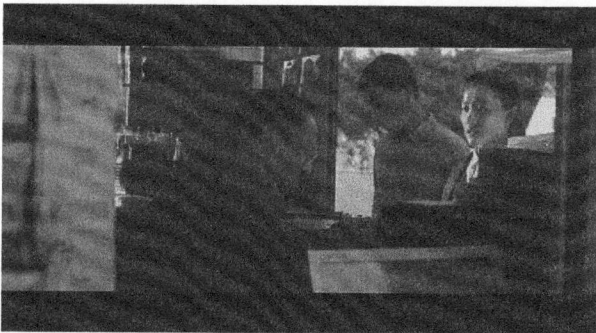

图 4-34　999 感冒灵的视频推广文案片段 1

片段2：青年边打电话边开车被交警拦下了，或许大家觉得是因为他违反了交通规则，但拦路的交警只是为了帮忙盖上有安全隐患的油箱盖，如图4-35所示。

图 4-35　999感冒灵的视频推广文案片段 2

片段3：男子拍下醉酒女孩的照片，或许大家会认为他不怀好意，但男子却只是为了将照片发给警察，让他们来帮助女孩，如图4-36所示。

图 4-36　999感冒灵的视频推广文案片段 3

999感冒灵这则视频文案的主题是"致生活中那些平凡的小温暖"，所以视频中展现的都是一些暖心的小故事。该文案并没有从产品的特性入手，而是通过暖心的小故事来感动消费者，将暖心与品牌联系起来，传递给消费者。文案开始展现了生活冷漠的一面，体现了在现代社会中人们孤寂的心理环境，然后通过反转的剧情，巧妙地解释了前面的冷漠并非真正的冷漠，而是充满爱心的举动，这种逐步的反转让观众通过强烈的对比，感受到了文案所传递的感情，从而认可文案所推广的产品和品牌。

3. 列举特点

列举特点是电商文案写作过程中最常用的写作方式之一，比如在淘宝网、京东商城等主要的电子商务平台中，很多的产品详情页文案都采用的是这种写作方式，这种方式的特点是，将前一段内容与后一段内容的位置互换，也不会影响到文案主题的表现。用这种写作方式撰写出来的电商文案也被称为并列式文案，其结构就是"特点 1+ 特点 2+ 特点 3……"用不同段落来写出不同特点，这种并列式的正文结构能把电商产品的特点比较清晰、准确地表达出来。

　　产品文案常用这种方式分别列出产品各参数、属性、特点等。例如，某豆浆机的产品详情页文案，如图 4-37 所示。该文案就列举了该产品的亮点，包括刀片、电机、加热方式、预约、保温、自动清洗等。这种写作方法明确列出了产品的亮点，简洁清晰，能有效地避免文案出现结构混乱、层次不清的现象。

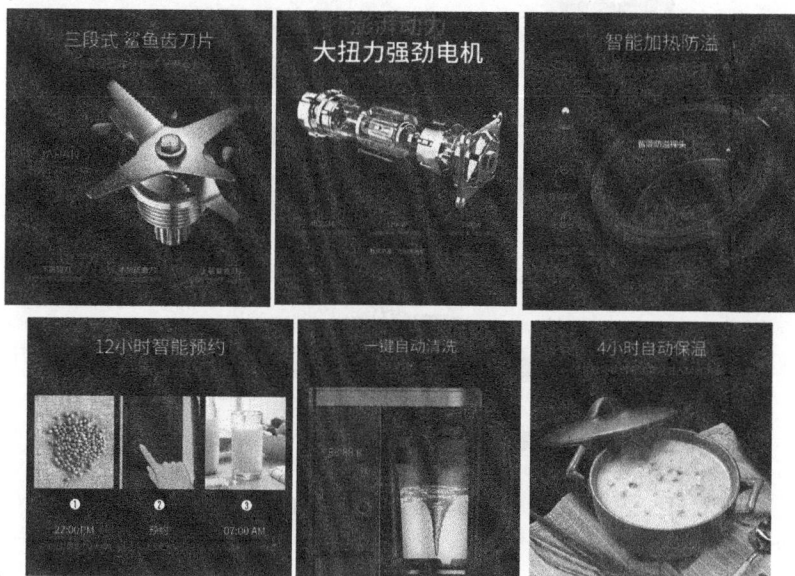

图 4-37　某豆浆机的产品详情页文案

4. 三段写作

　　三段写作是一种将文案主体内容分为三段进行写作的方式。三段式写作方式中的每一段的主要内容如下。

　　➢ 第一段：通过一段话或列举的方法来表述产品信息、产品优点等主要销售信息。

　　➢ 第二段：对第一段中的产品销售信息进行扩展描述。

　　➢ 第三段：主要任务是让消费者产生购买行为，一般是强化产品的某些独特优势，结合前两段的内容点明产品能带给消费者怎样的直观的效果。

　　在电商文案的三段描述中，第三段的作用尤为重要，因为第三段要负责向消费者描述产品的使用场景或使用效果，让消费者产生购买欲望。

【实例7】

立邦乳胶漆的产品详情页文案如图 4-38 所示。该文案分为三段来展示产品，第一段总列了产品的特点"净味环保二合一"；第二段再分别展开，具体叙述产品的特点；第三段通过展示产品的使用效果来促使消费者购买。

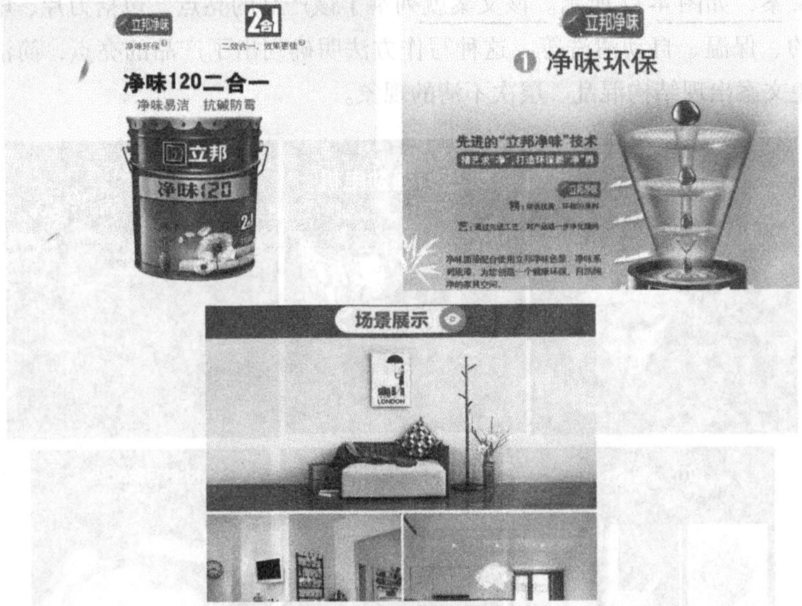

图 4-38　立邦乳胶漆的产品详情页文案

除了在产品的详情页文案中经常用到这种写作方式外，很多营销软文也会用到这种写作方式，特别是在移动电商文案中，这种写作方式使用得更多。

4.2.3　文案结尾的写作技巧

文案的结尾有两个重要的作用。首先，结尾是文案的重要组成部分，它是对整篇文案的总结、提炼和升华，同时文案创作者还要保证文案创作的首尾呼应；其次，结尾是打动消费者的关键一步，是否可以激起消费者的兴趣并让他转发文案或者购买产品，往往就要看结尾写得是否出色。电商文案的结尾主要有以下几个写作技巧。

1. 引导行动式

引导行动式，也被称为动之以情式，这种文案写作方法就是从感情上打动那些还在犹豫的消费者，让他们觉得产品是有温度的、有情绪的，特别是要让消费者感受到文案创作者的用心与认真。引导行动式也可以通过一定的促销手段来吸引消费者，促使消费者进行购买。例如，某厨房产品的文案结尾，告诉消费者产品价格限时直降，产品到手的价格很低，引导消费者赶紧购买，如图 4-39 所示。

图 4-39　某厨房产品的文案

2. 互动式

互动式结尾就是在文案的结尾处设置活动，吸引消费者参与。互动式结尾一般是通过提问的方式，来引导消费者进行思考。在微博、微信、微淘等注重互动的社交平台文案中就常常会设置各种各样话题来吸引消费者，当然，设置的话题最好是消费者可能会感兴趣的话题。还有其他一些常见的互动式结尾，如"转发并留言，从中抽取 10 位平分10000 元"或"大胆提出你的意见，我们将从中挑选并制定专属于你的页面"等。例如，某手机产品详情页文案结尾处的购机抽奖活动，如图 4-40 所示。

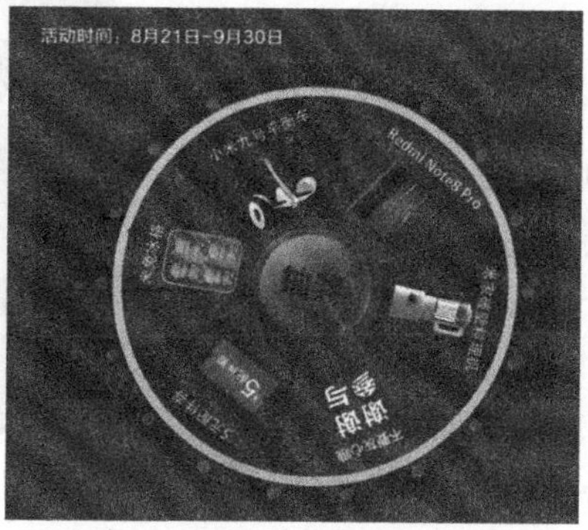

图 4-40　某手机产品详情页文案

3. 总结全文法

总结全文法就是通过一两句话来总结整篇文案的中心思想，将文案的主题提炼出来。这样做可以帮助消费者重新梳理产品卖点和品牌优势，加深消费者对文案的印象。例如，某 APP 的文案，无论文案内容中叙述的是情感还是美食，是川菜还是粤菜，文案创作者都是为了通过文案来唤醒消费者的食欲，所以文案最后汇总成一句话"回家吃饭"，以此来总结全文，表达文案的核心思想，如图 4-41 所示。

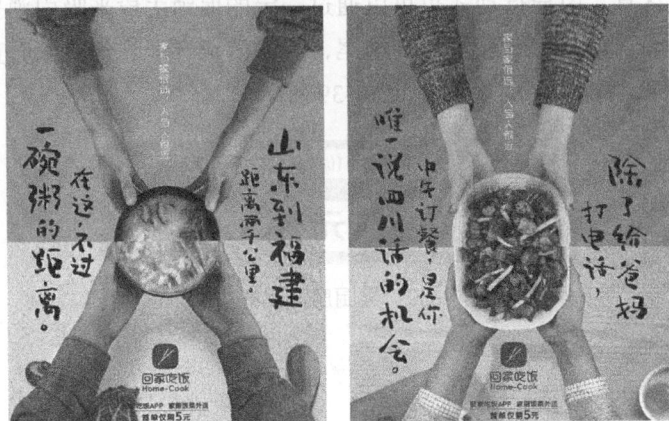

图 4-41　某 APP 的文案

4. 议论抒情式

　　议论抒情式的文案创作方法有着较强的艺术感染力，采用这种方式来结束文案正文的创作，能够很好地表达出文案创作者的情绪，引起消费者的共鸣。例如，经典的微博文案——"对不起，我只过 1% 的生活"，该文案以议论抒情的方式为主，在文案的结尾处通过抒情的方式引入推广品牌，使消费者更容易接受营销信息，进而达到营销推广的目的，如图 4-42 所示。

图 4-42　某产品的微博文案

5. 转折式

　　转折式的结尾就是文案创作者利用出其不意的逻辑思维，使文案正文中展示的内容最后呈现出一个出人意料的结局。这种文案结尾方式，能够在结尾处突然转变正文中塑造的某种气氛，给消费者带来不小的震撼，并在他们的心中留下深刻的印象。

【实例 8】

　　喜马拉雅 FM 曾经写过一篇软文，使用的就是转折式的文案结尾方式。这篇软文的主要内容如下。

男孩和女孩是初高中同学，非常要好却一直没有明确彼此的关系，因为想着要好好学习，考同一所大学。可是她考上了，他却名落孙山。他们再无联系，直到她的婚礼两人才又见面，他交给她一个手机后就转身离开了。

文案的结局：

她打开手机，手机上的软件正在播放节目，她细细听，细细查看时，那每一条收藏的声音都是他们学生时代曾反复收听的电台节目。每一首歌都是记忆的引子。

她泪流不止，突然意识到。

…………

这个软件就是喜马拉雅 FM。喜马拉雅 FM 是国内最大的音频分享平台之一，2013 年 3 月手机客户端上线，在其创立的这两三年时间内，喜马拉雅 FM 已有超 1.5 亿的用户，每日仍有近百万量级的用户在持续新增，平均每位用户每天收听 90 分钟……

6. 售后式

售后式的结尾方式就是在文案最后直接说明产品的使用方法、使用技巧和售后物流等消费者购买产品的最关心的问题。这种结尾方式是电商文案中最常使用的一种结尾方式，售后式文案结尾如图 4-43 所示。

图 4-43　售后式文案结尾方式

实践与练习

1. 某电商要推广时令水果——海南芒果，其关键词包括"海南贵妃芒果　中大果　整箱带箱10斤　新鲜包邮　红金龙　当应季水果　小台芒"。请为其设计5个不同的文案标题。

2. 根据本章所学的知识，利用文案主体的写作技巧，为以"健身服　男套装　三件套速干紧身衣　训练服　晨跑步运动　健身房　春夏"为文案关键词创作详情页文案。

3. 根据本章所学的知识，围绕五四青年节这一热点节日，为江小白白酒创作品牌推广文案。

4. 根据本章所学的知识，围绕端午节这一热点节日，为五粮液白酒创作品牌推广文案。

5. 根据本章所学的知识，为飞利浦剃须刀创作一个涉及父女亲情的转折式的品牌推广文案。

第 5 章

产品详情页的创作

对于电商文案创作者来说，详情页文案的写作是非常重要的，消费者通常会通过详情页文案来了解产品的信息，并且决定是否购买产品。在产品详情页中，商家可以通过文字、图片、视频等各种不同的文案形式来尽可能详尽地展示产品的信息，以起到介绍产品、树立店铺形象、激发消费者购物欲望、提高转化率的作用。

5.1 了解产品详情页

产品详情页是消费者获取产品信息的主要渠道，其中包含了产品的性能、特点、产地和物流等关键信息。产品详情页的好坏直接决定了产品交易的成功率，文案创作者要想做好产品详情页，首先需要了解产品详情页的相关内容，熟悉详情页文案的作用、特点和结构。

5.1.1 详情页文案的作用和特点

在写作详情页文案前，文案创作者需要了解详情页文案的作用和特点，分析详情页文案的布局和内容展现方式，在此基础上加以优化调整，创作出符合自身产品特点的详情页文案。

1. 详情页文案的作用

产品详情页文案能够最大限度地展示产品的卖点，使消费者了解产品的各项信息，延长消费者在店铺的停留时间；同时产品详情页文案还可以间接地引导消费者做出实际的购买行动，提高店铺的转化率。下面对详情页文案的几个主要作用进行详细介绍。

（1）展示产品的基本信息

产品详情页中有详细的产品信息描述，包括产品的品牌、材质、样式和价格等基本信息。除此之外，在产品详情页中还会对产品的适宜人群、细节描述等其他信息进行展示。消费者可以通过这些详细的产品信息描述，有效地了解产品的基本信息。某款手机产品的详情页文案如图 5-1 所示。

图 5-1　某款手机的产品详情页文案

（2）展示产品的卖点

产品详情页除了要展示产品的基本信息以外，还要展示产品的核心卖点，以吸引消费者的注意。在创作详情页文案时，文案创作者要将产品最主要的功能和特点提炼出来，通过图片、文字、视频等多种形式予以重点展示，以突出产品的优势。

（3）获得消费者的信任和好感

产品详情页在展示产品信息的同时，也在向消费者塑造产品和店铺的形象，使消费者对产品和店铺产生一个良好的印象。在产品详情页中，除了展示产品的信息以外，还展示了很多站在消费者的角度来考虑的内容，比如购买须知、买家评价和注意事项等内容，这些内容的展示往往能够让消费者感受到商家的真诚，从而使商家获得消费者的信任和好感。

（4）引导消费者购买产品

好的产品详情页往往能够使消费者在其中快速找到符合自己需求的内容，进而产生购买欲望和购买行为。

另外，在产品详情页中还可以设置其他产品推荐或促销活动等内容，如图 5-2 所示。这

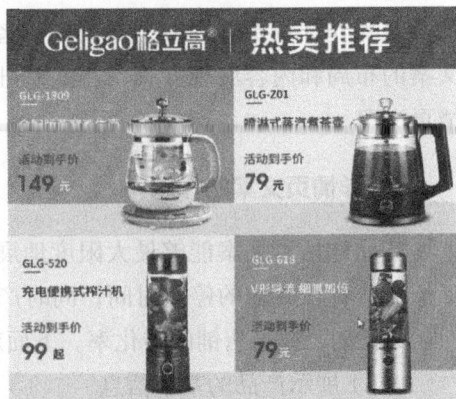

图 5-2　产品详情页中的其他产品推荐

些内容也会激发消费者继续浏览的欲望，延长消费者在店铺中停留的时间。但需要注意，产品详情页中的促销信息一定要及时、有效，不能放置已经失效的内容或者虚假的内容。

2. 详情页文案的特点

产品详情页通过视觉表现形式来向消费者传递产品信息，所以创作出的详情页文案主要有以下几个特点。

➢ 虚实结合。创作详情页文案时，对于产品基本信息的描述一定要符合实际情况，确保真实可信，不能肆意夸大或者弄虚作假。但对于产品的背景介绍、消费者反馈等内容的描述可以适当进行一些美化和加工，让产品看起来更有内涵、更有保障。

➢ 图文并茂。一篇优秀的详情页文案，既要有必要的文字解说，也要有精美的图片，以此来吸引消费者的注意。图文并茂的产品详情页能为消费者提供良好的视觉体验。当然，文案创作者在创作文案的过程中还需要注意对图片和文字进行美化。某款手机产品的详情页文案如图 5-3 所示，从图中可看出，文字主要起辅助说明的作用，图片则用来增强消费者的视觉感受，体现产品的真实性与美观性。

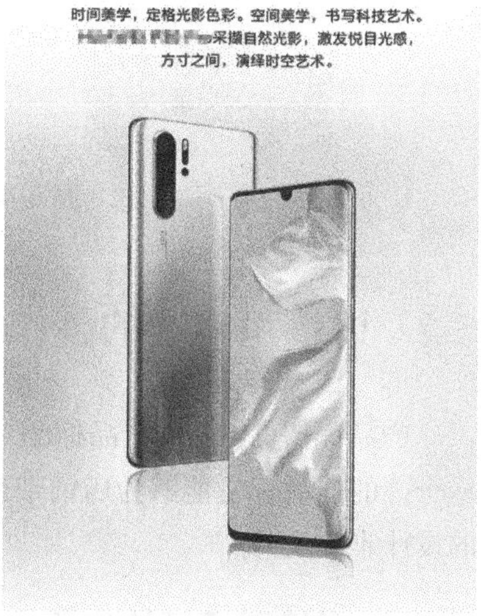

➢ 详略得当。好的产品详情页文案能够让消费者在众多的描述中迅速提炼出有用的产品信息。如果产品详情页的描述，重复拖沓，没有重点，那么消费者很有可能不会深入浏览该页面，而是会直接退出。

图 5-3　某款手机产品的详情页文案

➢ 场景化表现。为了增强内容的呈现效果，提高消费者对信息的感知能力，文案创作者需要为内容打造一定的场景。通过某些特定的场景来激发消费者的购物欲望，消费者会产生代入感，从而在内心深处建立起对产品的感知。

5.1.2　详情页文案的结构

在进行详情页文案创作前，文案创作者应该先确定好详情页文案的基本框架，然后再根据该框架进行详情页文案的创作。一个基本的电商详情页文案的结构框架，如图 5-4 所示，文案创作者只需在此基础上加以优化调整，进而创作出符合自身产品特点的详情页文案。

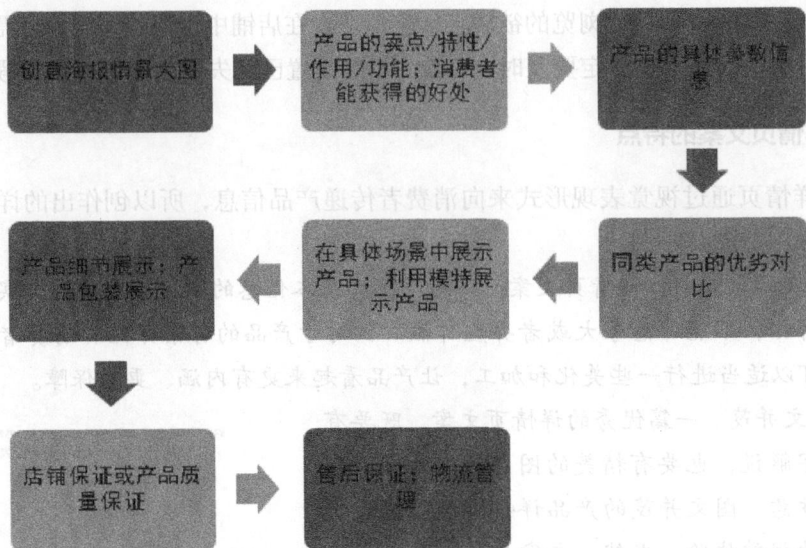

图 5-4　电商详情页文案的结构框架

5.2　详情页标题的创作

产品详情页标题即产品标题，一般出现在产品的搜索结果页面和产品详情页的顶部。一个好的产品标题能够为店铺带来大量的流量，有效促进产品的销售，所以以详情页标题的设计非常重要。

5.2.1　详情页标题的作用

消费者想要购买商品时，通常会通过平台的搜索框进行搜索，当消费者面对众多的产品搜索结果时，详情页标题就成了吸引他们点击进入产品详情页的关键要素。详情页标题主要有以下两个作用。

1.　容易被消费者搜索

要想让产品的详情页得到充分的展示，有一个前提就是消费者可以搜索到该产品，因此详情页标题就承担着要被消费者搜索到的重任。因为每一位消费者搜索产品的出发点和对产品的了解度都不同，所以他们使用的搜索关键词也会有所不同。这就需要文案创作者在设计详情页标题时，认真分析消费者的搜索关键词，提炼出搜索频率较高的有效关键词，将其添加到详情页标题中，以此来提高产品被搜索到的概率，让更多的消费者能够顺利地搜索到自己的产品。

2. 激发消费者的点击欲望

当消费者进入产品搜索结果页面后，呈现在他们面前的可能是成百上千个符合他们需求的产品，这时详情页标题就起着激发消费者的点击欲望、让消费者进入页面浏览并进行消费的作用。因此，一个好的详情页标题能够成功地吸引消费者，有效帮助店铺增加流量。

5.2.2 标题关键词的选择

合理地设置标题关键词，不仅能使店铺销售的产品被消费者搜索出来，还能够有效地提高产品详情页的点击率。

文案创作者在设置产品详情页标题时，应在产品上架的初期多使用与产品属性相吻合的精准长尾关键词，并尽量避开那些竞争较大的关键词。例如，淘宝平台中某家销售蜂蜜的店铺，使用的是"秦岭百花土蜂蜜""农家自产""浓香口感""营养丰富""结晶蜜"等长尾关键词来描述产品的属性，如图 5-5 所示。

图 5-5 某蜂蜜产品的标题

同时在设置产品详情页标题时，文案创作者还要站在消费者的角度来考虑问题，结合消费者的消费心理和具体的产品属性，选择能够突出产品卖点的词语作为关键词添加到标题中，这样才能最大限度地获得消费者的喜爱，从而提高他们点击的概率。

ℹ 提示

在设置产品详情页标题时，文案创作者还应该注意详情页标题的规范性，一般详情页标题的字数要限制在 30 个汉字以内，如果超出规定的标题字数有可能会影响文案的发布。

5.2.3 详情页标题模板

通过观察分析一些销量高的产品的详情页，可以发现产品详情页标题是有一定规律可循的。通常，一个完整的详情页标题包括：店铺名称（或品牌名称）、产品名称、产品的属性特征、促销信息。

➤ 店铺名称（或品牌名称）。在产品标题中加入店铺名称或者品牌名称有利于商家进行品牌宣传。特别是对于有一定影响力和知名度的店铺或品牌，如果在标题中加上店铺名称或者品牌名称，可以使消费者直接找到自己需要的某品牌的产品，也可以加深消费者对该店铺或品牌的印象。但是对于一些没有名气的新店铺或新品牌，就不建议将其店铺名称或者品牌名称添加到产品标题中了，因为消费者几乎不会主动去搜索一个新店铺或新品牌，如果将新店铺或新品牌的名称加入标题中，会占用一定的标题字数，相对来说就会减少其他优质关键词在标题中的展示机会。

➤ 产品名称。产品名称是产品标题中最基本的要素，如果标题中没有产品名称，消费者就不知道商家具体销售的是什么产品，自然也就不会点击进入阅读产品的详情页。

➤ 产品的属性特征。对于消费者而言，购买产品时最关注的就是产品的基本属性特征，比如产品的款式、材质、风格、颜色、规格等。在撰写产品标题时，文案创作者可以将这些属性关键词融入产品标题中，通过关键词的组合来与消费者的搜索关键词进行匹配，以增加店铺的流量。例如，某款女装产品的标题如图5-6所示，该标题中加入"莫代尔""短袖T恤""潮韩版""宽松"等一系列描述产品基本属性特征的关键词。

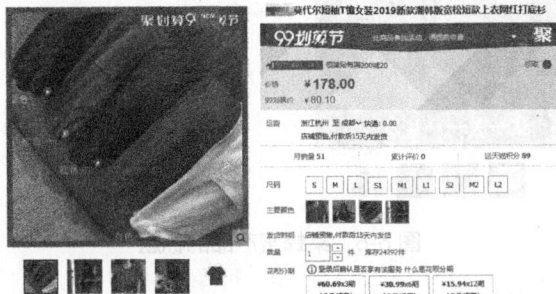

图5-6　某款女装产品的标题

➤ 促销信息。在撰写产品标题时，文案创作者还可以通过"特价""包邮""超值"等带有促销性质的关键词来快速吸引消费者的眼球，获取关注。

详情页标题中的关键词的顺序是可以进行自由组合的，其目的是提高产品被搜索到的概率，同时使标题更具吸引力。

5.3　详情页主图的创作

一个好的详情页面，除了要有相应的文字描述以外，还要有精美的图片，以此来吸引消费者。主图是消费者进入产品详情页面后看到的第一张图片，它的好坏将直接决定消费者是否有兴趣继续浏览后面的详情页内容。

5.3.1　详情页主图的作用与特点

详情页主图除了出现在产品详情页面中，还会出现在产品的搜索结果展示页面中。所以主图的作用是吸引消费者点击并深入阅读详情页面。根据统计数据显示，有接近40%的产品销售转化来自产品的主图。详情页主图是产品最重要的展示方式之一，主图的设计要有特色，要能够充分展示产品的卖点，进而吸引消费者的注意，有效提高详情页的转化率。

优质的详情页主图通常具备以下几个特点。

➢ 目标明确。主图的作用是吸引消费者，所以并不是简单地将产品的特点和促销信息罗列到图片中，而是需要站在消费者的角度来考虑，明确在主图中要表现出的内容，以此来吸引消费者。例如，图5-7所示的两款产品的主图，其创作目标就是进行促销，增加销量，所以这两款主图主要以打折等促销活动作为创作内容。

图 5-7　两款产品的主图文案

➢ 划分需求。不同的消费者有不同的消费需求，不同的产品也有不同的销售人群，如果产品的定位是中低端，那么就要突出性价比；如果产品的定位是中高端，那么就要在主图中展现产品的品质。例如，某款棉鞋产品的消费人群是高端消费者，所以文案创作者通过主图告诉消费者该产品是奢侈品，并且保证是正品，如图5-8所示。

➢ 精炼表达。因为主图通常都会有大小的限制，有时考虑到手机等移动设备的浏览方便，通常主图的尺寸较小，除了展示产品外，主图的空间有限，所以，主题文案需要精简。通常只为消费者展示最重要的产品信息或促销信息，并且内容要一目了然。

图 5-8　某款棉鞋产品的主图文案

➢ 展示属性。消费者在搜索产品主图时，通常会将产品的属性词作为关键词进行搜索。因此，主图中应该重点突出产品属性的特点。这样做的好处主要有两点：一是可以吸引消费者的注意；二是可以使店铺获取更精准的流量，提高产品的转化率。

➢ 展示差异化。如果主图能做得独具创意、与众不同，那么电商平台有可能会给予相应的支持，使产品获得更多的流量。展示差异化的方式有很多，比如卖点展示、场景展示、模特展示、视觉展示、背景展示以及搭配组合等。这几种方式可以单独使用也可以混合使用，但一定要做到美观，能够突出产品的特点。

5.3.2　详情页主图文案的六大创作技巧

消费者在电子商务平台中购物时，首先是通过主图文案来了解产品，主图文案是对产品的重要说明。文案创作者要想创作出好的主图文案，首先要明白文案是写给谁看的，然后要明确目标人群的需求，并明白消费者的顾虑，考虑消费者的想法和做法。主图文案的创作主要有以下几个技巧。

1. 给予消费者直接的好处

在主图文案中直接给予消费者打折或者送赠品等好处，比如限时包邮、全场 5 折、满 100 返 30、买一送十、点击就送等。带有打折促销信息的主图文案如图 5-9 所示。

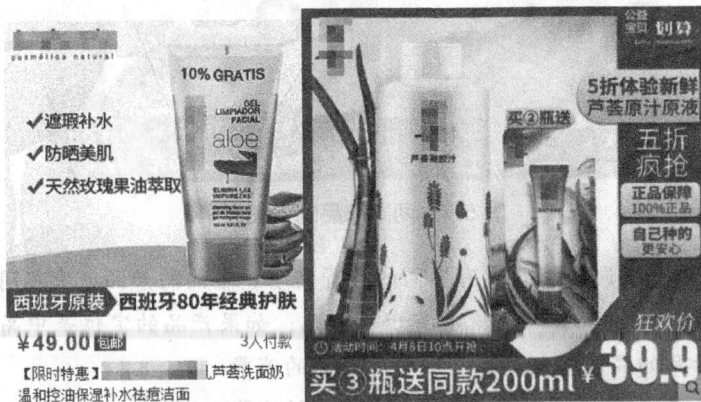

图 5-9　带有打折促销信息的主图文案

2. 利用数字直观展示销量或产品卖点

这种主图文案的写作方式通常包含 3 种数字展示方式。

➢ 用数字展示销量。10 分钟卖出 100 件，月销 10000 件等。

➢ 用数字展示产品的价格或者折扣。让消费者更清楚自己能够得到的优惠。

➢ 用数字展示产品的参数。消费者在选购产品时需要考虑产品本身的体积、重量、码数等参数，直接展示在主图上更方便消费者进行比较。

例如，某款服装产品的主图文案，将"显瘦20斤""特大码260斤穿"着重显示，意在吸引体型较胖的消费者进店，并且将"159元"的优惠价作为突出的重点，如图5-10所示。

图 5-10　某款服装产品的主图文案

3. 通过感情触动消费者的内心

这种主图文案的创作技巧通常利用富有感情的描写来抓住消费者心里的柔弱点，然后吸引消费者购买产品。例如，图5-11所示的两款产品的主图文案，左图中展示了一款按摩产品，然后配上父母的背影，可见父母满头白发，一下就触动了消费者的内心，配文"更适合　送爸妈　孝心礼物"，那些有孝心的消费者，很容易点击查看；右图中的零食产品，配上"零食归你，你归我！"的文案，更容易获得热恋中的情侣或者爱人的喜欢。

图 5-11　两款产品的主图文案

4. 向消费者展示产品效果

这种主图文案的创作技巧直接展示出了产品的使用效果，并为消费者描绘了一幅使用产品后的理想蓝图，或者直接通过对比图来展示效果。需要注意的是这种主图文案需要确定消费者的目标人群，然后找准他们的需求，展示产品的主要卖点。例如，某款清洁产品的主图文案，通过产品使用前后的对比图，生动形象地告诉了消费者该产品的使用效果，如图5-12所示。

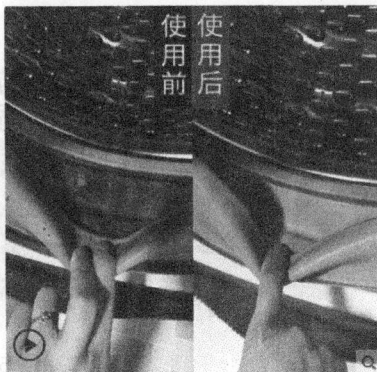

图 5-12　某款清洁产品的主图文案

5.　通过反衬方式展示产品的好处

这种主图文案的创作技巧就是描述消费者害怕的内容或者展示最差的效果，然后通过展示产品能够解决这些问题来反衬出产品的好处。比如洗发水质量差可能会损坏头皮，而本产品使用天然材料提取物，不伤头皮；买到含添加剂的零食，吃了可能会影响健康，而本产品有机无污染等，不过在描述时切忌过于夸大，要"点到为止"。例如，图 5-13所示的两款清洁产品的主图文案，在左图的文案中直接展示了霉变的效果，然后使用产品后就可以清除霉点；右图的文案则直接告知消费者滚筒洗衣机非常脏，只有使用专门的清洁剂才能洗干净，反衬出该产品的清洁效果。

图 5-13　两款清洁产品的主图文案

6.　利用热点事件或名人效应宣传产品

这种主图文案的创作技巧就是利用名人效应、时事热点和流行语等与产品文案相结合来宣传产品。因为大部分消费者都会对近期流行的文化或内容感兴趣，如果产品文案中有相关内容，那么就容易被消费者搜索到，并进行点击和阅读。例如，图 5-14 所示的产品主图文案就是利用抖音某达人的名人效应进行宣传，以此吸引消费者关注和购买。

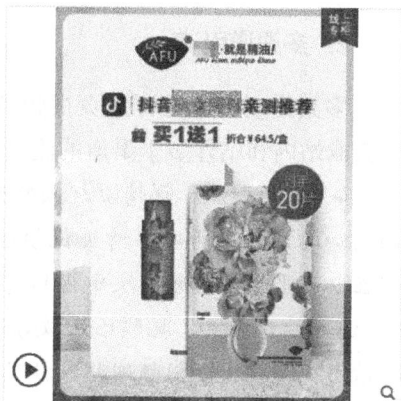

图 5-14　产品的主图文案

5.4　详情页视频的创作

详情页视频是指电商商家在介绍自己的产品时，在产品详情页中插入视频的一种产品展示方式。产品详情页中的视频能够帮助消费者全面了解产品的功能特点、应用场景、使用方法等内容。

对于电商商家来说，在详情页中添加一个视频能够为产品搭建一个动态的展示场景，可以更加生动地展示产品的全貌，有效提高产品的转化率。

5.4.1　详情页视频的作用

对于电商商家而言，视频是一个较为理想的视觉呈现工具，因为一个视频只用短短几十秒或几分钟就能把一个产品的基本情况介绍清楚。制作详情页视频主要有两个作用：一是有效提高产品的转化率，二是多渠道引流。

1. 有效提高产品的转化率

详情页视频通过影音动态的方式来呈现产品信息，使产品的细节展示和功能演示变得更为立体，从而增加了产品介绍的真实性和创意性，有助于商家在短时间内提升消费者对产品的认知和认同，促进消费者购买。比如服饰鞋包类的产品，通过短短几秒钟的视频动态展示，就能将产品的特性及穿戴效果完美地展现出来，再配合时尚的音乐，能够给消费者留下深刻印象，如图 5-15 所示。又比如数码玩具类的产品，通过视频的方式来展示产品的使用

图 5-15　某品牌鞋子的详情页视频

效果，能够让消费者快速地了解产品的功效，从而提高产品的页面转化率。

2. 多渠道引流

多渠道引流也是详情页视频具备的一个非常重要的作用。商家们通过详情页视频可以获取站内和站外多个渠道的流量。

➤ 平台引流。详情页视频的出现是电商平台和商家为了给予消费者良好的消费体验而增加的内容，所以详情页视频也受到了电商平台的大力支持。视频中销售的产品，能够在电商平台的视频版块中得到较好的展位，从而在电商平台内部获得更多的流量。

➤ 站外引流。既然已经做好了详情页视频，那么就要充分利用，商家可以将做好的详情页视频投放到视频网站或社交媒体上进行引流。

5.4.2　拍摄脚本的创作

脚本也就是视频的拍摄提纲，即对视频拍摄内容的一个大致规划。在专业的影视创作中，拍摄视频前都会事先创作脚本，所以详情页视频的创作也一样，需要事先制作好详情页视频的拍摄脚本。

综合来说，详情页的产品视频包含 3 个部分的内容：产品的整体展示（远景拍摄）、产品的亮点展示 / 使用演示（近景拍摄）、产品的功能性证实 / 测评。下面分享一些常用类目的拍摄脚本，供大家参考。具体的视频拍摄内容因产品而异，文案创作者需要根据产品的实际情况进行取舍。

1. 服饰类产品

服饰类产品的视频拍摄脚本包括穿戴效果、细节特写和搭配推荐等。

➤ 穿戴效果。从产品的正面、侧面、背面等各个角度进行拍摄，建议安排一个模特转身的镜头，全方位展示产品的上身效果，让消费者看清楚产品的整体样式。

➤ 细节特写。对产品的设计亮点、工艺特色等细节进行特写，比如衣服的袖子是当下流行的喇叭袖、衣服的刺绣很生动等，这些内容都应该以特写镜头的方式予以重点展示。

➤ 搭配推荐。增加对店铺内不同的单品搭配效果的展示，可以带动店铺中其他产品的销售，提高产品的客单价。

2. 3C 数码类产品

3C 数码类产品的视频拍摄脚本包括使用场景展示、功能介绍 / 演示和品质测评等。

➤ 使用场景展示。对产品的使用场景进行展示，比如用智能手机打游戏，用单反相机拍摄照片，用笔记本电脑工作等场景的展示。

➤ 功能介绍 / 演示。对产品的核心功能进行介绍、演示，增加消费者对产品的进一步认识。

➤ 品质测评。用小实验来证明产品的质量，比如测试使用产品时的分贝数，以证明产品的静音效果；从高处摔落产品，以证明产品的防摔性能；把产品浸泡在水里，以证明产品的防水性能等。产品的品质测评方式，应该视具体的产品性能而定。

3. 母婴玩具类产品

母婴玩具类产品的视频拍摄脚本包括场景展示、操作演示和品质测评等。

➤ 场景展示。进行产品使用场景展示，比如纸尿裤吸水展示、早教机播放音乐效果等使用场景的展示。

➤ 操作演示。一边操作一边讲解产品的功能、使用方法等，可以用配音或字幕的方式来具体表现。

➤ 品质测评。针对产品不褪色、不起球、防摔等性能进行测试，母婴用品对商品的品质要求较高，因此在测评时要重点凸显产品的品质卖点。

4. 家具类产品

家具类产品的视频拍摄脚本包括整体外观、核心卖点演示和品质测评等。

➤ 整体外观。对产品外观进行整体拍摄，重点展示产品外观上的设计亮点，比如床头的精致雕花、复古的五金配件等。

➤ 核心卖点演示。针对产品的核心卖点进行演示，比如餐桌可拉伸使用、沙发床可折叠使用等。

➤ 品质测评。针对产品的承重、防划、防火等性能进行测评，进一步证明产品的质量优良。

5. 食品类产品

食品类产品的视频拍摄脚本包括原产地/新鲜食材/独特配方、食用场景/烹饪方法等。

➤ 原产地/新鲜食材/独特配方。从食品的产地、原材料和配方等方面选择 1～2 个卖点，配合食品的外观，一边展示一边讲解。

➤ 食用场景/烹饪方法。针对休闲类的食品，可以展示一下食用场景，比如在看电视时享用饼干、薯片等。针对需要烹饪的食品，可以展示一下烹饪方法，比如番茄意大利面的烹饪方法等。

5.4.3　详情页视频常见的拍摄问题

好的详情页视频需要满足视频节奏紧凑、不拖沓，产品卖点突出，画面干净整洁等要求。但是没有产品视频创作经验的新手常常会遇到一些视频拍摄问题，这些问题有可能会影响到最终的视频效果。下面就来看看详情页视频常见的拍摄问题有哪些，以及文案创作者应该怎么解决这些拍摄问题。

1. 视频中文字内容过多或过少

详情页视频所传达的信息量通常要比单纯的图文详情页要多很多，因为在详情页视频中除了有音影图像以外，一般还会结合产品本身的特点适当地添加一些文字说明。在详情页视频中，添加文字说明可以帮助消费者更好地理解视频内容、了解产品的功能特点。但是由于详情页视频的展示空间有限，消费者难以在短时间内阅读大量文字，如果视频中的文字过多，则容易引发消费者的反感。所以一般只需要针对产品的主要卖点或重点功能进行简单的文字说明即可，切忌在视频中堆积文字。例如，某款拖把产品的详情页视频中的文字说明简单明了，让消费者一眼就能明白视频中展示的产品卖点是什么，如图 5-16 所示。

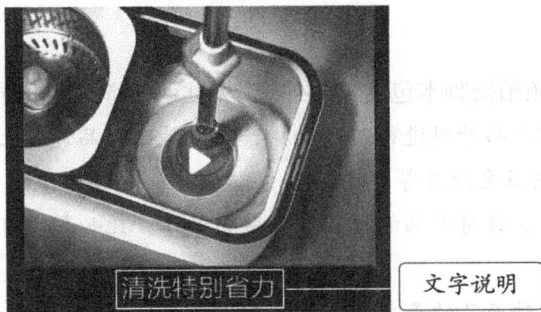

图 5-16　某款拖把产品的详情页视频中的文字说明

2. 展示的内容没有重点

详情页的视频创作和图文创作是一样的，在创作过程中都应该注意内容要详略得当，产品的主要卖点或特点要重点展示，其他无关紧要的内容可以一笔带过。很多详情页视频之所以质量不高，其原因就是视频中所展示的内容没有重点，所以文案创作者在拍摄详情页视频前一定要掌握视频中所展示的产品的主要卖点或特点。比如对于服饰类产品来说，应该重点展示其外观材质，对于手机数码类产品来说，应该重点展示其功能效果，对于家用电器类产品来说应该重点展示其操作使用方法等。

3. 视频画面过于单一

在拍摄时，不少详情页视频的画面基本没有变化，一直都是从一个角度进行拍摄，导致最后呈现出的效果很不好。建议在拍摄详情页视频时，尽量按照图 5-17 所示的基本思路进行拍摄，在展示产品不同要点时，采用不同的角度、不同的景别进行拍摄。比如展示产品外观时使用中景镜头，展示产品细节时可以使用近景或者特写镜头。为了使视频画面更丰富，还可以让产品"动起来"或者使用移动镜头进行拍摄。

图 5-17　拍摄详情页视频的基本思路

4. 视频背景杂乱

对于大多数中小商家而言，产品详情页视频的拍摄背景不需要太复杂，搭建一个简易的拍摄台即可。商家可以购买背景纸或者背景布来打造一个百搭的视频拍摄背景，或者利用一面普通的白色墙面作为视频的拍摄背景，就可以打造出一个干净整洁的视频画面。

5.5　详情页文案的创作

在电商经营过程中，影响产品转化率的因素有很多，详情页文案是否吸引人是最主要的因素之一。产品详情页是电商产品信息的主要展示页面，也是电商产品文案创作的"主战场"。在进行产品详情页的规划和创作时，文案创作者可以按照特定的思路来进行产品详情页框架内容的构建。

5.5.1　展示产品卖点

产品卖点是促使消费者产生购物行为的主要因素，产品卖点越符合消费者的购物需求，就越能激发消费者的购物欲望。一般来说，产品卖点应该体现出产品的独特性和差异性。所谓独特性就是指产品身上所具有的某些独一无二、不可复制的特点；差异性是指该产品与同类产品之间的区别。展示产品卖点的最好方法之一是利用精炼的文字形成一句主打广告语，然后通过文案内容来进行展示。

一件产品通常有很多卖点，根据完整的产品概念来看，一个完整的产品应该包括核心产品、形式产品、延伸产品这 3 个层次。

➢ 核心产品，即产品的使用价值。例如某款运动手表的核心产品，包括运动防水、可拆卸表带、防震耐摔、持久续航等，如图 5-18 所示。

图 5-18 某款运动手表的核心产品

➤ 形式产品，即产品的外在表现，如外观、质量、重量、规格、手感、包装等。图 5-19 所示就是这款运动手表的外观介绍，包括"高清镜面""加厚 304 不锈钢底盖""塑胶表壳"

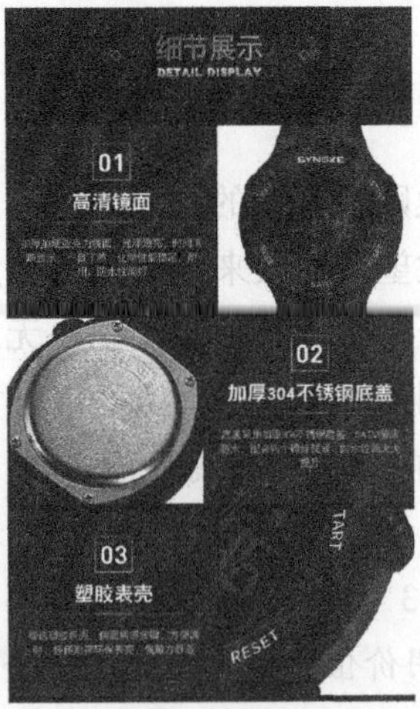

图 5-19 某款运动手表的形式产品

➢ 延伸产品，即产品的附加价值，如产品的售后服务、产品的荣誉等可以提升产品内涵的元素。图 5-20 所示为这款运动手表的外观延伸产品，主要是产品的售后服务承诺。

将这些信息全部收集起来，然后再提炼出与消费者需求最匹配的独特卖点，进而有效增加自身产品的竞争力，吸引消费者进行购买。

5.5.2　展示产品品质

产品品质是指产品的优劣程度，通常可以通过产品的功能、性能、工艺、参数、材质、细节、性价比等信息进行展示。品质优良的产品可以增加消

图 5-20　某款运动手表的延伸产品

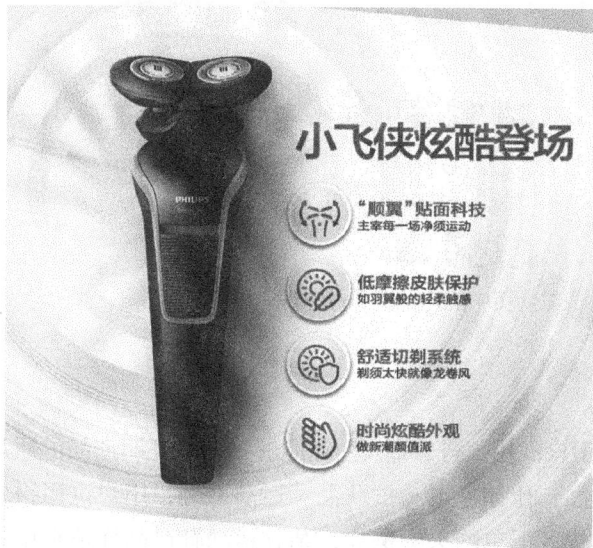

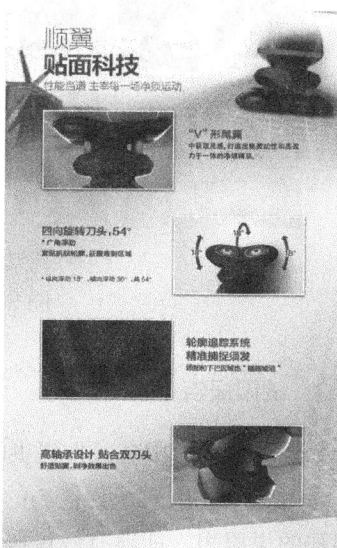

费者的购买欲望和访问深度，最终提高产品转化率。使用详情页文案来展示产品品质时，特别是展示性能参数和工艺等数据时，应尽量避免使用过多的文字和数据，最好是通过简单直白的图片搭配少量文字的形式来进行展示，让消费者一目了然。在展示产品的功能、细节、性价比等信息时，也应该使用图片搭配简单文字的方式进行展示，即以图片为主，文字为辅。在展示产品品质时，需要注意详情页的整体视觉效果，要突出产品本身。例如，某剃须刀产品的详情页，就是通过对产品功能和工艺细节的展示来体现其产品品质的，如图 5-21 所示。

图 5-21　某剃须刀产品的详情页

5.5.3 激发消费者兴趣

激发消费者兴趣的最简单的方法就是塑造产品的实用价值，即让消费者看到产品能够带给他们的好处，这些好处应该是消费者最关心的、最需要的。然后利用这些好处让消费者信任这个产品。最后再将这些好处以醒目的形式展示在产品详情页中，如产品评价、试用报告使用前后对比、商家承诺和 KOL 使用推荐等形式。

1. 产品评价

产品评价是产品详情页中比较重要的模块，也是消费者对产品产生信任的主要来源。很多电商商家都将详情页中的产品评价模块设置在详情页中的醒目位置，并尽可能多地将好评都展示出来。另外，现在很多电商平台都在尝试将消费者的产品评价营造出社区感，通过分享、评论、点赞等方式吸引消费者互动；通过积分等方式鼓励消费者分享产品图片，进行产品评价。例如，图 5-22 所示的详情页中的产品评价模块，左图为某凉鞋产品的消费者晒图，右图为消费者好评的详情页文案。

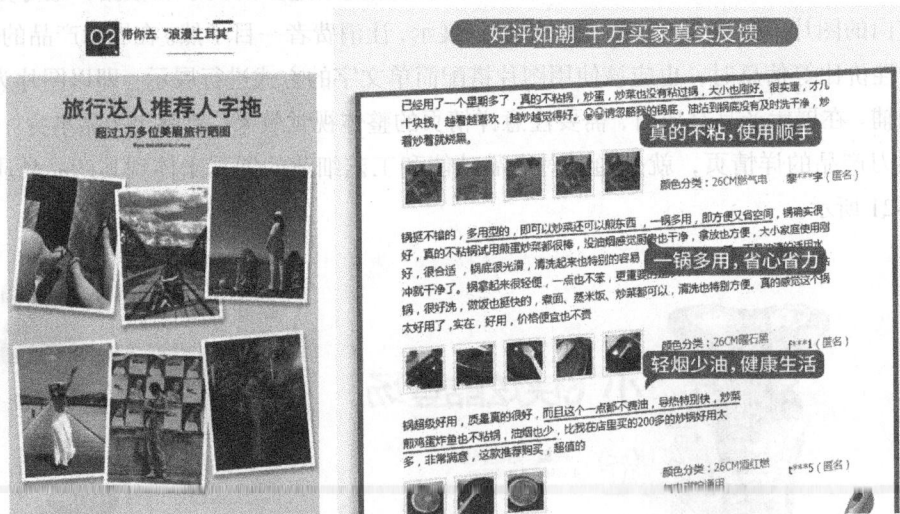

图 5-22 详情页中的产品评价模块

2. 试用报告

如果在详情页中有官方提供的用户试用报告，那么往往能够很好地证明产品的质量。尤其是对于一些以质量为核心的产品，比如家电、护肤品、运动鞋等，用户试用报告具有很强的说服力，能够有效说服消费者下单购买。例如，某款运动鞋产品详情页中展示的用户试用报告，如图 5-23 所示。

图 5-23　详情页中的用户试用报告

3．使用前后对比

在详情页中展示产品的使用前后对比，能起到非常直观的展示作用，特别是对于一些视觉型消费产品，比如除尘器、清洁剂、洗衣液、洗发水等。购买视觉型消费产品的消费者，大多都会受到视觉感觉的影响，产品使用前后对比能对这些消费者起到很强的视觉刺激作用，从而促使他们迅速做出购买决定。例如，某款清洁剂产品的详情页中，通过产品使用前后的对比图来展示产品的使用功效，如图 5-24 所示。

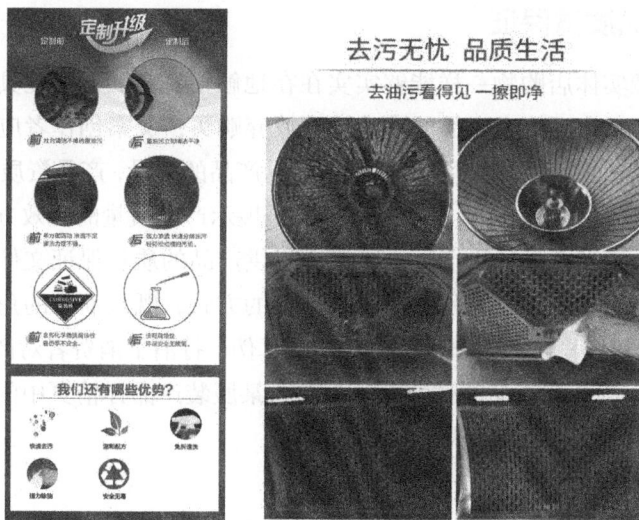

图 5-24　详情页中的产品使用前后的对比图

4. 商家承诺

为提高详情页的转化率，在很多详情页文案中都会增加一些商家承诺方面的内容，比如产品的售后承诺、货源承诺和质检报告等。这些商家承诺通常可以对消费者起到很强的心理暗示，增加消费者对于产品的信任，从而促进消费者购买。商家承诺的具体的表现形式也比较多样。比如，商家对产品进行保险承诺；对于海外产品出示保税区发货、海外发货的说明；通过一段官方视频说明来证实产品的来源等。例如，某产品的详情页中展示的产品质检报告，如图 5-25 所示。

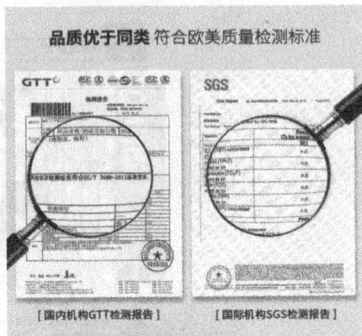

图 5-25　详情页中展示的产品质检报告

5. KOL 使用推荐

KOL（Key Opinion Leader）是关键意见领袖的简称，这个功能模块在美妆类、数码类产品的详情页中比较常见。很多专业属性较高的产品，普通消费者因为无法对其做出质量判断，而更愿意相信关键意见领袖的专业性推荐。例如，某详情页中 KOL 推荐的牙膏产品，如图 5-26 所示。

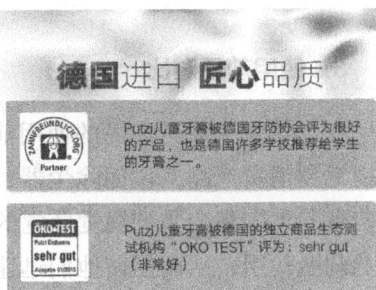

图 5-26　详情页中的 KOL 推荐

5.5.4　展示产品质量保证

网络购物不像实体店购物一样能够实实在在地触摸到产品，因此具有一定的风险。很多消费者也常常因为不确定产品的真实性而放弃购买，文案创作者应该把引起消费者担心的问题一一列举出来，并通过各种方式来展示产品的质量，产品资质证书、品牌实力、防伪查询、售后服务、消费者评价、消费保障等都是展示产品质量的有效方式。如食品生鲜、珠宝首饰、数码电子类产品的详情页文案都会提供产品的质量保证文件或者正品防伪查询方式。这就为消费者提供了多种证明产品质量的方式，既从商家的角度证明了产品的品质，又让消费者可以自己去查验所购买产品的真伪，打消了消费者对产品品质的疑虑。例如，图 5-27 所示的两款产品的详情页，左图为某服装产品详情页中的质检报告，右图则是某家电产品详情页中的正品认证展示。

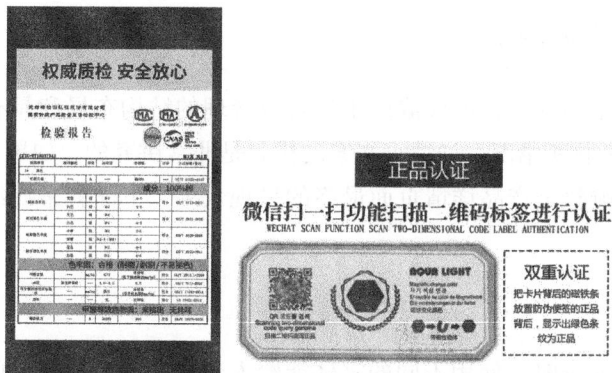

图 5-27　详情页中展示的质检报告和正品认证

　　对于一些品牌来说，品牌实力展示也是一种很好的展示产品质量保证的方式。文案创作者首先可通过实体店铺展示、获奖证书、工艺生产流程等具体方式进行品牌实力的展示。其次，对于产品的售后服务、消费者保障等消费者普遍比较关心的内容，也要进行相应的展示，具体可以通过 7 天无理由退换货、赠送运费险等形式来进行表现。最后，对于消费者所困惑的内容或容易产生疑虑的内容，要提供解答，以完全打消消费者的疑虑。例如，图 5-28 所示的两款产品的详情页，左图为某食用油产品详情页中的奥运会指定产品的认证，该认证很好地体现了产品的优良品质，右图则是某手表产品详情页中的专柜实拍图展示。

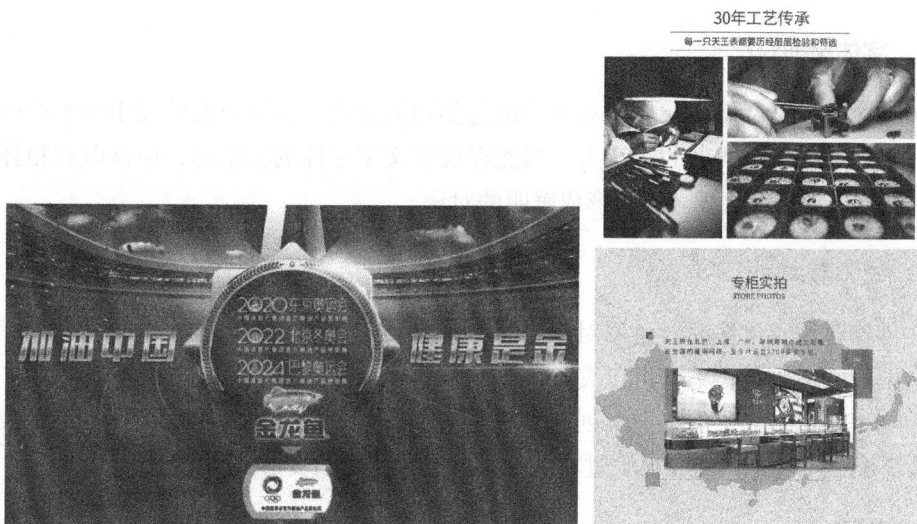

图 5-28　详情页中的产品指定认证和专柜实拍图

5.5.5　详情页文案的排版技巧

一篇详情页文案的好坏，不仅取决于是否有合理的结构布局和具有吸引力的文案内容，还取决于文案的排版情况。详情页文案的排版是非常讲究的，如果文案的排版不好，那么就有可能会影响整个产品详情页面最终的呈现效果。下面就来详细看看详情页文案有哪些排版技巧。

1. 字体对比

在创作详情页文案时，使用不同的字体能给人带来一种耳目一新的感觉，有利于帮助消费者快速抓住文案中的重点信息，同时也会使整个文案的视觉呈现效果更加生动。创作文字内容时，通常选择 2～3 种字体即可，不建议使用太多种字体，否则会使页面看上去十分杂乱。

2. 字号对比

在创作详情页文案时，应该选用不同的字号，这样做能够突出文案中的重点内容，有效地向消费者传达产品的重要信息。比如产品的核心卖点、重点功能等重要的信息可以使用大号字体表示，其他的文字则使用小号字体表示。在文案中恰到好处地使用不同的字号非常重要，这样能够帮助消费者一眼就捕捉到最重要的产品信息，设置的字号相差越大，对比就越明显，其效果也就越好。

3. 字体粗细对比

在创作详情页文案时，通过对文字进行加粗的方式，也可以有效突出文案中的重点信息，更好地吸引消费者的注意力。当然在设置文字字体的粗细时，应该既有粗体字设置又有细体字设置，这样才能够形成鲜明的对比。

4. 色彩对比

在创作详情页文案时，色彩对比是一种经常使用的文案排版技巧。合理利用不同的颜色来创作文案内容，不仅可以突显产品的核心卖点和重点功能，还能够使整个产品详情页面变得丰富多彩。但是文案创作者在使用色彩对比法创作详情页文案时，需要注意色彩的搭配，不能把页面弄得太过花哨了，否则会影响消费者的购物体验。

【实例 1】

某款键盘产品的详情页文案如图 5-29 所示。在该文案中，标题文字采用的是醒目的加粗大号字体并配以彩色的字体边框,让消费者清楚地知道该文案介绍的产品是一款机械键盘;产品的 3 个特点则使用的是相对小一点的字号,以便与文案的标题形成对比;文案的底色选用的是黑色,一方面可以与字体颜色形成对比,另一方面也可以突显产品的科技感。

图 5-29 某款键盘产品的详情页文案

5.6 详情页文案范例

产品详情页是向消费者传递产品信息的一种重要途径,对提高店铺的成交转化率起着决定性作用。而产品详情页文案是吸引消费者注意的关键所在,文案创作者想要创作出优秀的产品详情页文案,需要做到虚实结合、图文并茂、详略得当。下面就来看看几个不同类目的产品详情页文案范例。

1. 服装类产品的详情页文案范例

服装类产品的详情页文案通常包括产品的款式、材质、颜色介绍,产品细节展示,产品设计理念,产品实拍效果展示,产品的洗涤方法,产品的尺码介绍,产品的包装,产品的推荐搭配等内容。

【实例 2】

产品的尺码介绍是服装类产品详情页中一个非常重要的部分,消费者通过电商平台购买服装类产品时,不能亲身试穿,所以需要商家对尺码进行详细介绍,以便消费者选购到适合自己的产品。某服装店铺详情页中的尺码介绍如图 5-30 所示,该介绍一目了然,整齐清楚,能够使消费者高效、快速地挑选出最适合自己的尺码。而且这样的表述比长篇的文字描述更加简洁，不会使消费者感到疲倦，也可以间接地让消费者感受到商家的贴心，从而提升对品牌和产品的好感度。

尺码	胸围	肩宽	摆围	衣长	袖长	袖笼
S (155-80A)	96	37	100	63	57	33
M (160-84A)	100	38	104	65	58	34
L (165-88A)	104	39	108	67	59	35

身高/体重	150-155	155-160	160-165	165-170	170-173	173-175
45-50KG	S	S	S	S/M	M	L
50-55KG	S	S	S/M	M	M/L	L
55-60KG	M	M	M/L	M/L	L	L
60-65KG	L	L	L	L	L	L
65-70KG	L	L	L	L	L	L

注：手工测量有1-3cm误差，此尺码为推荐尺码，最终以自身情况为准

| 小白 | 156cm/48kg | 三围83/60/88 | 试穿S码 | 宽松，穿着舒适。 |
| 小花 | 165cm/58kg | 三围94/78/97 | 试穿M码 | 版型合体。 |

图 5-30　某服装店铺的详情页中的尺码介绍

【实例3】

在产品详情页文案中，单一的面料说明或款式设计说明已经不能满足目标群体的需求了，所以文案创作者应该尽可能地在详情页中突出产品的细节，阐明消费者购买该产品的理由，这样才能使详情页中展示的产品更具有说服力。某男士 T 恤的详情页文案如图 5-31 所示，该详情页文案将 T 恤的 4 大特点（时尚圆领、舒适涤棉、立体修身、品牌 Logo）分别进行了展示和说明。对产品细节的呈现可以更好地突出产品的卖点，为消费者购买产品提供了充分的理由。

图 5-31　某男士 T 恤的详情页文案

2. 手机数码类产品的详情页文案范例

手机数码类产品的详情页文案通常包括产品的设计理念，产品的外观、功能、材质介绍，产品的细节展示，产品的实拍效果，产品的包装等内容。手机数码类产品受科技因素影响较大，更新速度很快，因此在进行详情页文案撰写时，文案创作者可以将重点放在描述产品的功能特征上。

【实例 4】

华为 P30 的详情页文案如图 5-32 所示，该手机的主要卖点就是其强大的摄影功能，所以文案创作者在详情页中花了较大的篇幅来重点介绍该手机的摄影功能。在详情页中，文案创作者对产品摄影功能所具有的几大特点（比如超广角镜头、光学变焦、超光感影像系统等）分别进行了描述。

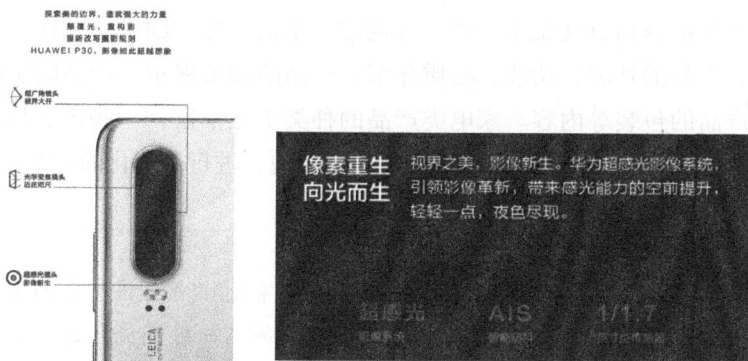

图 5-32 华为 P30 的详情页文案

3. 食品生鲜类产品的详情页文案范例

食品生鲜类产品的详情页文案通常包括产品的口味、产地、成分介绍，产品细节展示，产品的实拍效果，产品的包装等内容。

【实例 5】

某款大米的详情页文案如图 5-33 所示。该产品从命名到文案撰写都以"皇妃"作为产品的卖点，所以文案创作者在详情页文案中特意突出说明了产品的原产地是"皇后之乡"吉林，并用经纬度对产品的原产地进行了精准的定位。除此之外，该文案还用"千年龙脉孕育米之精华，米农匠心雕琢皇家贡品""米中贡品，来自皇后之乡"等文字描述来突显产品的历史文化感。

图 5-33 某款大米的详情页文案

4. 家电类产品的详情页文案范例

家电类产品的详情页文案主要以"方便家庭生活"为主题进行创作，通常包括产品的设计理念，产品的外观、功能、材质介绍，产品的细节展示，产品的实拍效果，产品尺寸说明，产品的包装等内容。家电类产品的种类十分丰富，一些产品具备多项特征，因此文案创作者在进行产品介绍时应明确文案的主题，进行系统化的介绍。

【实例 6】

某款空调产品的详情页文案如图 5-34 所示。文案创作者将该文案的主题确定为"一级变频 先锋之选"，然后运用专业的语言文字对产品"一级节能"这一主要卖点进行系统化地介绍。

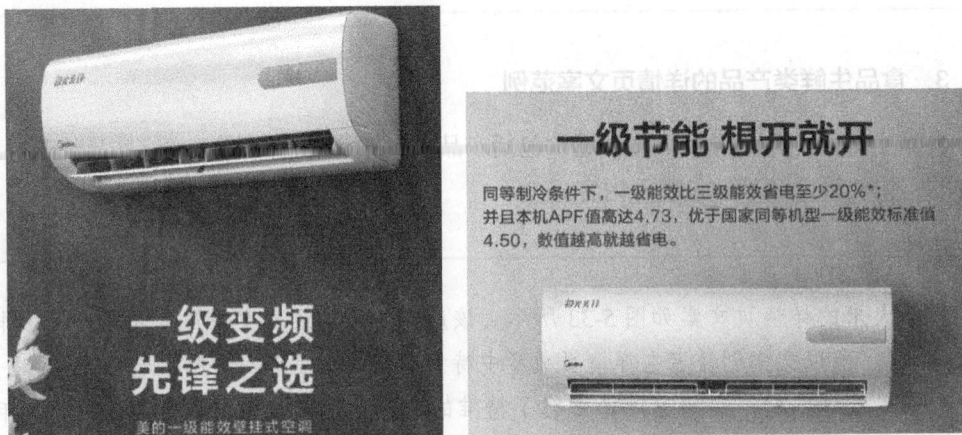

图 5-34 某款空调产品的详情页文案

实践与练习

1. 根据产品的特性"椅套　椅垫　套装　连体　家用　弹力　现代　简约　布艺　办公　电脑椅套　欧式餐椅套",为产品创作主图文案。

2. 根据图 5-35 所示的产品主图,为该产品创作详情页文案,要求展示出产品的绿色无污染,产地,产品卖点(包括色泽鲜艳、甜而不腻、高原品质),产品细节图,如何鉴别产品好坏,物流和售后情况等内容。

图 5-35　某水果产品的主图

3. 根据图 5-36 所示的产品主图,为该产品创作详情页文案,要求展示出产品的外观,产品的主要卖点(包括冷藏室自除霜、电脑控温、流光金面板、宽薄机身、魔幻存储空间、强劲冷冻力、静音),产品的主要性能参数,产品的外观细节,产品的能效标志,售后情况等内容。

图 5-36　某家电产品的主图

第6章

电商海报文案的创作

海报是一种常见的宣传形式，语言简明扼要，形式新颖美观，常用于戏剧、电影、球赛、文艺演出等活动的宣传。海报也是一种常见的推广方式，对电商而言，海报可以用来介绍网店的商品和品牌，向消费者展示宣传信息，使消费者产生购买欲望。由此可见，海报文案也是电商文案中最常用的一种文案表达方式。

6.1　电商海报文案写作基础

对于电商来讲，海报是"图形＋文字"的完美结合，图形具有视觉冲击力，吸引消费者的眼球，文字则用来表达卖点，突出主题。海报中的文字要简明扼要，表达主题要点，向消费者宣传商品或品牌的特色功能与卖点，以达到推广的目的。

6.1.1　电商海报文案的特点

电商海报也是一种广告宣传海报，通常应用于店铺的品牌推广、新品推广及活动推广。电商海报文案具有以下特点。

1. 有极强的广告宣传性

海报就是广告的一种表现形式，无论是线下的传统宣传海报，还是线上的各类宣传海报，都具有宣传推广的作用。文案创作者在创作电商海报文案时需要有很强的营销意识，通过图形与文字的完美结合，以吸引更多的人点击电商海报。

2. 直接将信息表达出来

与传统的海报文案不同，电商海报文案是通过网络呈现给消费者的，需要突出"快准狠"的特点，电商海报应该通过图形和文字把最想传达的信息直接地表达出来，让消费者一眼看懂，千万不要使用一些隐喻式的创意。

3. 语言简明扼要

要想让电商海报在两秒内吸引消费者并促使消费者点击商品，就要求电商海报文案的语言必须简洁明了，易于阅读、逻辑清晰。标题文字要精简，尽量使用易于传播的口语、网络流行语等，不要过多地使用书面语。

6.1.2　电商海报文案的构成要素

电商海报文案通常包括主标题、副标题、附加内容等。根据海报的类型，有的海报还有产品卖点或促销信息等内容。

1. 主标题

毫无疑问，海报的主标题是海报最重要的一部分，其作用就是吸引消费者的眼球和注意。海报的主标题要直击目标消费者的痛点，即要找到吸引目标消费者的"兴趣点"，因此，海报的主标题要具有以下特点。

（1）主标题一定要明确，且一次只能突出一个痛点。

（2）主标题要精准，直截了当，通俗易懂。

（3）主标题的字体一定要够大，让消费者第一眼看到标题，第一时间接收到海报传递的最重要信息。

例如，某网店海报的主标题——"爆款疯抢"，如图 6-1 所示。

图 6-1　某网店海报的主标题

2. 副标题

副标题就是对主标题内容的补充说明，或用来突出主标题。例如，某网店海报的副标题——"全场2件9折　百款夏装萌力全开"，如图6-2所示。并不是所有的海报都有副标题，需要视具体情况而定。

图6-2　某网店海报的副标题

3. 促销信息

由于海报本身就是一种广告形式，少不了有一些促销信息，比如打折、满就送、满减等。例如，某网店海报的促销信息——"7折包邮、满200元减10元"，如图6-3所示。

图6-3　某网店海报的促销信息

> **ℹ 提示**
>
> 海报一般都由文字、图形、色彩和品牌信息等部分组成。而海报文案通常除了标题、促销信息以外，还可以有鲜明的口号和功能性描述等。

6.1.3　电商海报的类型

对电商而言，海报可以分为首页轮播海报、详情页海报、钻石展位海报、直通车推广海报和微信海报等。不同类型的海报其文案也不尽相同。

1. 首页轮播海报

首页轮播海报往往是消费者进入店铺首页后看到的第一张宣传海报，位于店铺首页中最醒目的位置，如果这个位置上只有 1 张海报，则此海报被称为首页全屏海报；如果这个位置上有 2 张或者 2 张以上的海报，并可以自动切换，则被称为首页轮播海报。全屏海报宽度一般为 1920px，高度为 400px ～ 800px。首页轮播海报对于店铺的宣传推广具有非常重要的作用，它能够在第一时间向消费者传递关于产品或店铺的重要信息，并尽可能突出产品

图 6-4　某网店首页的轮播海报

或店铺的特点、风格等，可以有效地提升产品或店铺的整体形象。某网店首页的轮播海报如图 6-4 所示。

2. 详情页海报

详情页是商家向消费者传递产品信息的主要页面，根据不同的用途效果可以细分为海报展示区域、产品卖点优化区域、产品基本信息区域、搭配推荐区域、产品细节区域等。这里所说的详情页海报正是指产品详情页的海报展示区域中的海报文案，如图 6-5 所示。海报通常具有很强的视觉冲击力，一张优质的详情页海报能立刻吸引消费者的注意，可延长他们在详情页中的停留时间，进而提高产品详情页的转化率。详情页海报中展示的产品一般都是店铺里热销的、正在做活动的产品，这样做的目的就是提高店铺中热销产品、活动产品的曝光率，以及相关页面的跳转率。

图 6-5　某产品的详情页海报

3. 钻石展位海报

钻石展位是淘宝网上的图片类广告位，在此展位中一般以海报图片的形式向消费者展示产品和店铺信息。钻石展位精选了淘宝网上优质的展示位置，通过竞价排序，按照展现计费。钻石展位作为一种电商运营推广工具，其性价比很高，不仅适合发布产品基本信息，还适合发布品牌推广、店铺促销、主题活动等信息。因此，钻石展位能够为店铺带来较大的流量，同时还可以增加消费者对店铺的好感，增强消费者黏度。钻石展位在淘宝站内拥有多个展示位置，包括淘宝首页焦点展位、首页二屏大图展位、内页频道焦点展位、淘宝底部及通栏展位、收藏夹底部的通栏展位、第三方平台展位等。淘宝首页的钻石展位及海报，如图 6-6 所示。

图 6-6　淘宝首页的钻石展位

4. 直通车推广海报

　　直通车也是淘宝平台推出的一款精准推广工具，消费者通过在淘宝平台上进行关键词搜索或者分类搜索，就会显示出推广产品的图片和文字简介。直通车正是通过管理关键词的排名，以搜索竞价的方式，依次展示产品，并根据点击量的多少，收取一定比例的费用。

　　直通车可以提供优先的展示机会，具有广告位较佳、广告针对性强和按效果付费三大优势，能够有效增加产品被消费者浏览的可能性，是目前较流行、使用范围较广泛的付费推广方式之一。在直通车展示位置上展示的产品图片则被称为直通车推广海报，淘宝直通车的推荐位如图 6-7 和图 6-8 所示。

图 6-7　淘宝直通车的右侧推荐位

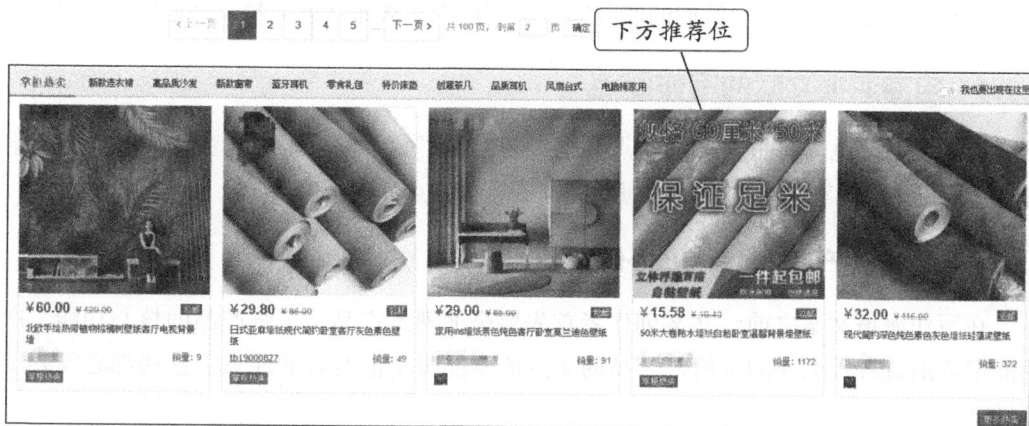

图 6-8　淘宝直通车的下方推荐位

ⓘ 提示　开通直通车的条件

在淘宝平台上开通直通车需要达到一定的条件，对于个人店铺而言，至少需要两星的信用等级并且店铺的各项动态评分均值至少 4.4 分，加入消保并已交纳保证金；对于天猫店商家而言，则要求其店铺的各项动态评分均值至少 4.4 分。

5. 微信海报

不少商家在进行社群运营和引流时，通常利用微信海报来进行"粉丝"裂变和活动曝光，比如大家常见的海报扫码送礼、海报扫码进群、海报扫码关注公众号、海报扫码加好友、分享海报送积分等。在社交电商时代，微信海报能以最简单、最快速的方法向潜在的消费者传递信息，帮助商家高效地实现店铺的拉新、引流和转化。某电商商家发布的微信海报如图 6-9 所示。

图 6-9　某电商商家发布的微信海报

微信海报裂变的具体做法：商家在自己的微信公众平台上发布各种制作精美、具有吸引力，并且带有二维码的海报，吸引"粉丝"关注公众号，再通过活动激励的方式让这些"粉丝"将海报分享到他们的朋友圈、微信群中,从而达到"粉丝裂变"的效果。

6.1.4 电商海报文案的写作要点

除了要掌握电商海报文案的特点和构成要素,了解电商海报的类型之外,还应该掌握电商海报文案的写作要点。电商海报文案的写作要点如下。

1. 反复推敲产品的卖点与核心价值

在写作海报文案之前,文案创作者首先要全面熟悉产品,了解产品的核心功能。产品能带给消费者什么样的价值,产品的卖点能不能吸引消费者的注意,这些都必须要反复推敲。

2. 精简概括要表达的内容

写作海报文案时,要言简意赅,尽量减少对产品内容的修饰。用精炼的文案来准确地传递信息,在短短几秒内让消费者理解并购买。

3. 要站在消费者的角度分析问题

海报是给消费者看的广告,其受众是广大消费者,因此,在写作海报文案时,文案创作者要站在消费者的角度分析消费者的需求,而不是站在文案创作者的角度去表述产品的优点。你所分析的产品的价值、产品提供的需求、产品的性能等内容看点能不能吸引住消费者,其关键就在于你是不是站在消费者的角度分析问题的。

6.2 电商海报文案的写作技巧

海报是一种交流方式,要能够被大众消费者理解,就要求文案既要语言简洁,又要有可读性,还要结合用户、场景、品牌/产品三者来体现其卖点。因此,要写出高点击率的海报文案,吸引消费者的眼球,就需要掌握一些海报文案的写作技巧。

6.2.1 撰写吸引消费者的标题

众所周知,很多品牌的经典海报都是由精美的色彩搭配、时尚的版式设计,以及精炼的文案组成的,这些经典的海报给消费者留下了深刻的印象,让消费者过目不忘。海报是一种重要的营销交流方式,将商家和消费者直接联系在一起,把产品信息传递给消费者,加深消费者对产品的认知,从而激发消费者的购买欲望。要做到这一点,就要求海报的标题要有吸引力。海报标题通常将最精简的形容词、动词组合成一句简短的话或口号，戳中消费者的痛点，让目标消费者在短时间内理解海报文案内容，从而进行购买。

海报文案的标题通常有以下 3 种类型。

1. 警示型

"警示型"就是在文案中通过警示的方式来引起消费者的注意，从而达到推广产品的目的。警示型标题通常适合用在大众消费者不知道，或者平时没有注意的一些问题中，采用警示的方式可以吸引消费者点击。例如，"你知道吗？洗衣机比马桶脏 64 倍，也许你正在使用这样的洗衣机"。当你看到这样的标题时，是不是会被这样的警示提醒所吸引，然后忍不住去点击继续浏览呢？

但是，在写作警示型标题时要注意以下几个问题：

（1）找准警示点很重要，并不是所有问题都适合用这类标题；

（2）警示的内容要合情合理，否则会适得其反；

（3）细节描写可让警示的内容生动起来；

（4）配上警示图片会更形象、直观。

2. 夸张型

夸张型标题采用非常夸张的表现手法来吸引消费者的注意力，从而达到推广产品的目的，它也是一种常用的标题形式。例如，某网店双 12 的电商活动海报，其标题为"双 12 搞事情　这次玩大了　全场五折！"，这其实是一个很夸张的标题，通过"搞事情""玩大了"这些较为夸张的词语来吸引消费者的眼球，如图 6-10 所示。

图 6-10　夸张型海报文案标题

3. 故事与情怀型

讲故事、讲情怀是电商文案标题的又一种写作方式。例如，某网店海报文案的标题"油你月更圆"，如图 6-11 所示，这个标题就用到了情感营销，用广告标题和活动勾起消费者的情感，吸引消费者的关注、增加了产品销量。

图 6-11　故事与情怀型海报文案标题

6.2.2　电商海报文案常用的表现手法

虽然海报文案都是用于推广产品、提高销售，但海报文案的表现手法却各有不同，有的采用直接阐述写作法，有的采用夸张写作法，还有的采用悬念写作法等。海报文案常用的表现手法如下。

1. 直接阐述写作法

直接阐述写作法指在海报文案中，围绕产品的价值和卖点，直接阐述产品或主题内容。这种写作法的特点是细致刻画产品的质感、功能和用途等，让消费者对质地精美的产品产生一种亲切感和信任感，以吸引消费者购买。例如，某蜂蜜产品的海报文案就采用了直接阐述写作法，向消费者展示了该产品口感细腻、丝滑浓稠的特点，如图 6-12 所示。

图 6-12　某蜂蜜产品的海报文案

2. 特征写作法

特征写作法以产品或主题的个性特征为卖点，将产品与众不同的特征展示给消费者，并加以烘托处理，以达到刺激消费者购买欲望的目的。例如，某品牌火锅底料的海报文案就是采用特征写作方法来表现产品"麻辣鲜香"的特征，如图 6-13 所示。

图 6-13　某品牌火锅底料的海报文案

3. 夸张写作法

夸张写作法是指为了给消费者留下深刻的印象，在海报文案中夸大所推广产品的品质或功能特性。例如，某款羽毛球产品的海报文案——"暴力进攻"，如图 6-14 所示，就采用了夸张写作法以加深羽毛球运动爱好者对这款产品"威力倒三角系统"特征的认识，从而使消费者对该产品产生极大的购买兴趣。

图 6-14　某款羽毛球产品的海报文案

4. 幽默写作法

为了吸引广大消费者的眼球，引起消费者的注意，文案创作者在创作海报文案时，运用幽默写作法将饶有趣味的情节，营造出一种充满情趣、引人发笑而又耐人寻味的幽默意境。

【实例 1】

某电商平台创作的活动海报文案就是采用幽默写作法来吸引消费者的注意，如图 6-15 所示。在该海报文案中，创作者首先通过"天上掉馅儿饼"的表述吸引众多消费者的眼球，激起他们对"馅儿饼"的兴趣；接着又通过"只要金币不要钱"向消费者幽默地表达这里的"金币"可以当作金钱来使用，以此来阐明该海报文案的宣传内容——在活动期间消费者可以使用金币进行消费。

图 6-15　某电商平台的活动海报文案

5. 情感写作法

情感写作法就是在海报文案中借用美好的情感来烘托主题，用真实而生动的情感来打动消费者。例如，某食品产品的文案——"时光里的美食，难忘的记忆味道，久久地藏在回忆里",如图 6-16 所示,该文案用"时光里的美食,难忘的记忆味道,久久地藏在回忆里"等情感词汇来唤起消费者对该品牌的认可,达到以情动人的宣传效果。

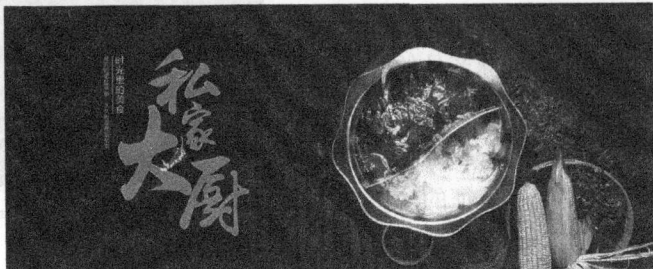

图 6-16　某食品产品的海报文案

6.　悬念写作法

悬念写作法就是在海报文案中设置悬念,引起消费者强烈的好奇,激起消费者进一步探索广告悬念的强烈欲望。然后通过广告标题或正文把广告的主题点明出来,使悬念得以解除,给人以难忘的心理感受。

【实例 2】

某食品公司的海报文案如图 6-17 所示。该文案通过悬念写作法,给消费者设置了一个悬念:它生产过唯一被嫦娥"尝过"的月饼,是一家"往来于月球和地球之间"的月饼企业。消费者会被这一悬念所吸引,而一直关注下去,想要知道是哪个食品企业,这样便达到了宣传本企业品牌的目的。

唯一被嫦娥"尝过"的月饼

这一家公司的月饼
曾搭飞船飞向月壳
为嫦娥送上祝福
了却了后羿的千古心愿
TA 是唯一一家搭乘火箭
在地球与月球之间
成功往返的烘焙食品品牌
TA 是如何做到的?

还有 14 天

图 6-17　某食品公司的海报文案

6.2.3　电商海报文案如何满足消费者的心理需求

文案创作者在创作一个好的海报文案时，不仅要洞察到消费者的真实目的，戳中消费者的真正痛点，还要提供有效的解决措施，满足消费者的心理需求。创作好的文案要通过了解消费者的心理，精准挖掘他们内心的真正需求，只有这样创作的文案才能迎合消费者的内心需求、满足消费者的欲望，从而吸引消费者购买。由此可见，满足消费者的心理需求是海报文案的核心内容，也是击中消费者的最重要的利器。下面我们从恐惧、获得、求快这 3 个角度来讲述消费者的心理需求。

1.　"恐惧"心理

"恐惧"心理是指用户（消费者）对某些事物或特殊情境所产生的一种害怕情绪和紧张心理。"恐惧"心理通常会促使用户（消费者）去采取一些行动来抑制或消除这种心理状态。文案创作者在创作海报文案时可以通过制造压力的方式，直戳用户（消费者）的痛点，激发他们的危机意识和内心的恐惧感，进而影响他们的购买行为。很多商家经常利用"恐惧"心理来进行营销，比如利用消费者害怕脱发的心理，来创作防脱发洗发水产品的电商海报文案，如图 6-18 所示。

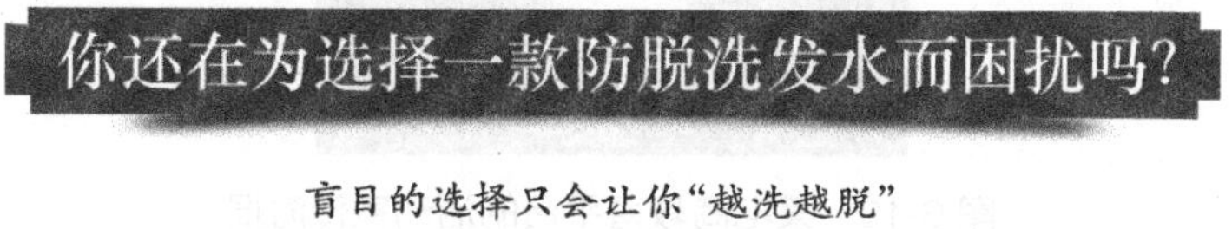

你还在为选择一款防脱洗发水而困扰吗？

盲目的选择只会让你"越洗越脱"

图 6-18　某款防脱发洗发水产品的电商海报文案

2.　"获得"心理

"获得"心理是指在海报标题中要体现出用户（消费者）购买产品或参加活动后能在生理、心理或财富方面获得哪些实实在在的利益。用户（消费者）不关心你的产品有什么功能，只关心用了你的产品能给他们带来什么好处或者能帮他们解决什么样的问题，这是一种"利益导向型"的表达方法，只有明确地把好处告诉用户，让他们意识到产品（或活动）真的能实实在在地带给他们不少好处，用利益点驱动用户（消费者）参与或购买产品。

【实例3】

某电商教育平台制作了一张宣传"区块链知识学习成长群"的海报文案，如图 6-19 所示。文案创作者创作该海报文案的目的是让对区块链感兴趣的人加入"区块链知识学习成长群"。为了实现这一目的，文案创作者从两个角度出发来激发用户的参与欲望：

首先，"区块链"属于当下的热门领域，能够跟业界的专家学习、交流区块链的知识是一种"荣耀"，能够给用户带来心理上的满足感；其次，本文案中"普及区块链系列知识，了解背后红利　找回那些年你错过的1个亿"这样的描述，也能从心理上带给用户一种财富获得感。以上两点均可激发用户加入"区块链知识学习成长群"的欲望。

图 6-19　某电商教育平台的活动宣传海报

3. "求快"心理

"求快"心理是指在海报文案中利用"人人都想快速成功"的心理来突出学习某产品时，时间少、学习量少、效果佳的特点。在这个信息化的时代，人们需要学习的东西很多，人们崇尚"短、平、快"的学习节奏。"快"表示时间少，通常使用自带冲击力的数字来表达，比如1天学会、3天入门、5天速成、7天玩转。由于利用数字来表达既直观，又容易激发读者的兴趣，所以常常用于海报推广文案中。

【实例4】

某教育电商平台的产品宣传海报文案——每天一节精选 PPT 技能课　五天掌握核心技能，如图 6-20 所示。本文案中"五天"抓住了用户的"求快"心理；"每天一节"说明任务少，学起来轻松，效果还挺不错。最后，本文案也向用户呈现了课程的实用性和即时性这两个利益点。

图 6-20　某教育电商平台的产品宣传海报文案

实践与练习

1. 根据本章所学的知识，为某销售坚果产品的店铺创作国庆节促销活动的海报文案，要求文案中要包含"满 100 元立减 30 元""惊喜好礼"等促销信息。

2. 根据本章所学的知识，分别采用 3 种不同的表现手法为一家女装网店创作 3 篇秋装上新的海报文案。

3. 根据本章所学的知识，为一家生鲜电商企业创作一篇微信海报文案，帮助商家实现"粉丝裂变"。

第7章

电商活动文案的创作

电商活动已成为电子商务中不可缺少的一部分，电商卖家每年需要举办各类电商活动来推广自己的商品。常见的电商活动有新品发布促销活动、新店开张促销活动、店庆活动，以及常见的各类节日活动，如春节、三八妇女节、五一劳动节、端午节、中秋节、情人节等。不同的电商活动，其特征也有所不同，因此，不同的电商活动的文案内容也不相同。本章将介绍各类电商活动文案的作用与创作技巧。

7.1 了解电商活动文案的作用

电商活动的本质是结合产品的内容，通过各种手段来提升网店消费者的数量和质量，并产生一定的经济效益。电商活动其实就是在某个时间阶段内，进行的一次有目的的消费者增长或转化的促销活动，其目的还是吸引消费者，提高网店商品的点击率和转化率，实现经济收益。

7.1.1 提升品牌的知名度

通常情况下，在新品牌或新产品推出前，商家需要提升用户对品牌的熟悉度；而对于一些已有一定知名度的品牌，商家可以采用活动营销的方式来常规性地刺激消费者进行购买。创作这类活动文案时通常不需要考虑消费者的转化问题，在形式上可以采用直接的广告输出，但是需要在极短时间内获得大量的曝光，使消费者了解并熟悉这个品牌或产品。图7-1所示的分别是某文具品牌、食品品牌和白酒品牌的活动营销文案，主要是利用中秋节进行活动营销，推广自己的品牌，提升品牌的知名度。

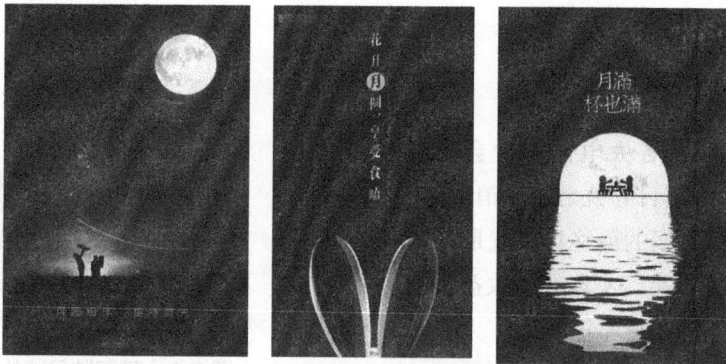

图 7-1　3 个不同品牌的活动营销文案

7.1.2　吸引消费者关注

对于电商活动而言，活动本身就是通过短时间精心策划的营销事件，在较短时间（通常不超过一周）内快速进行病毒式营销并吸引大量消费者关注。例如，我们经常看到的一种引流活动，就是通过线上和线下的活动，将已有的消费者引导到另一个新产品或新品牌中，使其成为新产品或品牌的新用户。在各种电商活动中，最常见的引流活动就是打折促销活动。例如，每年一次的"双 11"购物狂欢节的活动文案，其内容就展示了优惠券、满就送、打折等各种吸引消费者关注的促销方式，如图 7-2 所示。

图 7-2　"双 11"购物狂欢节的活动文案

7.1.3　提升消费者的活跃度

电商活动文案的另一个作用就是通过活动来唤醒"休眠"的老客户，提升其活跃度，从而刺激老客户继续购买产品。很多网店通常都会采用新品营销活动、用户限购活动和产品限时打折等方式来提升消费者的活跃度。例如，某服装品牌的新品打折促销活动文案，就是通过新品折扣和会员折上折的方式，来提升已经购买过该品牌产品的消费者的活跃度，如图 7-3 所示。

7.1.4 激励消费者消费

通常情况下，各大电商平台会推出双 11，双 12，618 等活动，其目的就是增加销量和促进变现。所以，电商活动文案的最终目的就是进行消费变现，激励消费者购买产品，实现经济收益。

7.2 电商活动文案的创作技巧

图 7-3　某服装品牌的新品打折促销
活动文案

电商活动文案在写作上除了要具备普通电商文案的特点外，还必须结合营销活动，根据活动的内容、方式和要求来进行创作。下面介绍电商活动文案的创作技巧。

7.2.1 文案标题使用高频词组合

创作营销类活动文案的主要目标是通过营销活动来销售产品。如果文案标题写得太直白，会使消费者反感，甚至会让消费者产生不想继续阅读下去的想法；但如果标题太隐晦，往往又达不到曝光效果。因此，为了能够更好地与潜在的消费者进行沟通，并向其高效传递有价值的内容，文案创作者可以在活动文案标题中使用一些常用的高频词汇，以此来吸引消费者关注，提升产品的转化率。下面列举几个活动文案标题中常用的高频词汇，供大家参考。

➤ 免费。"免费"一词对于消费者的吸引力是很大的，活动文案标题中一旦出现"免费赠送""免费体验""第二件免费"等词汇，一般都能获得大量消费者的关注，为营销活动带来非常好的宣传效果。

➤ 省钱。如果营销活动中推广的产品或服务可以帮助消费者省钱，这时只需要在文案标题中突出显示节省的金额，就能吸引更多消费者的关注。例如，在某电商平台举办的一场满减的营销活动中，文案创作者直接在活动文案的标题处向消费者展示了节省的金额，如图 7-4 所示。

➤ 好处。消费者通常对自己能从产品或服务中获取的好处非常感兴趣，很多消费者也是基于这一点才去购买产品的。所以，在活动文案中，创作者要尽量引导消费者将注意力集中在"好处"上，这样能最大限度地弱化因产

图 7-4　某电商平台满减的营销活动文案

品或服务缺点带来的负面影响，从而促使消费者购买。

➢ 保障 / 保证。对于消费者来说，网上购物最大的缺点就是无法接触产品实物，不能获得最直接的产品感受。如果能在文案标题中给予消费者保障或保证，就能获得消费者的信任，从而更容易完成销售任务，比如"专柜正品保证，假一罚十"。

➢ 简单。现在很多产品的功能越来越丰富，但操作也越来越复杂，对于追求简单生活的消费者来说，如果文案标题中能包含一些描述产品简单、易操作的词汇，往往更容易吸引此类消费者的关注，比如"您只要轻轻一摁……""全自动……"等标题。

➢ 健康。随着人们生活水平的提高，人们越来越关注和重视自己的身体健康，所以很多产品都想与健康产生关联。如果能在活动文案标题中体现"健康"这一优势，那么就能有效吸引消费者的目光。

以上列举的高频词汇均来自网店常用的活动文案标题。当然，活动文案标题的选词远不止这几个，文案写作人员可以收集和整理更多的热词，将其运用在文案标题中。

7.2.2　文案中充分体现消费者的利益点

文案创作者在创作电商文案时仅仅站在产品的角度来强调产品的核心功能和优势是远远不够的，还应该从消费者的角度出发，重视消费者的利益，突出消费者购买产品后能够得到的好处。对于消费者而言，他们最关心的往往是产品优势能为他们带来怎样的价值，产品能解决哪些实际问题。这些才是决定消费者是否购买产品的主要因素。比如，某款手机产品的特点是电池容量大，那么对于消费者而言，该产品的利益点就是待机时间长，能够长时间使用，不用频繁充电。

【实例 1】

某电商品牌针对 618 预热活动所创作的文案，如图 7-5 所示。该文案向消费者传递了"专区折上 5 折"这一重要的产品促销信息，而这一信息正好与消费者的利益点相契合，因为消费者的利益点正好就是在预热活动中购买到价格最优惠的产品。

图 7-5　某电商品牌 618 预热活动的文案

7.2.3 利用节日撰写活动文案

各种节日往往是商家进行促销活动的重要时间节点。商家在这时进行促销活动，凭借着节日氛围的衬托，一般都可以轻易吸引大量消费者的注意，起到事半功倍的销售效果。节日可分为传统节日和新兴节日两类，传统节日包括春节、端午节、中秋节等；新兴节日包括妇女节、京东"618""双11""双12"等。节日活动在电商营销推广中占有很重要的地位，因此，节日活动文案就显得尤为重要。

因为新兴节日中的很大一部分都源于网络，且都以消费为主要目的，所以相对而言，新兴节日在电商市场中的受众更广，认可度更高，其文案的传播和营销效果也更好。例如，某店铺发布的双11促销活动文案，如图7-6所示，该文案在活动的预热阶段就为店铺带来了非常不错的营销宣传效果。

图7-6 某店铺"双11"促销活动文案

7.2.4 文案的语言风格应符合消费群体的用语习惯

不同的消费群体拥有不同的消费偏好，因此在面对不同的消费者群体时，活动文案在表达内容和语言风格上也会有所不同。文案创作者在撰写活动文案时，应尽量根据不同消费人群的用语习惯来进行创作，这样才能有效拉近产品与消费者的距离，突显促销活动的氛围，进而加深消费者对促销活动和产品的印象。比如，针对中老年消费者群体，文案创作者应该尽量以通俗易懂的语言，或者晚辈的口吻来撰写文案；针对年轻时尚的消费群体，文案创作者可以多使用一些网络用语，或者通过幽默诙谐的语言风格来撰写文案。

【实例2】

某家销售智能音箱产品的店铺创作的促销活动文案，如图7-7所示。该活动主要是针对年轻消费者群体进行产品的定向营销推广，所以该促销活动文案以"潮流合体 趣味加倍"为主题，非常符合年轻人的语言表达风格。

图 7-7　某智能音箱产品的促销活动文案

7.2.5　激发消费者参与活动，实现消费

促销活动的主要目的是帮助商家吸引更多的消费者，并提高店铺的转化率，但如果没有消费者参与到活动中，就无法达到预期的营销推广效果。因此，一篇优秀的电商活动文案要能够激发消费者的活动参与感，使其积极参与到活动中，并产生实际的消费行为。

文案创作者在撰写活动文案时，既要让消费者了解活动的规则和流程，又要通过各种方法去激励消费者参与活动，实现消费。例如，某网店推出的"购产品赢手机"的促销活动文案，如图 7-8 所示。该活动文案不仅清楚地罗列了活动的时间和规则，还向消费者详细说明了参与活动可以获取的奖品信息，以此来刺激消费者积极购买该产品，参与活动。

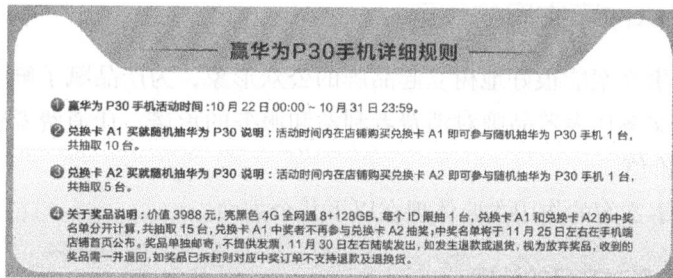

图 7-8　"购产品赢手机"的促销活动文案

实践与练习

1. 根据本章所学的知识，以春季促销活动为主题，创作一篇水果产品的营销活动文案。
2. 某家销售腕表的网店在七夕情人节之际推出了一款新的情侣对表，请根据本章所学的知识，为该款新品情侣对表创作一篇七夕情人节的活动文案。

第8章

电商品牌故事文案的创作

品牌文化是电商企业的重要组成部分，成功的品牌通常都很擅长通过讲述品牌故事的方式来塑造自己的品牌形象。一篇优秀的品牌故事文案能够将品牌的历史、内涵、精神等内容一一展示给消费者，从而在潜移默化中将品牌的价值和理念传递给消费者。

8.1 了解电商品牌故事文案

电商品牌故事文案塑造的是一种更深层次的营销方式，是以营造文化氛围的方式来提升品牌和产品的内涵，以达到吸引消费者的目的。对于文案创作者来说，要创作电商品牌故事文案，首先需要了解电商品牌故事文案的作用和特点。

8.1.1 电商品牌故事文案的作用

电商品牌故事文案能很好地树立起品牌的公众形象，为产品赋予鲜活的生命力，好的电商品牌故事文案代表着品牌对消费者利益和服务的承诺，让消费者感受到自己所拥有的一种特殊的价值。

电商品牌故事文案的作用主要体现在以下几个方面。

1. 激发消费者对产品的认同

对于消费者来说，任何一个品牌都只是一个简单的符号或者标识，消费者购买产品时只关注产品的用途和价值，并不会对品牌有印象。但是，当一个能够广泛传播的品牌故事被消费者熟知后，该品牌的产品就拥有很强的亲和力，从而得到消费者对品牌的认同，最终赢得消费者的购买。

2. 有利于品牌口碑的传播

有些品牌故事带有一定的互动性，能够使消费者积极地参与其中。这些带有互动性的电商品牌故事文案，使得品牌的形象更生动、渗透性更强、也更有利于品牌的口碑传播。相比广告，电商品牌故事文案的成本很低，但传播效率却更高。

3. 有助于培养消费者的忠诚度

品牌故事一般都包含一定的企业文化内涵。通过品牌故事的传播，可以把商家和消费者紧紧地联系在一起，有助于培养消费者的忠诚度，保持品牌在市场中的竞争优势。

4. 有助于消费者铭记于心

电商品牌故事文案是给消费者看的文案，其主要作用就是让消费者记住品牌，对品牌产生好感。例如，某品牌热水器的文案如图 8-1 所示，就是通过品牌故事文案——A.O.史密斯热水器 创造 52 年使用奇迹，让消费者记住这一产品的。该文案看似只有简单的一句话，却向消费者表达了 A.O.史密斯热水器这一品牌的丰富内涵。文案中的"创造 52 年使用奇迹"一方面表达了该热水器经久耐用的优良性能，另一方面向消费者表达了该产品具有悠久的历史，很快就让消费者记住了这个热水器品牌，当消费者需要购买热水器时，自然就会想到该品牌。

图 8-1 某品牌热水器的文案

8.1.2 电商品牌故事文案的特点

任何一个产品或品牌都有属于自己的故事，都有需要向消费者传递的价值与理念。那么，那些打动消费者的电商品牌故事文案都具有哪些特点呢？

1. 有强烈的代入感

电商品牌故事文案首先是给消费者看的故事，文案要能吸引人，要能充分调动起读者的情绪，即文案要具有很强的代入感，文案的感知性要强，要让读者产生亲身体验的联想，故事情节的发展要牢牢地牵动读者的情绪。在创作电商品牌故事文案时加入了能够吸引消费者的情节，通过简短的几句话或几段文字给消费者带来一种身临其境的感受。当消费者读完故事之后，会情不自禁地将自己代入角色中，把自己当作故事中的主人公。

【实例1】

阿迪达斯有一则电商品牌故事文案如图 8-2 所示。该文案通过明星成长的故事，给消费者带来一种代入感，让消费者产生一种心理暗示，自己穿着和偶像一样的鞋子在踢球时，就有可能会像自己的偶像一样进球，并带领球队获胜。

没有不可能

图 8-2　阿迪达斯的电商品牌故事文案

ⓘ 提示

电商品牌故事文案要有极强的渗透力和感染力，这样才能将读者代入场景，读者的情绪也才会随着故事情节的发展而不断变化。

2. 多以人物为创作主题

创作品牌故事文案时，最常用的方式就是描述某个人的经历，特别是品牌创始人，再大的主题都是通过讲述人物（创业者自己）的故事来体现的，以小见大。但在电商品牌故事文案中，讲述的是普通人（店主或创业团队）的故事，他们贴近消费者的生活，因此，这样的文案更容易激起消费者的情感，更容易获得消费者的青睐。

【实例2】

支付宝推出的"十年账单有话说"系列品牌故事文案，就是一个以普通消费者为对象创作的品牌故事文案。文案通过一个个有着不同需求的个体来表现支付宝在日常生活中的应用，如图 8-3 所示。消费者能够在文案中找到自己的影子，从而产生一种"我也要查询一下自己的账单"的冲动。

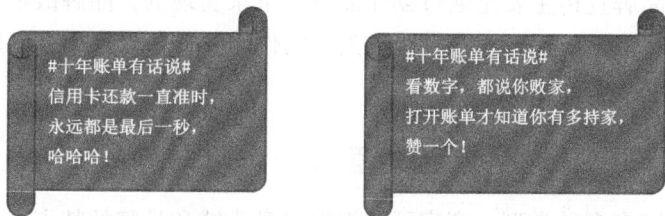

#十年账单有话说#
信用卡还款一直准时，
永远都是最后一秒，
哈哈哈！

#十年账单有话说#
看数字，都说你败家，
打开账单才知道你有多持家，
赞一个！

图 8-3 "十年账单有话说"系列品牌故事文案

3. 以情感引发消费者的共鸣

品牌故事文案要想吸引消费者的注意，触动消费者的内心情感，给消费者留下深刻难忘的印象，那么就得有晓之以理、动之以情的情感内容。这些情感内容可能表现为一份执着或坚持，一个超乎常人的举动，或者一个微不足道的细节。在创作品牌故事文案时，除了展示产品的功能之外，还要赋予产品一定的文化内涵，让产品有温度、有情怀，用生动、感人的故事情节打动消费者，引起消费者的情感共鸣，让消费者从内心感受到他们购买的不是一个产品，而是一份信任、一份情感。因此，品牌故事文案需要引起消费者的情感共鸣，从而传递情感，这样更容易让消费者认可和接受。

【实例 3】

阿迪达斯拍摄的一组视频宣传片 "Impossible is nothing"（一切皆有可能），如图 8-4 所示。在该品牌故事的文案中，知名的足球运动员讲述了自己在运动生涯中所经历的挫折与磨难，并最终走向成功的一段经历，以此来向观众传递阿迪达斯的品牌理念——一切皆有可能。观众在看过该视频之后，也许会联想到自己曾经克服过的挫折与失败，从而引起情感上的共鸣，更加坚信"只要努力，没有什么事情是不可能的"这样一种信念。

图 8-4 阿迪达斯的视频宣传片

8.2　电商品牌故事文案的写作类型与写作流程

电商企业的品牌宣传主要是通过创作品牌故事来实现的，品牌故事不是自我介绍，好的品牌故事能被广泛传播，能起到触动人心的作用。下面将对电商品牌故事文案的写作类型与写作流程进行详细讲解。

8.2.1　电商品牌故事文案的写作类型

电商品牌故事有多种类型，商家可以根据自身店铺和品牌的特点来选择最能吸引消费者注意和最能触动消费者内心的类型。电商品牌故事文案写作类型通常可分为创业型故事、人物型故事、历史型故事、传说型故事、理念型故事和细节型故事等。

1．创业型故事

人们之所以喜欢阅读成功者的创业故事，是因为这些创业故事能激励他们，尤其是在如今的电子商务创业时代，很多电商品牌的创业者在讲述自己创业过程中的经历时，都具有很强的感染力，以此来吸引众多消费者的关注，并得到消费者的认同。

很多电商品牌使用创业型故事进行品牌营销推广，其目的是向目标消费者传递品牌价值，引起消费者情感上的共鸣，从而获取消费者的信任和支持。

【实例 4】

一家专门销售野生蜂蜜的网店，将店主的创业故事作为品牌故事文案展示在店铺的首页，如图 8-5 所示。这样的品牌故事文案设计，使每一位进入店铺的消费者都能够在第一时间了解到店主的那段非常执着和热爱蜂蜜的创业经历，进而对店主本人及其经营的店铺产生好感和信任。

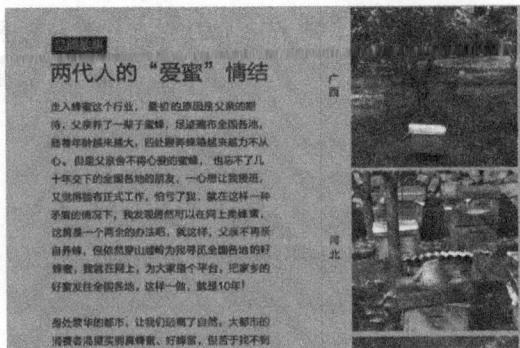

图 8-5　讲述店主创业故事的品牌文案

2. 人物型故事

人物型故事就是与品牌相关的人物的品牌故事，人物包括品牌的创始人、创业团队、管理人员、典型员工等。经典的人物型故事有微软的创始人比尔·盖茨的故事、阿里巴巴的创始人马云的故事等。

当然，对于一个新品牌来说，用不着非要把创始人塑造得很具传奇色彩，而是可以通过讲述创始人的创业经历，表现出他对这个品牌和行业的热爱，并且希望通过自己的努力用自己的品牌和产品来改变人们的生活，让消费者感受到品牌给他们带来的幸福和快乐，从而让消费者记住并使用这个品牌的产品。

【实例 5】

鹃城牌豆瓣品牌的豆瓣产品被有关机构评定为非物质文化遗产，所以该品牌就以此为切入点，在品牌故事中简单介绍了该豆瓣制作传承人的从业经历以及所获得的荣誉，如图 8-6 所示。这样的人物型品牌故事，可以使消费者快速了解该品牌，增加对该品牌的认可和信任，从而有效地提高店铺的关注度和转化率。

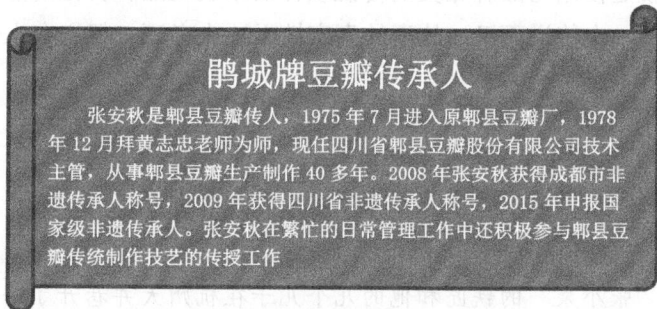

鹃城牌豆瓣传承人

张安秋是郫县豆瓣传人，1975 年 7 月进入原郫县豆瓣厂，1978 年 12 月拜黄志忠老师为师，现任四川省郫县豆瓣股份有限公司技术主管，从事郫县豆瓣生产制作 40 多年。2008 年张安秋获得成都市非遗传承人称号，2009 年获得四川省非遗传承人称号，2015 年申报国家级非遗传承人。张安秋在繁忙的日常管理工作中还积极参与郫县豆瓣传统制作技艺的传授工作

图 8-6　鹃城牌豆瓣的品牌故事文案

3. 历史型故事

历史型故事是指从品牌的发展历程的角度出发来创作品牌故事，它是很多电商品牌创作品牌故事的常用方法。这类品牌故事的内容通常包括品牌从无到有的辛酸历程、品牌的信念、遇到的困难、感人的小故事、取得的成就与荣耀等。历史型故事通常都是通过一个个真实而生动的励志、激情、拼搏的故事来打动消费者，从而获得消费者对品牌的敬意和好感。

文案创作者可以从品牌发展历程中的典型故事以及品牌精神等方面来进行品牌故事文案的创作。

【实例6】

　　腕表品牌天美时所创作的品牌故事文案就是典型的历史型品牌故事文案，如图8-7所示。该文案从品牌的起源讲起，清晰地向消费者展示了该品牌悠久的历史。

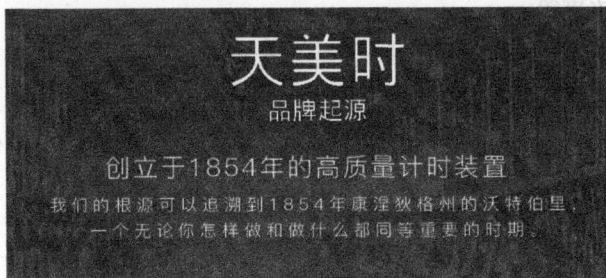

天美时
品牌起源

创立于1854年的高质量计时装置

我们的根源可以追溯到1854年康涅狄格州的沃特伯里，
一个无论你怎样做和做什么都同等重要的时期。

图 8-7　某腕表品牌的品牌故事文案

4. 传说型故事

　　传说型故事就是使用与品牌相关的传说或神话来表现品牌特征的品牌故事。虽然传说型故事可能只是一个传说而已，故事的真实性无法去考证，但它向人们展示的情感是真实的。

【实例7】

　　"张小泉"的品牌故事文案如图8-8所示。张小泉剪刀源于一个与乌蛇有关的民间传说。

　　传说一名叫"张小泉"的铁匠和他的几个儿子在杭州大井巷开了一家铁匠铺。在铁匠铺附近有一口井，井水清冽甘甜，附近的百姓都靠这口井的水生活。但有一天人们忽然发现这口井的水变得很浑浊，翻着泡沫，还散发出刺鼻的气味。前来围观的百姓都很惊慌，不知道出了什么事情。这时一位长者告诉大伙说："这口井是通钱塘江的，江里有两条乌蛇，每隔一千年就会钻到这口井里来生小乌蛇。现在井水变坏了，有可能就是它们来了。"大伙听了长者的话，都非常焦虑。

　　精通水性的张小泉听说了此事后，自告奋勇要去井底看看。于是张小泉叫儿子买来了雄黄酒，喝了之后，便系上绳子，拿上大锤，跳进井里。在井下张小泉果然发现了两条紧紧盘绕在一起的乌蛇，张小泉眼明手快，果断地举起大锤朝着两条乌蛇的颈脖处砸去。张小泉除掉了乌蛇，井水也重新恢复了清澈。

　　被张小泉砸死的两条乌蛇修炼了几千年，早已炼成钢筋铁骨了。随后张小泉和儿子们把死蛇拖回家，喜欢思考和创造的张小泉，见蛇尾弯曲，不由得灵光一现。他画了一个图样，并按图样在蛇颈相交的地方安上一枚钉子，把蛇尾弯过来的地方做成把手，又把蛇颈上面的一段敲扁，打磨光滑。这就成了张小泉造出的第一把大剪刀。

在这之前是没有剪刀这种物品的，人们要裁衣或者要断线都只能使用刀子。自从张小泉制造出了剪刀以后，大家裁衣、断线就方便多了，因此使用剪刀的人也越来越多了。后来，张小泉的铁匠铺也不再制作售卖别的铁器了，就专门制作售卖剪刀。

在这个民间传说故事里，张小泉剪刀的来历很神奇，若是没有这个传说，谁能想到剪刀与乌蛇的关系呢。

图 8-8 "张小泉"品牌的品牌故事文案

这个传说故事，不仅让消费者了解了张小泉剪刀的来历，还歌颂与赞美了剪刀业的代表者张小泉的勇敢与才华。

5. 理念型故事

理念型故事是指企业以追求某种理念，或塑造产品风格为传播内容的品牌故事。理念型故事向消费者明确地讲述了创造这个品牌的目的，这个品牌具有的特质，以及与同行竞争者相比这个品牌具有的优势。

如今的电商行业品牌众多，同质化严重，要想让自己的品牌在众多品牌中脱颖而出，受到消费者的青睐，就必须打造差异化，要有自己独特的风格和卖点，要让消费者一提到某种风格时就马上会想到这个品牌。

例如，其棉麻女装品牌在进行品牌故事文案撰写时，就是以"源于自然，回归自然，生生不息"的品牌理念来讲述品牌故事的，给消费者留下了深刻印象，如图 8-9 所示。

图 8-9 某棉麻女装品牌的品牌故事文案

6. 细节型故事

细节型故事就是从品牌的细节角度出发来创作品牌故事。细节决定成败，伟大的成功往往都是由各个细致入微的细节堆积而成的。一个成功的品牌都是从细节入手，只有做好品牌的每个细节，才能体现品牌的精湛工艺，让消费者感受到企业精益求精、一丝不苟的敬业精神。

【实例8】

从细微处见真情，可以起到见微知著的效果。最经典的案例就是Google的品牌故事，其品牌故事标题为"99.9%的人都没有发现的改动"。很多人都没有注意到Google更改了自己的Logo，将其中的G向右侧移动了一点点（1个像素），l向右下侧移动了一点点（1个像素）。由于新的Logo的改动非常细微，一般人很难看出来。于是，Google发布了一则标题为"99.9%的人都没有发现的改动"的品牌故事来进行传播，通过这一品牌故事激发了人们对这一变化的兴趣，每个人都争相去发现这一变化，都想成为这0.1%的人。一次小小的改动，促使一个品牌故事诞生，吸引了众多人群的关注，使品牌又一次得到了宣传。另一方面，通过这一品牌故事，也向人们展示了品牌追求完美、精雕细琢的形象。

8.2.2　电商品牌故事文案的写作流程

要创作具有吸引力和内涵的电商品牌故事，以获得消费者的信任，首先要熟悉电商品牌故事文案的写作流程。其写作流程包含以下几个内容。

1. 收集资料

在创作品牌故事之前，创作人员需要对品牌进行深入的了解和分析，了解品牌的历史、品牌的定位、产品的特点、消费群体，以及竞争对手的情况等，其具体内容如下。

（1）品牌的历史：品牌创始人创立品牌的目标与宗旨、创业奋斗成长的辛酸历程、品牌产品的形成过程。

（2）品牌的定位：集市场定位、价格定位、形象定位、人群定位、渠道定位于一体，其目的就是让品牌在潜在消费者心中占领一个有利的位置。

（3）产品的特点：产品的配方、材料、服务、工艺与加工技术，产品用户体验与感受，产品的功能特征与卖点，产品在市场行业中所处的地位。

（4）消费群体：消费者的年龄、性别，消费者的收入与生活情况，消费者的偏好、消费习惯、消费心理，消费者的购买用途。

（5）竞争对手：竞争对手的产品的特点、价格、规模，竞争对手的品牌知名度与优势。

只有充分了解了企业品牌的相关信息后，文案创作者在进行品牌故事的创作时，才可以从产品的角度、品牌的角度、消费者的角度等多个维度进行考虑，创作出既能吸引消费者注意又能超越竞争对手的品牌故事。

2. 确定主题

收集并整理品牌的相关信息资料后，创作者应该从众多的资料中提炼出一个与品牌相关的主题，即我们所说的核心宣传点。创作者可以从品牌的成长历史、品牌个性、品牌价值、品牌定位等角度出发来确定品牌主题。

3. 文案撰写

确定品牌主题之后，就可以进行品牌故事的创作了。在创作时首先需要确定品牌故事的写作方面、品牌故事的构成元素、品牌故事的创作角度，以及品牌故事的框架结构等，各部分的具体内容如表 8-1 所示。

表 8-1　品牌故事的内容要点

内容要点	具体内容
写作方面	通常包括感人励志、温馨浪漫、凄美爱情、神话传说
构成元素	包括时间、地点、人物、事件、结果
创作角度	通常包括企业角度、产品角度和消费者角度等，文案创作者通常可以根据品牌传播的效果来选择合适的创作角度，以达到激励消费者积极响应的目的
框架结构	品牌故事通常都有一个完整的逻辑框架结构，大致包括标题、开篇导语、正文、结尾

在创作过程中，创作者可以采用一些常用的写作手法，通过生动、有趣的文字来描述故事，调动消费者的情绪，引起消费者的共鸣，给消费者留下深刻的印象，促使消费者进行购买。

4. 定稿发布

文案创作者在完成品牌故事稿件的撰写后，需进行全面检查和修改，包括语句、标点，以及故事内容情节的生动性等。文案创作者可以通过发布前的小范围测试，根据测试的反馈意见进行优化处理，以达到更好的阅读效果。

修改完善后，需要配上一些插图，排版检查后确定终稿。最后根据需要选择发布的时间和发布的平台，即可进行品牌故事的推广。

8.3 电商品牌故事文案的创作要点

电商品牌故事应该是一篇类似于小故事的记叙文，而不是一首诗，或一篇文艺的散文，也不是简单的企业介绍。因此，文案创作者在创作品牌故事文案时，需要准确掌握品牌故事文案的创作要素、创作切入点以及创作注意事项等内容。

8.3.1 电商品牌故事文案的创作要素

既然电商品牌故事是记叙文，那就必须满足记叙文的几大要素。电商品牌故事文案通常要注意故事的背景、主题、细节、结果和点评，通过这 5 个要素来展示企业品牌文化和理念，是创作品牌故事文案的核心。

1．背景介绍

故事背景主要用来简要地介绍品牌故事的基本概况，通常包括发生了什么事情、发生在什么时候、主要人物有哪些、是什么原因导致故事的发生、即记叙文中所说的故事的时间、地点、人物、事件的起因等。品牌故事的背景不需要介绍得很全面，只需要讲清楚故事发生的特别原因或条件即可。

2．主题内容

主题即品牌故事的主体和核心内容部分，是品牌故事要表达或表现出来的内容。品牌故事的主题体现了创作者对现实生活的态度或对某些现象的看法。主题内容可以通过表 8-2 所示的具体内容来表述。

表 8-2 主题内容的具体表述

途径	具体内容表述
人物	人物就是故事的主人翁，是故事思想内容的承载者。而故事所要表达的主题思想都是通过所塑造的人物形象来反映的
情节	情节是故事内容的具体描述，一般包括开端、发展、高潮、结局这 4 个部分。情节在故事中起着穿针引线的作用，它是将场景（背景、环境）、角色（人物）、动作（行为）有机地结合在一起，形成一个完整的故事。故事之所以能吸引读者的关注，靠的就是曲折感人的情节
环境	通过对社会环境或生活环境的描写，以及结合人物思想性格的描写，揭示故事所要表达的主题思想

续表

途径	具体内容表述
抒情语句	要讲好故事，除了故事的真实性之外，有时会通过一些抒情性的语句来表现故事的主题

3. 细节描写

品牌故事文案中的细节描写需要文案创作者抓住故事中那些细微而又具体的典型情节，再加以生动细致的描绘，使故事情节更加生动、形象和真实。文案创作者通常会在故事中精心设置和安排一些细节描写，以达到烘托环境气氛、刻画人物性格和揭示主题的效果。

4. 故事结果

故事必须具有完整性，即有起因就有结果，电商品牌故事要告诉消费者故事的结果，加深消费者对品牌故事的认知和感受，加深故事在他们心中的印象，激起他们对品牌的情感共鸣。

【实例 9】

德芙（DOVE）巧克力有一篇品牌故事文案的结果是这样的。相爱的两个人在年老时终于见面，但由于疾病缠身，两人相聚不过三日便天各一方。为了纪念他们错过的爱情，主人翁研制了一种固体的、不容易融化的香醇巧克力，并在每块巧克力上刻上"DOVE"，它是"DO YOU LOVE ME"的英文缩写，代表了他们凄美缠绵的爱情，也表达了"爱要大声说出来"的深刻含义。

5. 故事点评

品牌故事往往都会反映一个主题思想，可能是对生活的看法，抑或是对某种社会现象的看法。对品牌故事主题思想进行分析与点评，做到有感而发，可以进一步揭示品牌的意义和价值，引起消费者的共鸣和思考。

8.3.2　电商品牌故事文案创作的切入点

品牌故事是消费者和品牌之间的"情感"切入点，它赋予了品牌某种精神内涵，能够有效地感染消费者，从而激发消费者潜在的购买意识，并使消费者愿意购买该品牌产品。对于文案创作者来说，并不一定要写出具有深刻情感的品牌故事，因为任何品牌的诞生都一定有其独特之处，需要慢慢挖掘其品牌故事的切入点。电商品牌故事文案的创作切入点如下。

1. 创始人的创业故事

在每一个品牌的诞生背后，其创始人都经历过一个艰苦奋斗的过程，大部分创始人都是经历过很多的失败才走向成功的，其创作过程通常都具有传奇性。文案创作者在进行文案写作时，可以通过描述品牌创始人的创业经历，来表现创始人是怎么通过自己的努力，使自己创造的品牌和产品给消费者带来幸福和快乐的。例如，阿里巴巴的创始人及其创始团队的创业故事，阿里巴巴的创始团队经过了 3 次创业，2 次失败，最后建成了我国数一数二的大型的电子商务公司，这种传奇性的经历非常适合作为品牌故事文案的创作切入点。

2. 品牌的历史和故事

如果是新品牌，那么可以将产品的传承作为切入点，如果是新产品，那么就可以将产品的发展作为切入点。比如一款新型的茶饮料，就可以将茶饮料的历史作为切入点，也可以将茶饮料产品的感人小故事作为切入点。如果是老品牌，则可以根据品牌的悠久历史进行品牌故事创作。

【实例 10】

被评为"中国地理标志保护产品"的五常大米品牌文案，如图 8-10 所示。五常大米产自黑龙江五常，其种植历史悠久，素有"贡米"之称。

图 8-10　五常大米品牌文案

3. 品牌态度

品牌态度即向消费者传递的品牌的理念。品牌故事不仅向消费者展现了与众不同的品牌，也向消费者传递了品牌的理念。品牌态度一定要与品牌的实际情况相符合，不能是"假大空"的形象,而应该要让消费者真切感受到与众不同的品牌态度。

4. Logo 符号或品牌名

　　Logo 符号或品牌名也可以作为品牌故事文案的创作切入点,一个好的 Logo 符号或品牌名,通常蕴含了一个非常有意义的品牌故事。例如,我国的运动品牌李宁的 Logo,如图 8-11 所示。李宁的 Logo 具有三层含义:第一层含义是红旗的一角,代表国家荣誉;第二层含义是"LN"的变形,代表李宁这个人物;第三层含义,体现了体操运动员李宁高超的体操技巧,像一只松鼠一样平稳地在树枝上穿梭,动作敏捷而迅速。

图 8-11　李宁的 Logo

5. 当地文化

　　对于一些地域性较强的品牌来说,可以以当地的风土人情、文化特征等为切入点进行品牌故事文案的创作。这样的品牌故事不仅会让本地人产生一种很强的认同感和共鸣,而且会让外地人产生一种好奇感,让消费者认为这个品牌是有文化内涵的。例如,某茶饮品牌的品牌故事就是以当地文化为切入点来创作的,如图 8-12 所示。

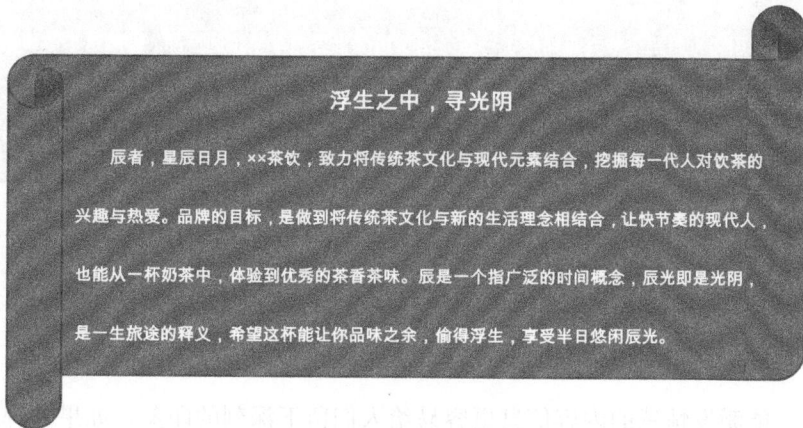

图 8-12　某茶饮品牌的品牌故事

8.3.3　电商品牌故事文案创作的注意事项

　　创作品牌故事文案时,不仅需要创作者掌握基本的写作方法,还需要创作者具有一定的广告创意、文字功底,以及知识积累等素质。文案创作者在创作品牌故事文案时,还需要注意以下事项。

1. 故事必须是客观和真实的

品牌故事要能吸引消费者的注意，让消费者通过故事来了解品牌。首先，故事要具有真实性，必须是曾经发生过的与品牌相关的真实故事，只有真实的故事才能打动消费者，让消费者了解品牌创立的艰苦历程。而那些虚假的品牌故事，终究会被消费者拆穿，因为这样的品牌故事不具有真实的情感基础，品牌也不会被消费者认可。所以，在创作品牌故事文案时要做到实事求是，在真实的故事上进行艺术加工。

2. 选择有意思的故事素材

品牌故事首先必须是一个"故事"，而写故事则需要有好的素材。故事化的沟通是传递信息的最佳方式之一，大多数人都喜欢听一些有意思的事。文案创作者如果选择有意思的故事作为品牌故事的素材，那么创作出来的故事文案往往能获得更多消费者的喜爱和认可。例如，网上流传的苹果公司的品牌传说，如图 8-13 所示。

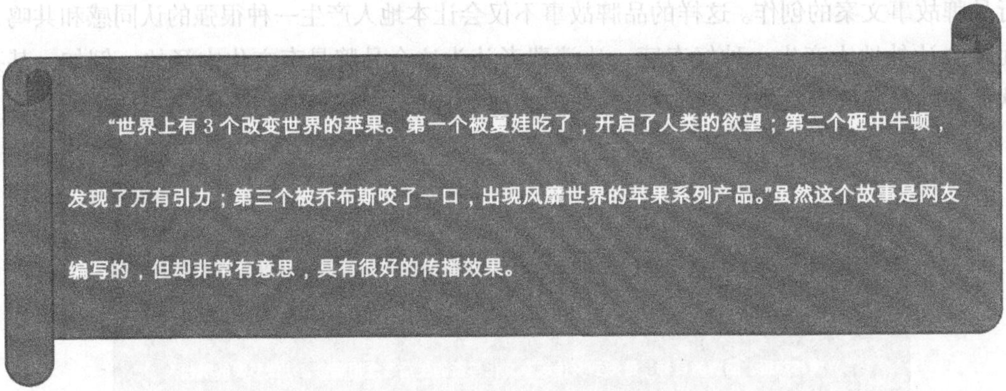

"世界上有 3 个改变世界的苹果。第一个被夏娃吃了，开启了人类的欲望；第二个砸中牛顿，发现了万有引力；第三个被乔布斯咬了一口，出现风靡世界的苹果系列产品。"虽然这个故事是网友编写的，但却非常有意思，具有很好的传播效果。

图 8-13　网上流传的苹果公司的品牌传说

3. 契合消费者的心理需求

生动的、能激发情感的内容信息更容易给人们留下深刻的印象。如果品牌故事能够激起消费者强烈的情绪，无论这种情绪是悲伤的、喜悦的、感人的、冷酷的、狂喜的或是愤怒的，只要这种情绪足够强烈，就容易使消费者对品牌和产品产生深刻的印象。

消费者的心理需求其实是具有一定的共性和规律的，消费者都渴望内心世界被关怀、渴望舒适，优秀的品牌故事要契合众多消费者的这些共同的心理需求。

【实例 11】

　　百度曾经发起过一个"发现身边的好手艺人"的品牌故事宣传，如图 8-14 所示。该文案拍摄了一组纪实故事短片，成功地打动了很多消费者。这群"手艺人"在消费者心里显得格外真实，满足了大部分人对日常生活的期待，正好契合了消费者的心理需求，所以这个品牌宣传故事文案也就具备了相当强的感召力。

图 8-14　百度发布的品牌故事宣传文案

4. 故事中表现的利益点要具有吸引力

　　在品牌故事文案中一般都会表现品牌赋予消费者的某些利益点，只有将这些利益点描写得足够有吸引力，才能有效地发挥品牌故事的宣传效果。通常，文案创作者在撰写品牌故事文案时会通过两种方式来发挥利益点的吸引力：一是直接告诉消费者品牌的功效；二是通过故事间接地让消费者对品牌产品感情。

　　例如，某乳制品品牌，在其品牌故事文案中采用了最简单直接的叙述方式向消费者介绍了该品牌对牛奶严苛的金牌标准，如图 8-15 所示。对于那些对牛奶品质感到担忧消费者来说，这样的描述正好契合了他们的痛点，因此该品牌故事文案也就具有了更强的吸引力。

图 8-15　某乳制品品牌的品牌故事文案

5. 提升故事的可分享性

在互联网传播时代，品牌故事文案不仅要能够吸引大众进行阅读，还要能够得到大众的分享和传播。因此，文案创作者在撰写品牌故事文案时，还要注意提升品牌故事的可分享性。

【实例12】

凡客诚品（VANCL）曾经邀请青年作家韩寒和青年偶像王珞丹作为其形象代言人，并推出了品牌故事文案——我是凡客，如图8-16所示。该系列品牌故事文案意在彰显品牌的自我路线和个性形象。该文案一经推出就以其另类的创作手法和新鲜有趣的内容赢得了不少网友的关注，很多网友也都纷纷在网络上模仿"凡客体"文案。"凡客体"在互联网中的迅速传播，极大地提升了凡客诚品的品牌知名度，也将互联网品牌广告的传播推向了高潮。

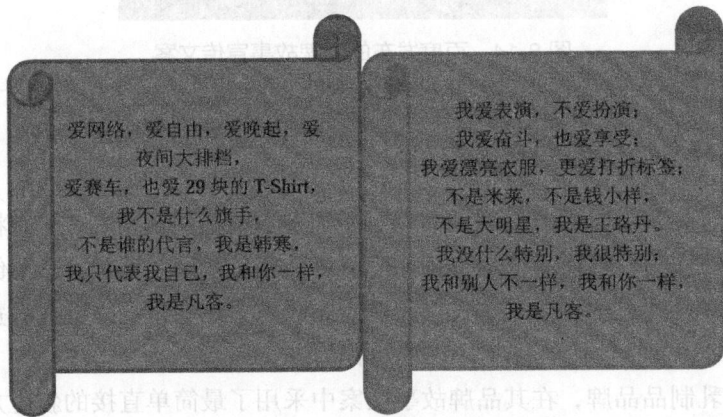

爱网络，爱自由，爱晚起，爱
夜间大排档，
爱赛车，也爱29块的T-Shirt，
我不是什么旗手，
不是谁的代言，我是韩寒，
我只代表我自己，我和你一样，
我是凡客。

我爱表演，不爱扮演，
我爱奋斗，也爱享受；
我爱漂亮衣服，更爱打折标签；
不是米莱，不是钱小样，
不是大明星，我是王珞丹，
我没什么特别，我很特别；
我和别人不一样，我和你一样，
我是凡客。

图 8-16　凡客诚品的品牌故事文案

实践与练习

1. 根据本章所学的知识，结合五粮液酒的历史，为其创作一篇契合消费者心理需求，并且适当使用网络语言的有意思的品牌故事文案。

2. Z 企业是一家专门生产、销售橄榄油的电商企业，该企业从鲜果采摘到压榨装瓶，全程严格遵循传统的生产制作过程。请根据本章所学的知识，为 Z 企业撰写一篇品牌故事文案，尽量让消费者融入故事，并对该电商品牌产生好感。

第 9 章

电商软文的创作

软文营销是一种十分重要的推广方式，无论是最初的传统媒体软文，还是现在流行的新媒体软文。无论是在电视、报纸中，还是微博、微信中，到处都可见到软文的踪迹。软文在电商文案中的地位与作用越来越重要，也突显出软文有其巨大的商业价值。本章将学习电商软文的作用、特点、类型，熟悉电商软文的撰写要求、写作方法、写作技巧、写作注意事项等。

9.1 电商软文的作用与特点

电商软文就是针对目标消费者所写的使其感兴趣的内容，同时也会介绍网店、品牌、产品，以提升企业、店铺产品的形象和知名度，获得更高的点击率和转化率。

9.1.1 电商软文的作用

电商软文作为一种营销推广广告，它在营销推广中发挥着越来越重要的作用。电商软文有着其他推广方式无法替代的作用，主要体现在以下几个方面。

1. 提升品牌形象

由于软文具有很强的传播性，且传播范围大，成本低，用户精准度高，因此企业可以通过软文来提升企业的形象，解决消费者的实际问题。特别是一些知名的品牌，要想长久大范围地提高知名度，提升品牌形象，有效的方法之一就是运用软文。而且，一篇好的软文可以让读者在不知不觉中对品牌产生良好的印象，并让读者自觉地在各大网络或社交平台快速传播该篇软文，可大大地提升企业或产品的品牌形象。

2. 辅助优化搜索引擎

一篇高质量的软文应该具备网站关键词和链接这两个重要元素。如果在软文中合理地嵌入这两个元素，则会大大增加被搜索的机会，从而提高网站的点击率和曝光率。如果把软文发布到新闻源或者权重较高的网站上，则可以增加网站的收藏量，形成一条高质量的外链，增加网站的流量，对优化搜索引擎起着一定的辅助作用。

3. 提高网站流量

一篇高质量的软文，能让用户对品牌产生良好的印象，并且可以在互联网上快速传播，给网站带来较大的流量和较高的转换率，同时也会间接地带动网站相关产品的流量和转化率，提高产品的销售额。

4. 给用户良好的阅读体验

一篇好的软文通常都具有专业性、趣味性、娱乐性，它能带给用户良好的阅读体验，让用户能够沉浸在软文带来的阅读享受里，而根本感受不到广告的存在。因此，软文深受用户的喜爱。

9.1.2 电商软文的特点

与硬广告相比，软文的特点在于"软"，它将用户从强制性的宣传广告中解脱出来，将文本内容与广告完美结合，从而达到较好的宣传效果。电商软文之所以越来越受到人们的喜欢，主要是它具有其他广告不具备的特点，主要表现在语言网络化、内容多媒体化、传播范围广、接受度较高、分享性较强以及成本较低等方面。

1. 语言网络化

如今新媒体盛行，文案创作者要跟上时代的潮流，在文案中适当地运用一些网络语言，这不仅可以体现文案的新潮和时尚感，还能引起众多消费者的关注，特别是年轻消费者的关注。如果在电商软文的标题中将网络语言与标题内容完美结合，以诙谐搞笑的方式将产品介绍给目标消费者，那么可以大大提高点击率，增加店铺流量。

2. 内容多媒体化

随着短视频的广泛应用，电商软文由以前的图文结合的推广方式，发展成现在的以短视频为主导地位的推广方式。在当今快节奏的时代中，以图文为主的推广方式已经不能满足消费者的需要，而在图文软文中加入动图、音频、动画、视频等元素，不仅可以生动、形象、直观地展示产品的功能与使用方法，还能帮助消费者节约更多的阅读时间，大大提高了购物体验。

3. 传播范围广

在当今网络高度发展的社会中，一篇好的软文能够快速地被转载成千上万次，不断地进行链式反应，在整个互联网中快速扩散开来。高质量的软文不仅可以让商家在一夜之间增加较多店铺流量，而且还可以让商家的商品马上变成炙手可热的潮流商品。正因如此，越来越多的商家会选择软文这种营销方式来推广自己的产品。

4. 接受度较高

软文是采取迂回的方式，向用户（消费者）进行宣传，在无意识的情况下触动潜在消费者的消费心理，使消费者从被动接受转变为主动接受，让产品或品牌的推广更顺畅地进入消费者的心里。软文的营销具有隐藏性，让阅读者阅读后感觉不到广告的存在，或者在文案中的后面部分才透露出少量的广告特征。软文不像硬广告那样直接，因此，软文更容易被消费者所接受，其营销效果往往也比硬广告好。

5. 分享性较强

在移动互联网时代，信息的分享传播方式更加便捷和高效。如果消费者看到自己喜欢的或有价值的软文，通常会在第一时间通过各种社交工具进行转发分享，让更多的人看到软文的内容，帮助商家实现软文的二次或多次传播。

6. 成本较低

众所周知，随着互联网推广成本的增加，无论是百度的推广广告，还是直通车和钻石展位的推广，其投入的推广费用也越来越高，而且这些广告所能承载的信息量十分有限。而软文不仅推广费用低，而且所能承载的信息量也很大。

最重要的是，由于互联网信息能够被用户自发传播，因此一篇好的软文往往能够被人们在各种平台免费转载，其广告成本就会急剧下降，而且流量的准确度也高。比如一篇花费数千元成本的软文，如果得到阅读者的自发转载传播，其转载量有可能达到上百万次、千万次，其效果可能与花费数百万元甚至上千万的硬广告相同。软文可以为企业节约大量的宣传资金，减少企业的宣传成本。

9.2　电商软文的类型

与其他电商文案相比，软文的传达性和覆盖率更高，它已经成为电商企业最常用的推广方式之一。根据软文的对象不同，可将软文分为新闻类、行业类和用户类 3 种类型。

9.2.1　新闻类软文

在电商行业中，新闻类软文主要是以新闻报道为主的一种基本的软文形式，如新闻通稿。当企业有重大事件、重大活动、新产品发布等事件时，都可以通过新闻的形式进行预热或者曝光，以达到对外宣传的目的。

新闻类软文主要分为以下 3 种类型。

1．新闻通稿

电商行业中的新闻通稿指的是电商企业对外发布的统一新闻稿件，一般用于向大众或媒体通报企业的各种动向，在通报的同时也能起到宣传品牌或产品的作用。

新闻通稿类软文的写作相对来说比较简单，只需文字有条理，能把事情表述清楚即可。其缺点是宣传效果不够明显，无法深刻触动消费者。例如，华为在其官方网站上发布的一篇新闻通稿如图 9-1 所示。

图 9-1　华为发布的新闻通稿

2．新闻报道

与新闻通稿相比，新闻报道通常具有营销的作用，以新闻报道的形式发布在企业门户网站甚至传统的新闻媒体上，借助新闻的权威性对产品或品牌进行营销。为了增加可信度，有时会聘请记者进行软文撰写并发表在相应的媒体平台上。例如，某网站上发表的一篇关于天猫 618 活动的新闻报道，如图 9-2 所示。

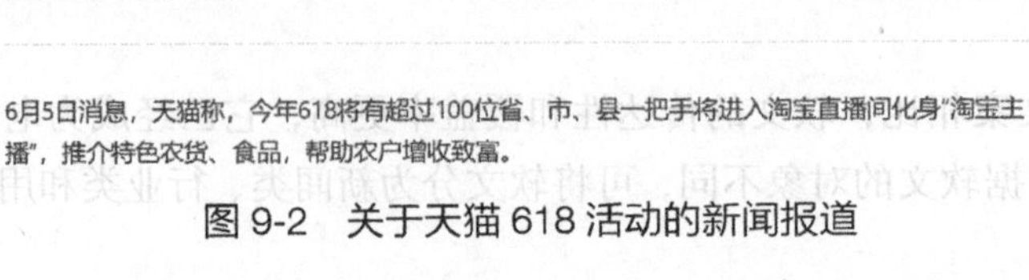

图 9-2　关于天猫 618 活动的新闻报道

3．专题访谈

新闻通稿的缺点是流于表面，新闻报道的缺点则是叙述方式较为严肃，难以让消费者产生共鸣。为弥补这两种缺点，营销人员又创造出专题访谈形式的软文，通过与电商企业领导人进行访谈聊天的形式进行产品或品牌的营销推广。

这种访谈方式可以揭示很多不为人知的创业细节、品牌趣闻等，更具有亲和力、吸引力和感染力，更能引起消费者的共鸣。例如，某媒体针对一家生鲜电商企业的创始人进行的专题访谈，如图 9-3 所示。

> 生鲜电商从火热到大浪淘沙，有人探索失败，有人成为后起之秀。一直以来冷链被视为生鲜配送最为关键的环节，大家都在探索怎么解决最后一公里配送的模式。真正落地的方式，可能投入也很大，在各方权衡之中如何搭起可复制的运营模式，是众商家都在摸索的。本期精英访谈很荣幸采访到珍熙（福建）生物科技有限公司的总经理王昭毅，分享他对生鲜电商探索的经验，以及借助移动互联网打造优质用户体验的思考。

主持人：您目前从事的也是生鲜电商，您对平台产品以及受众的定位是什么样的?

王昭毅：我们现在想打造一个比较好的食材平台，我们不是想做高端的产品，而就是想做民生的东西。不管是贵的还是便宜的，也不管是境内的还是境外的，我们都把它聚到平台上来。平台主要是做厨房内的东西，蔬菜、水果、鱼类、肉类、海鲜都有，油盐酱醋也会有，但是像牙膏牙刷等生活用品类的东西我们就不做，我们想更专注地去做食品行业。

图 9-3　针对生鲜电商企业的创始人的专题访谈

在媒体针对电商企业管理者进行了专题访谈后，该电商品牌或产品的知名度会在短期内出现一定的增长，这就是访谈类软文的力量。所以，很多企业家或高管，尤其是互联网企业的管理者很喜欢接受访谈、参加真人秀节目，其本质也是为了营销，这与访谈类软文的本质其实是一样的。

9.2.2　行业类软文

行业类软文是针对具体行业、品牌或产品进行营销推广的软文，常用方法是通过展示客观的评测、使用感受或使用经验等，对企业、品牌或产品进行推广。

撰写行业软文的人员需要具备较高的行业知识，并且对行文的逻辑性也有较高的要求。要撰写一篇好的行业软文，撰写人员除了要花费一定的时间和精力去研究相关资料外，还应对行业类软文的细分类型有所了解，这样才能在创作时有的放矢。行业类软文的类型主要有以下几种。

1. 经验分享类软文

经验分享类软文是以传播有价值的行业知识或行业经验为主要内容，让企业、品牌或产品在消费者心目中占据一定的地位，以达到营销推广的目的。需要注意的是，文章中传播的知识或经验要具有一定的价值，并且评价的立场也应公正，这样才会得到消费者的认可。

【实例1】

京东快报上面有一篇名为"美食与身材我都想要，不靠谱烹饪达人教你吃回纤细少女感！"的软文，用第一人称的口吻来向消费者讲述烹制健康美食的经验，并向消费者推荐了一款电蒸箱产品，其目的就是为了让消费者通过软文了解这款产品，并点击链接进行购买，如图9-4所示。

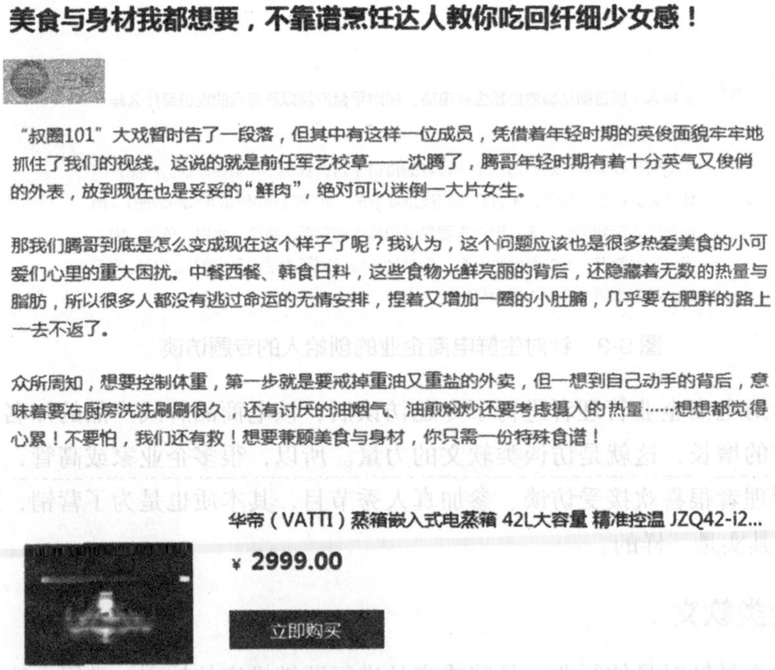

美食与身材我都想要，不靠谱烹饪达人教你吃回纤细少女感！

"叔圈101"大戏暂时告了一段落，但其中有这样一位成员，凭借着年轻时期的英俊面貌牢牢地抓住了我们的视线。这说的就是前任军艺校草——沈腾了，腾哥年轻时期有着十分英气又俊俏的外表，放到现在也是妥妥的"鲜肉"，绝对可以迷倒一大片女生。

那我们腾哥到底是怎么变成现在这个样子了呢？我认为，这个问题应该也是很多热爱美食的小可爱们心里的重大困扰。中餐西餐、韩食日料，这些食物光鲜亮丽的背后，还隐藏着无数的热量与脂肪，所以很多人都没有逃过命运的无情安排，揣着又增加一圈的小肚腩，几乎要在肥胖的路上一去不返了。

众所周知，想要控制体重，第一步就是要戒掉重油又重盐的外卖，但一想到自己动手的背后，意味着要在厨房洗洗刷刷很久，还有讨厌的油烟气、油煎焖炒还要考虑摄入的热量……想想都觉得心累！不要怕，我们还有救！想要兼顾美食与身材，你只需一份特殊食谱！

华帝（VATTI）蒸箱嵌入式电蒸箱 42L大容量 精准控温 JZQ42-i2...

¥ 2999.00

立即购买

图 9-4　某电蒸箱的经验分享类软文

2. 观点交流类软文

与经验分享类软文不同，观点交流类软文交流的内容主要是思想、观点等，经验分享类软文则主要分享使用方法与经验，二者的写作重心是不同的。

　　观点交流类软文可以站在一定的高度对各种题材进行点评，比如通过对比两个产品，来对其中一个产品进行软性推广。例如，某新款手机在网上发布的一篇文章，如图 9-5 所示，就是非常典型的观点交流类软文。

头条 > 正文

【早报】小米魅族今天发新机，你怎么选？

2018-10-24 (来源: 头条　　　　帐号)

大家好，太平洋早报快递员上线~先来看早报内容提要，别忘了文末投票哦！

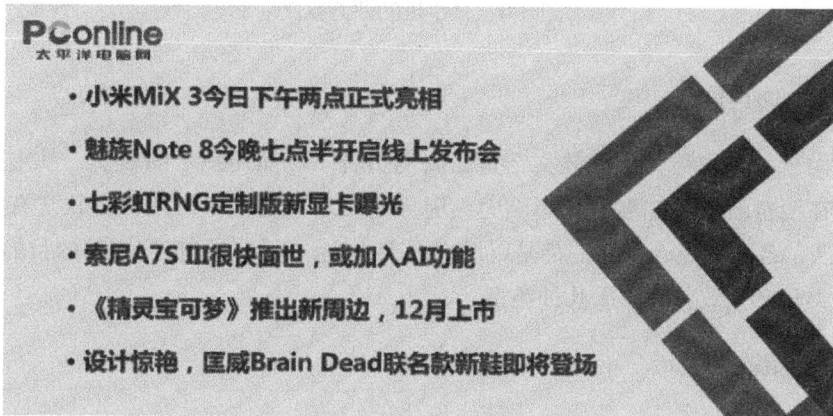

【手机】

滑盖式全面屏小米MiX 3，今天下午两点将正式亮相　｜

在距离发布会召开的前两天，小米才正式宣布MIX 3新品发布会场地设置在了故宫，将于10月25日，也就是今天下午两点正式发布大家期待已久的小米MIX 3。小米也成了第一家在故宫开新品发布会的国产手机厂商。

图 9-5　某手机新品发布软文

3. 权威资料类软文

　　权威资料类软文是指通过披露权威机构对某个行业或产品的调查数据，进行科学的分析，从而在消费者心目中树立起某企业、品牌或产品的正面形象，以达到营销目的的软文。例如，某手机的评测软文，如图 9-6 所示，该软文的内容对于消费者来说就属于权威资料，消费者通过浏览该软文的内容，可以对自己选购手机起到一定的帮助和指导作用。

手机 > 正文

千元骁龙710手机 vivo Z3评测

2018-10-17 (来源: 头条▦▦▦▦帐号)

　　10 月 17 日，vivo 在北京发布了新品手机 Z 系列 vivo Z3。这是一款为年轻互联网用户量身打造的一款手机，这群人有情怀，享受着高科技，这个群体叫 "Z 世代"，为此，vivo 将这个系列用他们的名字命名。本次新品的最大亮点就是它的性能，在新机发布之前官方就给出了信息：vivo Z3 所搭载额处理器——骁龙 710。当然，除了以上的宣传之外，我们收到的邀请函主图是一辆乐高的急速赛车，这是不是预示着 vivo Z3 真的会给我们带来更畅快的体验呢？

图 9-6　某手机的评测软文

9.2.3　用户类软文

　　用户类软文，也称为产品软文，是面向消费者（产品用户）的软文，其主要功能是增加产品在消费者中的知名度与影响力，引导消费者进行购买。用户类软文有多种表现形式和手法，各有特点，但它们都是以用户需求为主，最终达到推广产品的目的。

　　用户类软文大致分为以下几种类型。

1．知识型软文

　　知识型软文即是以传播与企业产品或品牌的相关知识为主的一种形式的软文。这类软文在传播知识的同时可以很好地与广告信息有机结合，因此很多企业都喜欢使用这种类型的软文来推广自己的产品或品牌。

2．经验型软文

　　经验型软文通常是利用消费者使用产品后的体验和感受去引导其他消费者购买本产品的一种软文，美容美妆类产品大多用此类软文来推广。比如，对于 "某某最新短发美到开挂　你还不剪吗" 这样的标题的软文，女性消费者普遍会感兴趣。如果内容上再真实一些、实用一些，再把相关图片增加上去，那么就可以把要推广的信息巧妙引入，这样得到的营销推广效果会非常好。

3．争议型软文

　　争议型软文就是通过制造具有争议的话题、事件来吸引消费者参与、关注与讨论的一种软文。电商卖家要学会使用争议型软文来进行网络营销，以提高店铺点击率。

【实例 2】

新世相图书馆曾发起了一场"丢书大作战"的活动，并针对该活动创作了一篇软文，如图 9-7 所示，该软文就属于争议型软文。该图书馆联合滴滴顺风车、海南航空、京港地铁等品牌，邀请了众多明星的加入，在北京、上海、广州的地铁、航班、顺风车里丢了10000 本书。

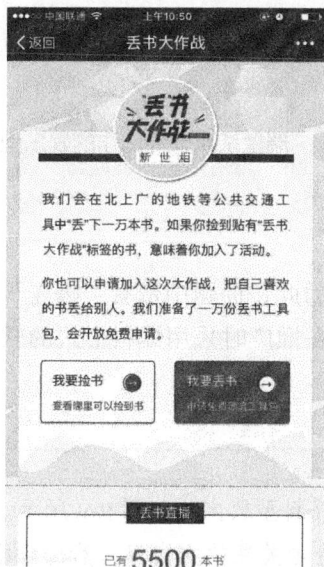

图 9-7 "丢书大作战"的活动软文

活动实施后社会争议不断。赞赏者认为该活动提倡阅读，具有正面意义，批评者则认为活动形式大于内容，并不能达到提倡阅读的目的，丢书也没有考虑到各种具体情况，活动意义不大。由于正反双方产生了较大的争议，吸引了越来越多的人关注和参与，而策划此活动的图书馆正是希望通过制造争议来提升其知名度。

4. 娱乐型软文

网络除了具有信息传递的功能外，还具有休闲娱乐的功能。很多人在休息时间利用网络玩游戏、看电影等，进行各种娱乐活动来降低压力、放松身心，因此创作具有娱乐性的软文，也会得到消费者的自发传播，从而实现营销的目的。

例如，瑞星杀毒软件推出的一篇标题名为"一只狮子引发的离婚案"的软文就属于经典的娱乐型软文，如图 9-8 所示。这篇软文内容离奇有趣，深受大众喜爱，被大众自发转载到了很多平台上，取得了非常好的品牌推广效应。

一只狮子引发的离婚案

有一个男的出差在外，想给老婆一个惊喜，于是提前回家，没想到在家门口听到屋内有男人打呼噜的声音，男人默默离去并发了个短信给老婆："离婚吧！！！"然后扔掉手机卡，远走他乡。3年后他们再次相遇，妻子问他当初为何不辞而别，男人说了当时听到呼噜的情况，结果妻子转身离去，淡淡地留下一句话："那是瑞星的小狮子。"

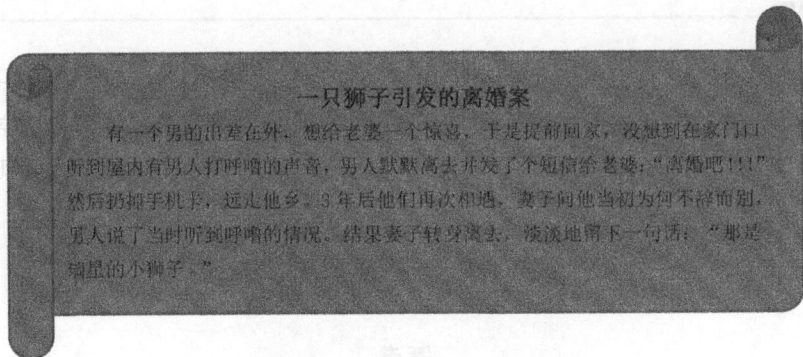

图 9-8　瑞星杀毒软件创作的娱乐型软文

5. 爆料型软文

人类普遍都有好奇心理，因此，标题中带有"曝光""揭秘"词汇的文章，往往能引起消费者的注意。如果商家在推广时采用爆料形式的软文，会吸引大量人群的关注和点击。

【实例 3】

某健身俱乐部创作了一篇爆料型软文，如图 9-9 所示。该软文直接在标题中通过"看完一身汗！"的句子来引导消费者关注软文内容，然后介绍有关"人的保质期"的内容，最后引出软文主推的产品——某健身俱乐部的 APP 链接，引导消费者点击该链接进入健身俱乐部的主页，查看相关内容，从而提升该俱乐部的知名度。

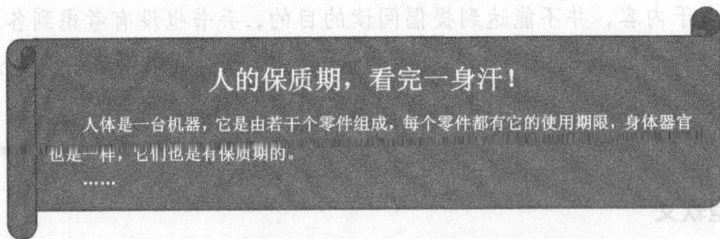

人的保质期，看完一身汗！

人体是一台机器，它是由若干个零件组成，每个零件都有它的使用期限，身体器官也是一样，它们也是有保质期的。

……

图 9-9　某健身俱乐部创作的爆料型软文

6. 悬念型软文

悬念型软文又被称为自问自答型软文，是指将一个完整的故事或问答分为两部分，先提出故事的发展情节或问答的问题部分，引起消费者的关注与猜测，然后在适当的时候将故事的结尾或问题的答案部分揭示出来，满足消费者的求知欲。

在网络营销中，可以充分利用悬念来"吊"起消费者的好奇心，最终谜底揭开时，推广的产品或品牌就会给消费者留下深刻的印象。

【实例4】

王老吉曾计划推出 3 款"萌盒西游版"的新产品，并为其精心策划了一场悬念互动营销活动，如图 9-10 至图 9-12 所示。

7月10日上午，南方日报打出了"7月11日绿盒王老吉卖＿＿＿？"的广告，同时，在广州市中心某商业广场，用吊车吊起一个巨型绿盒王老吉，盒身上印有"7月11日王老吉卖＿＿＿？"的大字，并附有巨型二维码供人扫描。广场上空不时有飞艇飞过，艇身上印有相同的广告词，如图 9-11 所示。绿盒和飞艇上的广告引起了众多市民的兴趣，大家纷纷猜测王老吉即将推出什么新品，同时也纷纷举起手机扫码或拍照进行分享，在社交媒体中引发了竞猜热潮。

7月11日，在万众期待中，吊车上的巨型绿盒王老吉落地，谜底终于揭晓——原来是为王老吉"萌盒西游版"新品上市造势，如图 9-12 所示。

图 9-10 王老吉的悬念互动营销活动

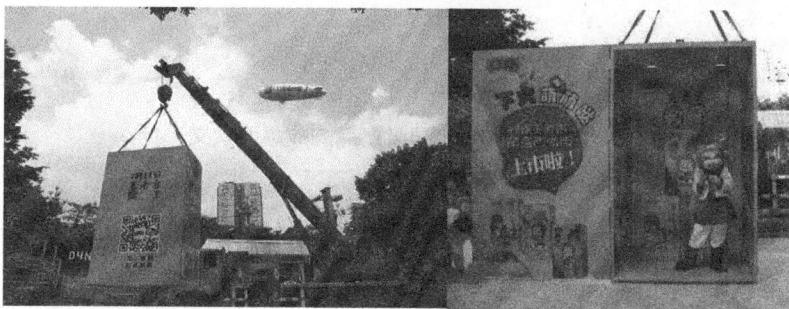

图 9-11 用绿盒、飞艇制造悬念　　　　图 9-12 揭晓谜底

这次悬念型营销，让很多网民印象深刻，有的网民留言"187 岁的王老吉也卖萌？"，有的表示"真心'醉了'""王老吉'秒杀萌蜀黍'"……该营销活动在网络上引起了不小的反响，其营销效果非常好，在短短几天的时间里，以"绿盒王老吉卖什么＿＿＿？"为主题的悬念型软文就吸引了大量消费者的关注，可以说是一次非常成功的营销案例。

7. 故事型软文

人人都爱听故事，好故事可以使人感到轻松，给人以启迪。如果将推广信息巧妙地植入故事中，那么消费者在接受故事的同时，也接受了故事中传递的推广信息，继而会影响他们的认知和选择。

【实例5】

农夫山泉在新品"泡泡茶"上市之初就发布过一篇推广软文，该软文就是典型的故事型软文，如图9-13所示。该软文的标题为"经典饮品，关爱你的第一选择！"，讲述的是中秋节一名在外求学的游子给自己远在家中的父亲打电话的故事，通过孩子与父亲的通话内容，逐步带出所要推广产品。

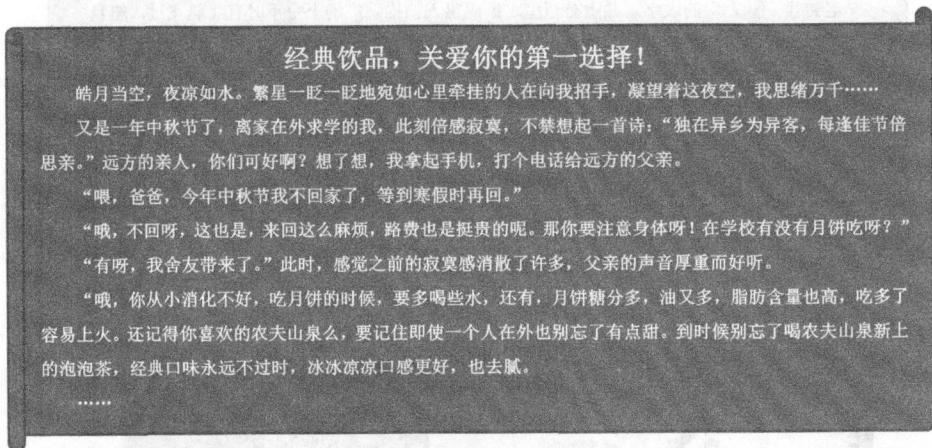

经典饮品，关爱你的第一选择！

皓月当空，夜凉如水。繁星一眨一眨地宛如心里牵挂的人在向我招手，凝望着这夜空，我思绪万千……

又是一年中秋节了，离家在外求学的我，此刻倍感寂寞，不禁想起一首诗："独在异乡为异客，每逢佳节倍思亲。"远方的亲人，你们可好啊？想了想，我拿起手机，打个电话给远方的父亲。

"喂，爸爸，今年中秋节我不回家了，等到寒假时再回。"

"哦，不回呀，这也是，来回这么麻烦，路费也是挺贵的呢。那你要注意身体呀！在学校有没有月饼吃呀？"

"有呀，我舍友带来了。"此时，感觉之前的寂寞感消散了许多，父亲的声音厚重而好听。

"哦，你从小消化不好，吃月饼的时候，要多喝些水，还有，月饼糖分多，油又多，脂肪含量也高，吃多了容易上火。还记得你喜欢的农夫山泉么，要记住即使一个人在外也别忘了有点甜。到时候别忘了喝农夫山泉新上的泡泡茶，经典口味永远不过时，冰冰凉凉口感更好，也去腻。

……

图9-13　农夫山泉某产品的故事型软文

故事型软文的内容不仅要与时俱进，而且还要结合产品特性、品牌理念以及特定的故事内容，寻找最佳的创意表现形式，这样才能给人留下深刻的印象。

8. 警示型软文

警示型软文主要通过展示一些触目惊心的事例或实验结果等内容，来警示消费者，使其在心理上产生一定的恐惧感，进而对特定的产品或品牌产生购买欲望，以此来消除内心的恐惧感。比如，消费者因为对肥胖恐惧，而购买软文中推荐的减肥产品。

警示型软文必须要精确击中目标人群的痛点，让目标人群瞬间产生恐惧感，进而引导他们去购买软文中的产品。

【实例6】

某品牌为旗下的一款肩背矫正产品撰写了一篇标题为"恐怖：驼背竟然影响孩子的一生"的警示型软文，如图 9-14 所示。该软文首先介绍了驼背对孩子的影响，使消费者在心理上产生一定的恐惧感。为消除消费者的恐惧感，接着该软文又介绍了几种驼背的矫正方法，其中就包括产品矫正这种方式，这时该软文就可以顺势推出所要宣传的产品了。

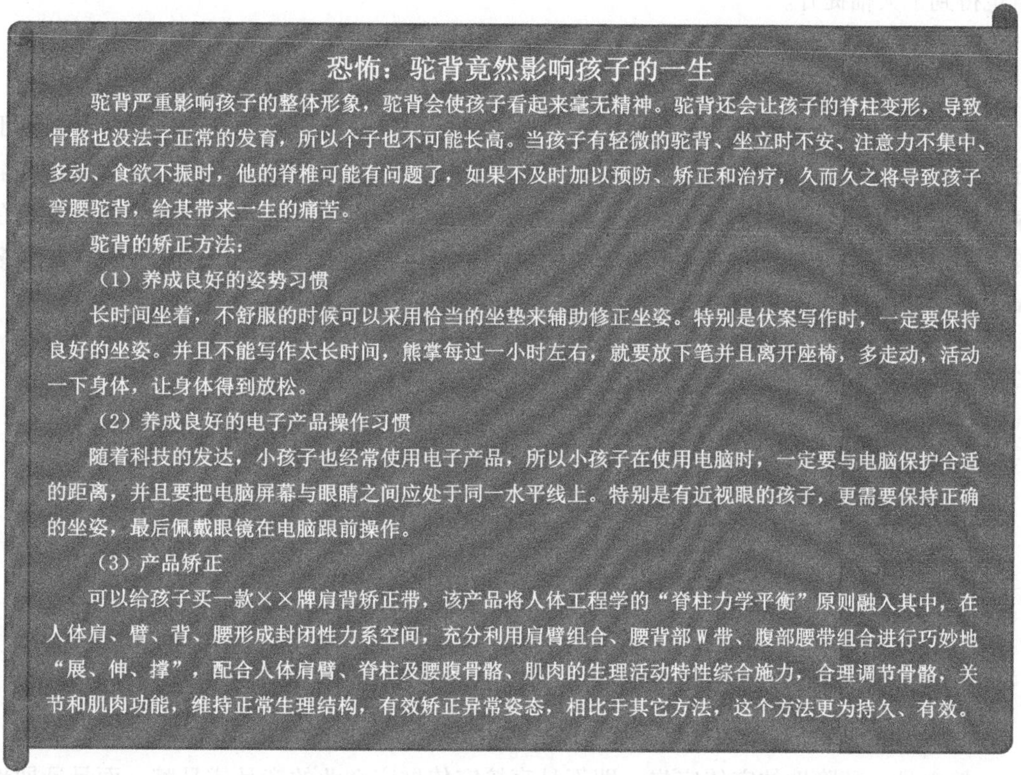

恐怖：驼背竟然影响孩子的一生

驼背严重影响孩子的整体形象，驼背会使孩子看起来毫无精神。驼背还会让孩子的脊柱变形，导致骨骼也没法子正常的发育，所以个子也不可能长高。当孩子有轻微的驼背、坐立时不安、注意力不集中、多动、食欲不振时，他的脊椎可能有问题了，如果不及时加以预防、矫正和治疗，久而久之将导致孩子弯腰驼背，给其带来一生的痛苦。

驼背的矫正方法：

（1）养成良好的姿势习惯

长时间坐着，不舒服的时候可以采用恰当的坐垫来辅助修正坐姿。特别是伏案写作时，一定要保持良好的坐姿。并且不能写作太长时间，熊掌每过一小时左右，就要放下笔并且离开座椅，多走动，活动一下身体，让身体得到放松。

（2）养成良好的电子产品操作习惯

随着科技的发达，小孩子也经常使用电子产品，所以小孩子在使用电脑时，一定要与电脑保护合适的距离，并且要把电脑屏幕与眼睛之间应处于同一水平线上。特别是有近视眼的孩子，更需要保持正确的坐姿，最后佩戴眼镜在电脑跟前操作。

（3）产品矫正

可以给孩子买一款××牌肩背矫正带，该产品将人体工程学的"脊柱力学平衡"原则融入其中，在人体肩、臂、背、腰形成封闭性力系空间，充分利用肩臂组合、腰背部 W 带、腹部腰带组合进行巧妙地"展、伸、撑"，配合人体肩臂、脊柱及腰腹骨骼、肌肉的生理活动特性综合施力，合理调节骨骼，关节和肌肉功能，维持正常生理结构，有效矫正异常姿态，相比于其它方法，这个方法更为持久、有效。

图 9-14　某肩背矫正产品的警示型软文

ℹ 提示

值得注意的是，警示型软文的目的是"提醒"消费者，而并不是真的想让消费者产生不安情绪。创作者需要注意尺度，不宜过分夸大事物的危害性，也不要一味强调事物有害的一面却避而不谈有利的一面，否则就会引起消费者的反感，认为文章不真实，有偏颇，从而对软文产生不信任的感觉，这样软文就达不到营销的效果。

9. 情感型软文

"情感营销"是电商文案中最常用的营销推广方式。情感型软文可以直接从情感上打动消费者，做到以情感人、以情动人，让消费者无法拒绝，从而达到良好的推广效果。有一个比较著名的奶茶广告，其文案内容就属于情感型的软文，一句"你就是我的×××，这样我就可以把你捧在手心里"，感动了许多女性消费者。因此，这个牌子的奶茶的销量也得到了大幅提升。

10. 促销型软文

促销型软文的标题都比较有特色，一般通过标题一眼就能辨识出来该软文是否属于促销型软文，比如"30天疯卖1.5万册，库存告急！""厂家清库存，所有产品5.5折""某某品牌无现车，提车加价5000元"等标题均属于促销型软文的标题。这种软文通常用在促销活动中，有时会营造产品供不应求的氛围，通过"攀比心理""影响力效应"等多种因素来促使消费者产生购买欲。某电商平台在网上发布的促销型软文，如图9-15所示。

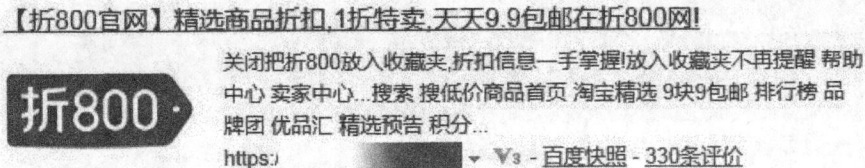

【折800官网】精选商品折扣,1折特卖,天天9.9包邮在折800网!

关闭把折800放入收藏夹,折扣信息一手掌握!放入收藏夹不再提醒 帮助中心 卖家中心...搜索 搜低价商品首页 淘宝精选 9块9包邮 排行榜 品牌团 优品汇 精选预告 积分...
https:　　　　　　　 ▼ V₃ - 百度快照 - 330条评价

图 9-15　某电商平台发布的促销型软文

9.3　电商软文的写作要求

软文是一种隐性的宣传广告，即不是直接宣传推广企业的产品或品牌，而是迂回地向目标用户进行推广。因此，软文写作必须以营销策略为基础，将所推广的产品、服务或品牌等相关信息巧妙地植入软文中，从而创作出具有吸引力的文案。作为一名电商文案创作者，必须要熟悉软文写作的基本要求，才能创作出一篇优秀的电商软文，以提高店铺的知名度和品牌形象。软文写作的基本需求有以下几点

1. 短小精悍

在生活节奏越来越快的当今社会，很少有人能够有耐心去细细品味大篇幅的文章，忙碌的生活使得人们越来越倾向于快餐式阅读，这就要求人们要在短时间内快速获取所需要的信息。因此，在写作电商软文时，千万不要进行大量文字的堆砌，最好写得短小

精悍、言简意赅，一般要求软文的字数不超过 500 字，最好控制在 300~500 字。

另外，要用浅显易懂的语言来表述，尽量不要使用太生僻、晦涩的词汇或文绉绉的语言，要通俗易懂，让消费者一看就明白，达到快速传播的目的。例如，一篇养生壶产品的宣传软文，如图 9-16 所示，该软文浅显易懂，让消费者很容易就能了解整篇文案的内容和主旨，因而也更容易对文中推荐的产品产生信任。

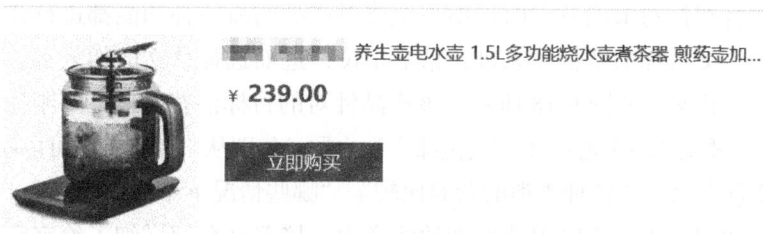

图 9-16　一篇养生壶产品的宣传软文

2. 主题明确

不管是什么类型的文案，都要求有明确的主题。电商软文也一样，写作时必须要明确主题。只有主题明确了，软文才有针对性和目标性，比如针对哪些消费群体、要达到什么样的目的。软文的主题通常可以是产品、品牌、企业或者服务等，但一篇软文最好只有一个主题，否则主题太多会大大降低软文的吸引力，也不利于软文的推广。

图 9-17 所示为王老吉凉茶发布的一篇推广软文，该软文的主题就非常明确，整篇软文以"健康"为主题，向消费者详细介绍了王老吉凉茶预防上火这一健康功效，让更多消费者认识到王老吉凉茶是一款适用于冬季饮用的健康饮料，意在开拓产品的冬季市场。

抵御寒冬，凉茶相伴

2017-5-27 17:20:08 作者：　　　　　　　　　　　人气：3334次

寒冬来临，什么是你这个冬季的健康饮料呢？生活习惯往往是根深蒂固的，然而在冬季饮料市场上，健康的消费观念已经悄然地改变了人们的一些生活习惯，越来越多原本喜欢普通饮料的消费者开始将目光转向健康饮品。近日，记者在王老吉冬季防上火行动的写字楼和社区推广现场看到，市民们争相填写健康调查问卷，购买王老吉凉茶，火热的场面和寒冷的天气形成了巨大反差。促销人员介绍，消费者大都是看中了王老吉凉茶预防上火这一健康功效。

图 9-17　王老吉凉茶发布的推广软文

主题明确后，在写作的过程中还要注意不要夸大其词，尽量使用适当的语言来描述需要表达的思想，保证文案的真实性和可读性。切忌为了营销推广而虚构信息、歪曲事实。

3. 精准定位

电商软文的话题范围往往比较宽泛，开放性强、限制少，然而软文篇幅有限，这就要求创作者要善于寻找切入点，精准定位，表达独特的见解。在实际写作时，创作者应细化主题，即缩小主题范围、细化主题的角度，进行准确定位，化多为少、化大为小、化粗为细，否则，切入点过大，主题就难以收拢。

文案创作者在撰写电商软文时，不一定要对产品的每一种功能都进行详细介绍，但是可以针对某一类目标消费群体来进行精准定位，进而选择软文的切入点。例如，一篇鸡蛋产品的推广软文，如图9-18所示。该产品针对的目标消费群体是刚刚拥有宝宝的年轻父母，所以该软文以"关心孩子饮食健康"为主题，分别从"宝宝多大可以吃鸡蛋""宝宝吃鸡蛋的注意事项""各种蛋类的营养比较""哪些情况下不宜吃鸡蛋"4个方面介绍了鸡蛋的营养知识，以此来吸引消费者的注意力。接着又介绍详细了给宝宝挑选好鸡蛋的方法和宝宝吃鸡蛋的食谱，进一步激发消费者对这篇软文的兴趣。最后该软文为消费者推荐了一款土鸡蛋产品并介绍了这款产品的特点，而这款鸡蛋产品恰好就符合前文中关于"好鸡蛋"的标准，进而促使消费者的下单购买。

宝宝爱吃的"蛋"该怎么挑？怎么做？

2017-04-26 16:23

蛋是一种营养非常丰富、价格相对低廉的常用食品。鸡蛋的蛋白质品质仅次于母乳，且富含脂肪、维生素、钙、锌、铁、核黄素、DHA和卵磷脂等人体所需的营养物质，是婴幼儿、孕妇、产妇的理想食品。

今天就教大家，宝宝爱吃的"蛋"该怎么挑？怎么做？

图 9-18　一篇鸡蛋产品的推广软文

4．内容具有可读性和知识性

好的软文才会被广泛转载和传播，软文内容必须具有可读性和知识性才能吸引更多的目标人群去阅读和传播。没有可读性和知识性的软文无法激起客户的兴趣，无法让客户产生信任感，这样，软文就失去了传播的条件，所以可读性和知识性是软文的灵魂和传播的原动力。

另外，软文还要生动有趣、好玩，要具有一定的话题性，这样才能激起消费者的兴趣，得到广泛的传播。

【实例7】

曾有一篇标题为"闺女，谢谢你给我的晕车药"的软文就非常生动有趣，如图9-19所示。该软文以故事的形式展开，通过生动的语言讲述了一位老人为考上大学的孙子寻找晕车药的故事。阅读了该软文的读者大都被老人对孙子沉甸甸的爱所打动，在感动的同时也被文中宣传的这款抗晕良药吸引，从而产生购买的欲望。

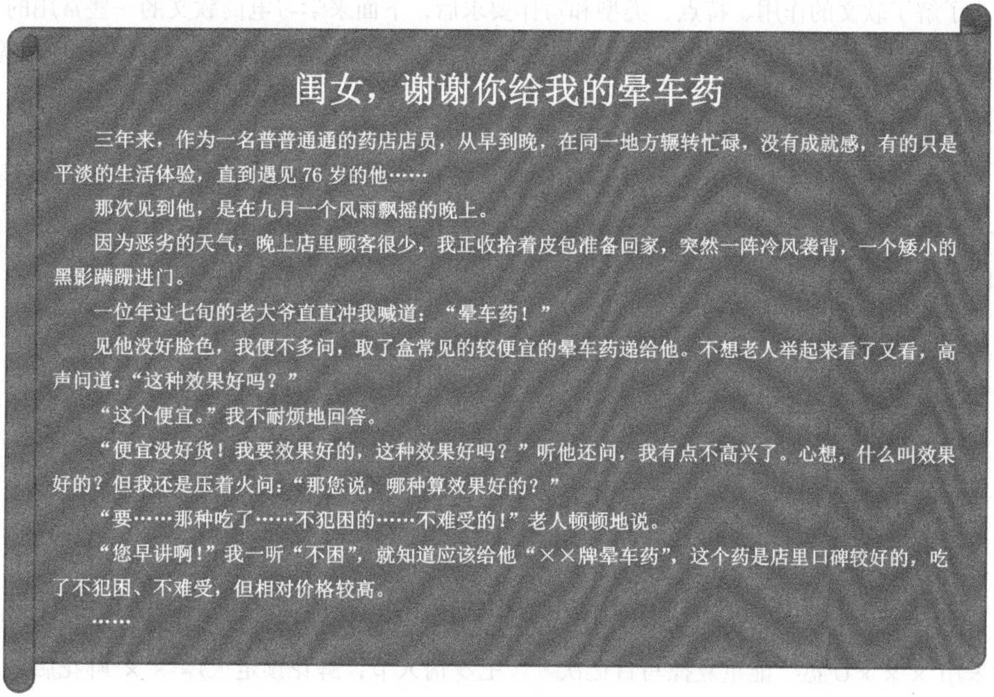

> ## 闺女，谢谢你给我的晕车药
>
> 　　三年来，作为一名普普通通的药店店员，从早到晚，在同一地方辗转忙碌，没有成就感，有的只是平淡的生活体验，直到遇见76岁的他……
>
> 　　那次见到他，是在九月一个风雨飘摇的晚上。
>
> 　　因为恶劣的天气，晚上店里顾客很少，我正收拾着皮包准备回家，突然一阵冷风袭背，一个矮小的黑影蹒跚进门。
>
> 　　一位年过七旬的老大爷直直冲我喊道："晕车药！"
>
> 　　见他没好脸色，我便不多问，取了盒常见的较便宜的晕车药递给他。不想老人举起来看了又看，高声问道："这种效果好吗？"
>
> 　　"这个便宜。"我不耐烦地回答。
>
> 　　"便宜没好货！我要效果好的，这种效果好吗？"听他还问，我有点不高兴了。心想，什么叫效果好的？但我还是压着火问："那您说，哪种算效果好的？"
>
> 　　"要……那种吃了……不犯困的……不难受的！"老人顿顿地说。
>
> 　　"您早讲啊！"我一听"不困"，就知道应该给他"××牌晕车药"，这个药是店里口碑较好的，吃了不犯困、不难受，但相对价格较高。
>
> 　　……

图 9-19　生动有趣的软文示例

ℹ 提示

网上店铺开张、企业上市、新产品发布时都需要时效性很强的软文，还需要注重软文的新闻性、及时性，只有满足了这两点特性才能保证电商在短时间内提升品牌形象和知名度。

---

5. 营销的引导性

软文只是营销和推广的一种手段，其最终目的还是推广产品或品牌。因此，软文必须要能够引导受众去主动地、自觉地接受相关的产品信息，而引导性就是将产品信息巧妙地传递给消费者，与消费者进行交流沟通，以实现产品的营销推广目标。如果软文缺乏引导性，就无法将软文中的产品信息有效地传递给消费者，那么软文也就失去了它应有的价值。

9.4　电商软文的写作方法

了解了软文的作用、特点、类型和写作要求后，下面来学习电商软文的一些常用的写作方法，包括软文标题的写作方法、开篇的写作方法、正文内容的布局、结尾的写作方法等。

9.4.1　电商软文标题的写作方法

在电商软文写作中，标题是点睛之笔，如果标题能引起消费者的注意，让消费者有点击进来阅读的欲望，那么这篇软文就算成功了一半。下面简要介绍几种常见的软文标题的写作方法。

1. 巧用数字

在当今这个快节奏的网络时代，人们对数字非常敏感，在电商软文的标题中使用数字不仅可以给阅读者一定的真实感，还可以激起他们的购买欲望。比如，"3 分钟制作高点击率的直通车推广图""我是如何在 3 个月内引流 100 万的"。

2. 借时事热点

借时事热点就是借用时事新闻或网络热点事件，紧贴热点，吸引眼球。比如，"神六采用×××U盘　能重复擦写百亿次""七夕情人节，鲜花预定火爆××鲜花店"。

3. 真相揭秘式

求知本能导致人们喜欢探索未知的秘密，大家都想知道各类事物的真相和秘密，因此，常用这类标题来吸引人们的注意，比如，"30 个你不知道的电商运营细节""网站推广中的几个小绝招"。

由于软文的标题在写作上与前面讲过的文案标题的写作一脉相承，因此这里不再赘述，下面就展示一些经典的电商软文的标题，以供读者学习和借鉴。

➤ 借助流行语。"汽车抽奖进行时，你能 Hold 住吗""价格的小船说翻就翻，××化妆品真的打五折了"。

➤ 借名人名气。"赵 ×× 都在用的减肥食谱""李 ×× 的好身材你也可以拥有"。

➤ 借文化文艺。"筚路蓝缕十年一剑：×× 产品研发纪实""温泉水滑洗凝脂：杨贵妃是怎样美肤的"。

➤ 提合理建议。"便宜从来无好货""×× 牛奶建议：爱自己，冬天要喝热牛奶"。

➤ 向消费者提问。"喜欢四川火锅吗？4 款火锅底料不容错过""这几条减肥秘诀你知道吗？"。

➤ 让标题有趣。"立即下"斑"，请勿"痘"留""假如孙悟空用了这款脱毛剂"。

➤ 以悬念引人。"82 年究竟有多少葡萄被做成了拉菲""×× 的真相竟然是这样的！"。

➤ 以故事感人。"一位单亲妈妈的开店梦想""大青山中的浪漫邂逅"。

➤ 以感情动人。"半世纪前的来信，一份迟到的礼物""下辈子，我还帮你洗头"。

➤ 利用新鲜感。"×× 柔性屏手机开箱测评""终于等到你了，5G 网络 VR 影院"。

➤ 利用好奇心。"3 周瘦身 10 斤，秘密食谱首次公开""传承千年的宫廷美发秘方"。

9.4.2　电商软文开篇的写作方法

软文开头的作用与电商文案的开头一样，它奠定了整个软文的基调。软文开头的写作方法有很多，写作时可以借鉴以下几种方法。

1. 直入主题

所谓直入主题，即在文章一开始就引出要论述的主题，或引出故事的起源及主要人物。直入主题的文章要求快速切入中心，将要表达的内容直接呈现给读者。

比如，《背影》的开头："我与父亲不相见已二年余了，我最不能忘记的是他的背影。"《白杨礼赞》的开头："白杨树实在是不平凡的，我赞美白杨树！"《海燕》的开头："在苍茫的大海上，狂风卷集着乌云。在乌云和大海之间，海燕像黑色的闪电，在高傲地飞翔。"这些文章都直截了当地切入文章主题，点明文章中心，且与标题互相交映又能展开下文。

虽然软文营销与一般的文学作品不同，但其写作方式仍有可以借鉴的地方。软文营销中的直入主题式写法，就是直接说明某产品或服务的功能与优点，也可以以提出消费者的需求或痛点为开篇，围绕需求或痛点来介绍产品或服务，以引起消费者的共鸣。例如，某平台上发布的一篇产品推广软文，在开头处简单直接地告诉消费者，为了让大家多喝水，下面为大家推荐一些很有设计感的杯子，如图 9-20 所示。

这些有趣的杯子在手，让你情不自禁多喝水

打从记事起，父母就总会叮嘱我们一定要多喝水。一天八杯水的道理大家都懂，可是在日常忙碌的生活中却总是忘记喝水这件小事。以至于在生病时，大家都会调侃彼此"多喝水、多喝热水"。

抛开生活繁忙、节奏快等外在因素，在 ▇▇ 看来，忘记喝水的原因只有一个——你的杯子普通的没有存在感。试想如果你的杯子足够独特，又怎会忽略它以至于忘记给自己补补水呢？

为了让大家多喝水，今儿就推荐一些很有设计感的杯子。相信有了它们在手，你也可以一天喝八杯哦！

图 9-20　直入主题的产品推广软文

2. 借用情景

情景导入，即在软文开头描述一个场景，营造一个氛围，以激起消费者的情感共鸣，从而让消费者认同软文的内容。例如，图 9-21 所示的这篇软文文案，在文章开头先描写了一个温馨感人的亲子互动场景，在打动消费者的同时，降低消费者对广告的"抗性"，并为后面的营销内容进行铺垫。

临近考试，我正在夜以继日地复习功课。妈妈拍拍我的背，把身上的恒源祥披肩轻轻地披在我的身上，顿时我的心中感到无限温暖。透过灯光投下的阴影，可以看到妈妈环抱着我的样子，我的眼眶不禁慢慢湿润，紧紧握住了妈妈的手。

图 9-21　情景导入式的软文开头

在写作软文时，创作者要灵活运用这种方式，充分突出软文的"软"，最好是将某个产品放到一定的情景中，通过对情景的描述，让消费者不知不觉融入其中，接受推广的产品。

【实例 8】

万科房地产公司发布了一篇软文广告如图 9-22 所示。这篇软文在每一段的开头都通过优美的语言，为消费者营造了一个适合居住、安静舒适的场景。而在这个场景中则隐含着这样的信息：该楼盘风景秀丽、静谧安逸、高端大气、具有浓厚的文化氛围。消费者很容易被文案中描述的优美环境所吸引，进而产生联想，想象自己住在这样的环境中的美好情形。

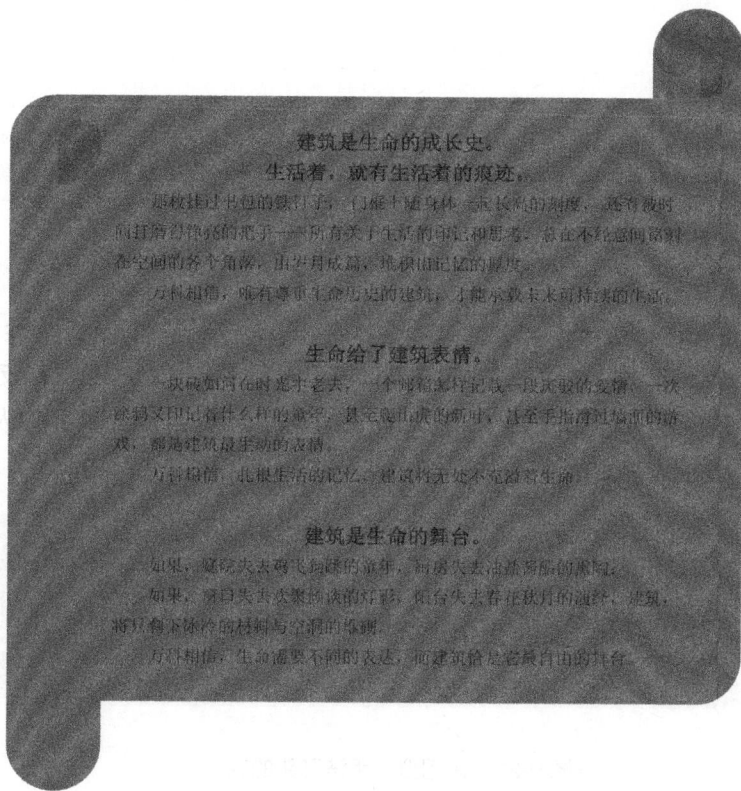

图 9-22　万科房地产公司的一篇软文广告

提示

要想写出一篇优秀的情景软文并不容易，这需要将创作者自身的写作能力与推广营销相结合，并且一定要有一个吸引人的开头，但是也不宜太过夸张牵强，否则会适得其反。

3. 哲理名言

将符合主题的名人名言、民间谚语、名诗名句等作为文案的开头，可以凸显文案的主旨及情感，文案创作者也可以自己设计一些短小精炼、意味深长，类似于哲理名言的句子来开篇，这样也可以起到较好的效果。例如，某博主在自己的新浪博客中发表了一篇名为"'疯狂原始人'带来的感悟：父爱如山"的博文，在其文章的开头就采用了一句经典的句子"Never be afraid——永远不要害怕"，作为文章的题记。

哲理名言本身具有哲理性，又有高度的概括性，所以用哲理名言作为软文的开头能够引发消费者思考，获得消费者的赞同，而且哲理名言还能提高软文的品位，是一种较好的开篇方法。

> **ℹ 提示**
>
> 在挑选哲理名言或诗词时，注意不要使用太过于深奥、不易理解的哲理名言或诗词，比如诗经上的诗歌，除去脍炙人口的几首以外，其余都不是很容易理解，一般不宜用来作为软文的开头。

4. 修辞开篇

在软文的开头处使用一定的修辞手法，可以使文章更具趣味性和可读性，达到锦上添花的效果。软文中常用的修辞手法包括比喻、拟人、对偶、排比、设问和反问等。

例如，一篇推广牙刷产品的软文广告，在软文的开头生动形象地将产品拟人化，用"她"来指代牙刷，使消费者产生想要深入阅读的想法，如图 9-23 所示。

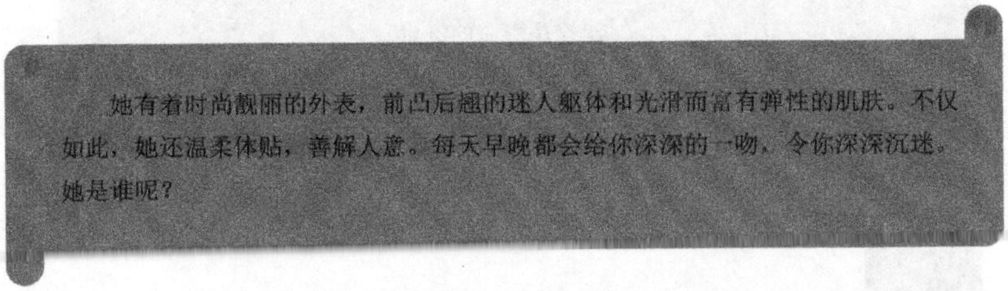

> 她有着时尚靓丽的外表，前凸后翘的迷人躯体和光滑而富有弹性的肌肤。不仅如此，她还温柔体贴，善解人意。每天早晚都会给你深深的一吻，令你深深沉迷。她是谁呢？

图 9-23　采用拟人手法开头的软文

5. 适度夸张

夸张的写法可以快速抓住消费者的眼球，刺激消费者一探究竟。夸张的开头写法，主要是通过展示产品的人气、销量、价格等信息来吸引消费者，其中销量是最有说服力的一项。因为销量高不仅代表着产品只有超高人气，还表明了消费者对产品品质具有信心。例如，某款蓝牙耳机产品的软文文案就使用的是夸张的修辞手法，如图 9-24 所示。

> 500 万！一天就销售 500 万！究竟是什么东西能够刺激消费者如此疯狂地抢购！让商场已经到了断货的地步！它就是"XX 牌无线蓝牙耳机"！

图 9-24　某款蓝牙耳机产品的软文文案

【实例 9】

某智能数码产品的一篇推广软文如图 9-25 所示。该软文开头便使用夸张的手法，告诉消费者，该产品可以替消费者做很多事情，消费者甚至可以只操控它，便完成日常工作。该软文简单地概括了文案的主题，使消费者更加深刻地认识到了该产品的强大功能及其产生的巨大影响。

数码 > 正文

全网唯一一个木乃伊，生活质量居然这么高

2018-09-19 (来源: 头条统一流入帐号)

淘宝头条 × 万能的评测　天猫精灵智能生活

不管是扫地、开灯、控制窗帘、预约热水器，甚至是开门都不用自己动手，一句话开启"木乃伊式，让懒人更懒！

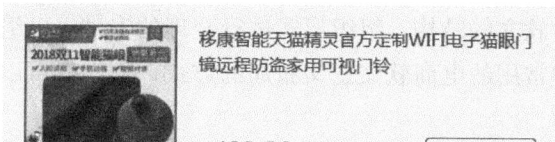

移康智能天猫精灵官方定制WIFI电子猫眼门镜远程防盗家用可视门铃

图 9-25　某智能数码产品的推广软文

6. 联想猜测

联想猜测就是让消费者在看到软文的第一时间就能展开丰富的联想，猜测接下来会

发生什么，引起消费者继续阅读下去的欲望。

例如，某篇软文文案在开头处就用朴实、真诚的语言来描述邮差这一人群，让消费者产生一定的共鸣，从而引起其继续阅读后文的欲望，如图 9-26 所示。

> 无论刮风下雨，还是酷暑严寒，他们都从未有过一丝怠慢，他们常常在人们熟睡中就已经开始踏上征程，在人们休息的时候还在奔波忙碌。他们穿过千山万水，跨过荆棘困难，只为了将事实传送到你的手里。他们是谁？他们就是和蔼可亲的邮差。

图 9-26　联想猜测式的软文开头

ⓘ 提示

写作电商软文要谨记：要写有价值的内容，这样才能吸引消费者的眼球，达到营销推广的目的。

9.4.3　电商软文正文的布局方法

电商软文写作格局讲究"凤头、熊腰、豹尾"。"凤头"即开头精练而有吸引力；"熊腰"即中间内容翔实；"豹尾"就是结尾精干，有说服力。软文写作的正文布局要遵守以下 4 个原则。

➢ 秩序井然。材料的排列次序要有条理，顺序不能混乱。

➢ 气势连贯。内容一气呵成，不能脱离主题。

➢ 高度一致。软文的观点和论据要统一，不能自相矛盾。

➢ 身体匀称。软文分段不能过长或过短，要满足"凤头、熊腰、豹尾"的要求。

熟悉以上原则后，软文创作者就可以将软文的相关材料、自己的认识，按照一定的写作手法来进行写作，并对软文的结构、组织形式进行合理的安排，以组成一个完整生动的整体。下面总结了几种常用的电商软文正文布局的方式，创作者可以参考并加以灵活运用。

1. 悬念式

悬念式指在电商软文的正文中设置悬念以吸引读者继续阅读，让读者直到最后才知道答案的一种写作方法。创作者通常会在文末揭示答案，充分利用消费者对故事情节、人物命运的好奇心，激发消费者的阅读兴趣。

ⓘ 提示　设置悬念的注意事项

不要早早揭开迷局，应该随着文章故事情节的深入层层展开；重视消费者的感受，从消费者的角度来安排情节的发展；最好制造一些激烈的冲突；答案要符合常识，不能前言不搭后语，漏洞百出。

2. 抑扬式

一种常用的写作手法叫作"先抑后扬"，先贬低或否定一个对象，然后再通过展开的情节，将真相揭示出来，达到赞扬或肯定的目的。在电商软文中使用"先抑后扬"的手法推广产品、服务或品牌时，也可以说说它们的"不好"，但要注意，这种"不好"一定不能是核心功能上的不好，而是一些无关痛痒的不好，甚至就是一些曲解和误解。

【实例 10】

下面两篇欧莱雅某款新产品的软文文案，分别是用平铺直叙和先抑后扬这两种方法进行撰写的。

平铺直叙

欧莱雅的产品我一直都十分喜欢，最近它们推出了一款新产品——"雪颜亮采再现"系列，可以在网上申请免费试用。于是我凌晨就等在电脑前准备开始抢，但没想到的是，活动刚开始，产品就被其他人抢完了。哎！要是我速度再快一点就好了。

先抑后扬

欧莱雅！我恨你！你知道你有多招恨吗！你不知道我一直都很喜欢你的产品吗？为什么刚出的新品不多放一些！你不知道"雪颜亮采再现"是我的目标吗！我凌晨就等在电脑前准备开始抢，3秒啊！只有3秒就没有了！哎！要是我速度再快一点就好了！

通过两篇软文文案的对比，可以看到，前一篇采用平铺直叙的方法撰写的文案，就事写事，没有什么吸引力；而后一篇文案采用先抑后扬的方法进行撰写，使文章显得曲折生动，给消费者留下了深刻的印象，增加了文章的感染力。

先抑后扬可以让消费者消除心理防线，产生反差感，而这种反差感是让消费者记住产品或品牌的最好方法之一。这是因为消费者在阅读这篇软文时，产生了思考的过程，因此会对某个事物产生深刻记忆。

ⓘ 提示

特别是在写作故事性软文时，更要注意写作技巧，不要让消费者看到文章开头就知道结尾，而是要做到千折百转，避免平铺直叙，要使文案产生诱人的艺术魅力，这样才能吸引消费者的关注。

3. 片段组合式

　　组合式，是指将几个具有共同主题的片段有机地组合起来，用于推广商品、讲述品牌故事等。这种方法主要是以叙事的手法来写作，但注意每个片段的内容不要太多，并且不能分散主题，一定要多角度地围绕主题来展开推广。

　　例如，"德国双立人"厨具品牌推出了一篇标题为"节日礼遇 | 说出你的圣诞愿望"的软文。该软文中整理了几道经典的圣诞大餐，并以片段的形式呈现给读者，如图 9-27 所示。随后该软文又为读者推荐了几件烹饪圣诞大餐的厨具，在推广产品的同时，也增加了消费者对于品牌的黏性。

图 9-27　采用片段组合式布局的软文文案

> **ⓘ 提示**
>
> 　　这种软文的内容通常都能够独立成篇，组合在一起又可以突出同一个主题，写作方式更加符合微信、微博等平台的写作规则，所以这种布局方式的电商软文主要是在微信、微博等平台进行传播。

4. 并列式

　　并列式一般是从推广对象的各方面入手，不分顺序和主次，以几个并列的层次结构来撰写。并列式写法与组合式写法不同，并列式正文的各组成部分间是相互独立的、完整的，能够从不同角度、不同侧面来阐述推广的对象，但其联系紧密，可以共同为说明主旨服务，具有知识概括面广、条理性强的特点。

写作并列式软文时要注意：并列部分的内容要围绕中心但又要各自独立，尤其要防止各部分间产生从属或交叉的关系，不然就会产生逻辑关系混乱或叙述不清的问题。

5. 递进式

递进式软文布局方法主要针对一些看起来比较复杂或对消费者来说很生疏的产品，多以议论文体的形式写作。递进式软文就是将消费者关心的问题一层层地剥离，在论证的过程中要做到层层深入、步步推进、环环相扣，每个部分都不能缺少。递进式软文具有逻辑严密的特点，其前后顺序不可随意颠倒。

ⓘ 提示

写作递进式软文时，文案创作者可以站在消费者的角度，罗列出消费者可能会提出的所有问题，并对这些问题及其解答方法做到心中有数，这样才能更好地把握文案的递进关系。

6. 正反对比式

通过正反对比来推广产品是很常用的手法，在网店的商品详情页里经常可以见到两组对比的图片，通过与其他同类产品的对比来说明本店产品质量好、功能多或性能高。在软文中使用对比写法，可以将产品特点讲解得更透彻。比如，药品保健品软文常常使用"以前，我如何虚弱，偶然使用了××保健品后，精神如何好，身体如何好……"之类的句式来撰写正文内容。

文案创作者在使用该方法时还需注意以下几个问题。

➤ 选择的比较材料必须围绕中心论点，并且所选择的材料必须是截然相反或存在明显差异的。

➤ 正反论证应主次分明。如果从正面进行论证，则应以正面论述为主，反面论述为辅，反之则以反面论述为主，正面论述为辅。

7. 三段式

软文中的三段式写法是从新闻学中的"倒三角"写法延伸而来的，这三段分别包括以下内容。

➤ 第一段：以简练的语言概括描述事件的主客体、发生时间与地点等，再以一句话精炼地概括出事件的意义。

➤ 第二段：展开描述，交代事件的背景、过程等细节，讲清楚事件的来龙去脉。

➤ 第三段：总结事件的意义，呼应第一段的概括性文字。

【实例 11】

猫人服装品牌曾发布过一篇标题名为"时尚王国——重磅打造贴身服饰，蓝海蔚然显现"的三段式软文，其内容如下所示。该软文的第一段为概述性描述，最后一段为总结性描述，中间的段落则是详细描述，通过三段文案内容，以新闻的形式宣传了该服饰品牌，给消费者留下了深刻的印象。

时尚王国——重磅打造贴身服饰，蓝海蔚然显现

一直以来，服装行业在许多人的心里仅是指男装、女装这些外衣品类。猫人认为，男装和女装并不能代表整个服装行业，在其之外还有一个广阔的品类——贴身服饰。它是内衣的延展，包括家居服、大内衣、小内衣、瑜伽服、泳装、晚装、弹力运动装等系列产品。

过去几年，贴身类服饰行业每年销售额的速度增长都非常快，未来 5 年销售额预计可达 5000 亿。2007 年下半年，猫人通过系统资源整合，在国内率先推出了时尚贴身服## 猫人的秘密 MiiowSecret。

猫人集团董事长说："今天的中国贴身服饰市场，已经呈现出巨大的机会，但是同样也面临巨大的挑战。猫人集合 6 年的力量，进军贴身服饰市场，将创造出真正的财富蓝海。"

猫人的秘密设计理念具有较高水准。产品设计由来自中国、法国、韩国和日本的顶尖设计师共同担纲，力求融合潮流理念、时尚元素，以及本土文化。目前，猫人的秘密招商正在如火如荼地进行。

猫人对于未来也是充满信心的，打算利用 5 年的时间，将内衣、贴身服饰、运动装、休闲装四大类产品的品牌汇聚在一起，形成猫人时尚生活馆或者猫人俱乐部，满足消费者一年四季对各种时尚服饰从内到外"一站式"的购物需求。

8. 总分总式

总分总式结构看上去好像和三段式差不多，但其实区别是比较大的。总分总式结构中的"总"是指文章的总起（开头）或总结（结尾），表达的是文章的中心思想，而非针对事件的总结与概述；"分"指的是对要讲解的对象的分级叙述。

总分总式结构的正文具体创作方法为：在文章开头先点明主题，然后在主体部分将中心论点分成几个同级别的分论点逐一进行论证，最后在结论部分加以总结和必要的引申。

【实例 12】

下面这篇标题名为"夏日跳起肚皮舞，腰腹赘肉不用捂"的推广软文就属于总分总式结构的软文。

夏日跳起肚皮舞，腰腹赘肉不用捂

夏季快到了，腰腹部的赘肉令人很苦恼。怎样才可以在短时间内减少腰间赘肉，让身材变得苗条？××健身中心为广大女性朋友推出了健康实用的肚皮舞减肥操，让你不再担心。

夏天人体的新陈代谢加快，是消灭赘肉的好时期。而跳肚皮舞是一种全身运动，它让你的腿部、腹部、肩膀以及颈部都得到充分的活动，还能调节女性内分泌系统，让女性由内而外都变得美丽！

肚皮舞的燃脂效果首先从腰腹部开始，随后逐渐涉及手臂、臀部、大腿、肩膀等部位。肚皮舞的减肥效果很突出，也不需要和其他的健身项目配合，坚持一段时间后就能发现腰腹部赘肉明显减少，很适合刚生过孩子的朋友进行产后身材恢复。

跳肚皮舞前 1 个小时不要进食太多，但也不可空腹，否则容易出现头昏的情况。运动之后的 30～40 分钟内不要进食，更不可以大口喝水，这会加重胃部负担。另外，作为一种舞蹈运动，肚皮舞在肺活量上有一定的要求，患有心脏病、高血压、哮喘、癫痫等疾病的人不适合练习。

暑期即将来临，××健身中心推出了肚皮舞优惠活动，只要报名就可以免费获得 2 次体验课程。正式报名的学员可参加 1500 元买 20 次送 10 次，每次课程不低于 1.5 个小时的活动。

一起动起来吧！甩掉身上多余的赘肉，让自己变得更加轻盈、自在！

运用总分总结构时要注意，分总之间不能孤立，必须有逻辑上的联系，分述部分要从不同角度围绕中心进行论证，总述部分则应对分述部分进行合理的总结，不能脱离分述部分的理论基础。

9.4.4　电商软文结尾的写作方法

电商软文的结尾要做到总结全文、突出主题或者与开头相呼应，要给人留下深刻的印象。软文的收尾对全文也有着举足轻重的作用，下面介绍几种常用的结尾写作方法。

1. 自然收尾式

这种收尾方式适用于叙事型软文，通常是正文所记叙的事情结束了，文章也自然地

收尾了。自然收尾不会在文章结尾处添加总结或引申，而是以自然的结尾来给读者留下思考的余韵。

对于自然收尾的电商软文而言，在其结尾处通常会告诉消费者产品的生产厂商，或者购买方式、购买地点等，如图 9-28 所示。

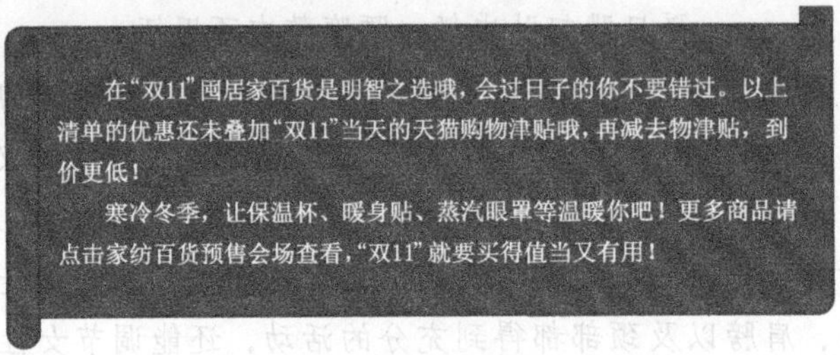

在"双11"囤居家百货是明智之选哦，会过日子的你不要错过。以上清单的优惠还未叠加"双11"当天的天猫购物津贴哦，再减去物津贴，到价更低！

寒冷冬季，让保温杯、暖身贴、蒸汽眼罩等温暖你吧！更多商品请点击家纺百货预售会场查看，"双11"就要买得值当又有用！

图 9-28　自然收尾式的软文结尾

2. 首尾呼应式

首尾呼应式结尾能使文章显得更有整体性、逻辑性和条理性，能更加有效地说服消费者。在文章的开头应提出一个鲜明的观点，中间应就观点补充材料进行分析，而结尾则回到开头的话题进行总结，证明观点的正确性。说理论证类型的软文结尾就非常适合用这种方法进行撰写。

单纯的推广文也可以使用首尾呼应的方法来进行撰写，比如在文案的开篇可提示消费者文尾有优惠链接，最后在文尾处则附上相应的链接，如图 9-29 所示。如果在一开始就给出优惠链接，可能消费者就不会仔细阅读文章，而直接跳转到优惠页面，可能就会因为没有看到具体优惠政策而造成误会，这就有违推广的本意了。因此将优惠链接放到文尾是促使消费者阅读文章的一个较好的方法。

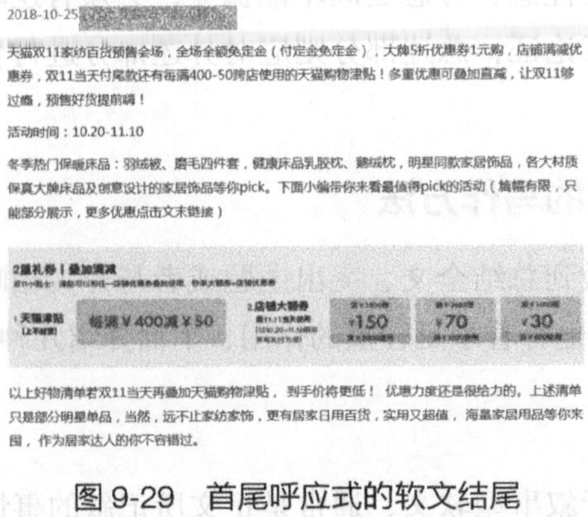

图 9-29　首尾呼应式的软文结尾

3. 点题式

点题式写法是指在文章结尾时，用一两句简短明了的话来提炼出文章的观点，并加以引申，从而起到画龙点睛的作用。使用这种方法时，不能在文首提出明确的观点，而是需要慢慢进行铺垫与展开，让消费者被文章吸引，读到最后点题处才明白作者的深意，从而给消费者留下深刻的印象，同时让消费者进行思考。

也可以通过转折的方式来点明主题，即先以一种常规的故事发展情节的方式来安排文章，而到了结尾处却急转直下，以一种让人意想不到的方式来揭示结局。这种点题方式能够给消费者以新奇的体验，使消费者对文章结局的印象更加深刻。

【实例 13】

某款手机的电商软文题目为"买手机，内存是选 64G，还是 128G？听听手机店老板怎么说"，文案创作者在结尾处给出了结论，揭晓了题目的答案。该软文结尾处的内容如下。

其实小编觉得，不管买哪一种内存的手机，主要看个人喜好、个人预算，只要将这两者平衡了，选哪种内存的手机就不用纠结了。

小伙伴们怎么看呢，如果是你的话，你会选 64G 还是 128G 的手机呢？欢迎大家留言讨论。

4. 名言警句式

软文的开头与结尾均可以使用名言警句来提升文章的品位，引起读者的共鸣。不过需要注意的是，在软文中不要滥用名言警句，否则会适得其反。

使用名言警句式结尾时要与电商的产品或服务在某一点上有所关联。例如，某篇电商软文表面上是对社会、对人生的深沉思考或警示，实际是为了展示自己的产品或服务，如图 9-30 所示。

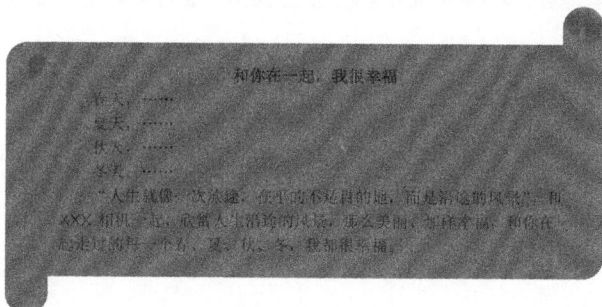

图 9-30　名言警句式的软文结尾

5. 抒情议论式

抒情议论式结尾能够充分表达作者的情绪，引起消费者的情感共鸣，有强烈的感染力。对于较为感性的目标人群来说，这种结尾方式具有较好的营销作用。

【实例 14】

方太抽油烟机有一篇软文"油烟情书"，讲述了一对普通夫妻 50 年互相写信的温柔爱情故事，全篇都暗中突出"食物与油烟"，直到最后才将方太品牌引出，让消费者倍感温柔，更容易认可和接受方太品牌，如图 9-31 所示。

丈夫：两个人相遇，就像两种食材，从天南海北，来到了一口锅里。

妻子：那年下乡，我嘴馋，你嘴笨，每次你要讨好我，就会给我做些叫不出名字的东西。哼，果然，食物中毒了。

丈夫：得亏了这次中毒，我终于有机会在诊所和你朝夕相处了。

妻子：可是，刚在一起没多久你就回了城。186 天，每天给你一封信，对未来却越来越没有自信。

…………

丈夫：你还是每天给我写信，字还是那么秀气，只可惜，我戴着老花镜也看不大清。

妻子：50 年了，我给你写过 1872 封信，你做饭时升腾的油烟，就是你一天三封，回我的情书。

方太智能油烟机 四面八方不跑烟
为你吸除油烟危害，只留下柴米油盐中的爱

图 9-31　抒情议论式的软文结尾

6. 余味无穷式

余味无穷式结尾是很多文案创作者都比较喜欢的一种方法，主要是通过在结尾处留白，来给消费者留下一个自由发挥想象的空间。消费者可以以自己的思维方式来揣摩创作者的心思，甚至是自己动手进行续写，这样可以加深消费者对事物的思考和理解，让消费者有更多的收获。

余味无穷式结尾常用于记叙型的文章中，可以是创作者对生活的感悟或对某件事的独特理解和认识，也可以是发自肺腑的感情倾诉。只要能够达到深刻含蓄、意味深长、引人深思的效果就行。当然，如果能够与消费者进行互动，那么软文效果会更棒。

【实例 15】

某电商软文的结尾图片如图 9-32 所示，该图片的背景简单干净，没有多余的文字，留给消费者更多的想象空间，将所有复杂的、繁乱的、色彩缤纷的产品，划归到一个永恒的起点来重新审视，也给消费者留下了深刻的印象，提升了消费者对品牌的关注度。

图 9-32　余味无穷式的软文结尾

7. 请求号召式

请求号召式结尾，即通过前文的铺垫，在文章结尾处提出请求或发起号召，鼓励读者去做某事，如"请大家不要在公共场所随地吐痰！""青青草坪，踏之何忍"等。

【实例 16】

一篇烤箱产品的宣传软文如图 9-33 所示。该软文的主要内容是利用产品来制作一样小时候吃过的美食，在结尾处以请求号召的形式呼吁消费者"让我们一起来找小时候的味道吧"。表面上是号召大家一起制作美食，其实是号召消费者购买这款产品，这其实也是对产品的一种变相的宣传。

怎么样,是不是找回小时候的感觉了呢?烤地瓜条更快更省电,也更省时间,快来试试吧,不会
失败的,而且烤箱也不会弄脏,让我们一起来找小时候的味道吧。

图 9-33　请求号召式的软文结尾

8. 诚意祝福式

诚意祝福式收尾是指在文末对软文中的产品、品牌或人物进行祝福。例如,某中华老字号月饼礼盒的推广软文,其结尾就采用了祝福的方式,在带给消费者暖意的同时,也让消费者对产品产生了好感,如图 9-34 所示。

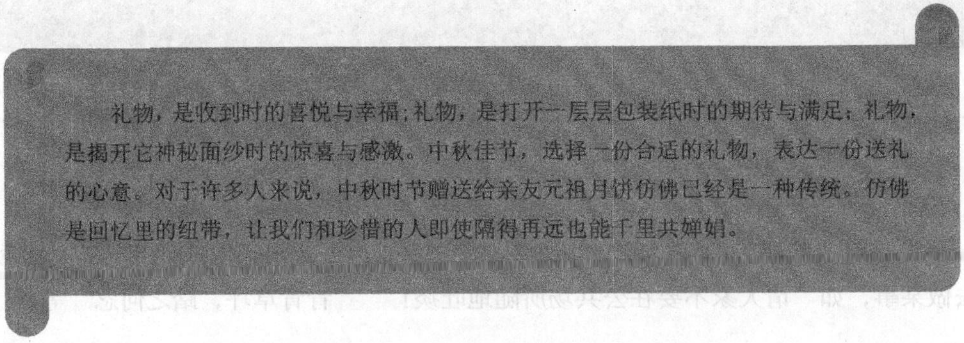

礼物,是收到时的喜悦与幸福;礼物,是打开一层层包装纸时的期待与满足;礼物,是揭开它神秘面纱时的惊喜与感激。中秋佳节,选择一份合适的礼物,表达一份送礼的心意。对于许多人来说,中秋时节赠送给亲友元祖月饼仿佛已经是一种传统。仿佛是回忆里的纽带,让我们和珍惜的人即使隔得再远也能千里共婵娟。

图 9-34　诚意祝福式的软文结尾

9.5　电商软文的写作技巧

了解了电商软文的基础知识,掌握了电商软文的写作方法之后,文案创作者应该多多学习和借鉴一些优秀的电商软文的写作技巧,特别是借鉴竞争对手的软文文案,多加研究和分析，多总结和学习一些电商软文的写作技巧。

9.5.1　打动消费者的 4 个要点

写作软文就是为了得到消费者的认可，以达到宣传产品或服务的目的。因此，软文一定要从消费者可以接受和信服的角度出发来撰写，这样才可能得到他们的认可。文案创作者可以从消费者的心理需求出发来进行研究，以及抓住下面 4 个要点，快速创作出打动消费者的软文。

1. 安全感

每个人都渴望安全感，因为安全感能让人放心、舒心。在写作软文时也可以通过软文给消费者带来安全感，一般的写法是将产品的功效和安全性结合起来。比如某新型电热毯的销售软文，就可以从电热毯的温度可以调节、没有辐射、可定时断电等方面来展开描写，因为这是目前普通电热毯可能忽略的问题。如果产品能够符合消费者的需求，从根本上有效解决消费者担心的问题，那么就会获得良好的销量反馈。

也可以从反面的角度来说明安全性，比如现在很多与儿童相关的产品或服务的软文都喜欢这样写："不要让您的孩子输在起跑线上。"这就从反面说明了教育的重要性，让父母主动购买产品或服务。

2. 价值感

得到别人的认可会使一个人发自内心地感到高兴，并获得一种实现自我价值的满足感。写作软文时，将产品与个人价值结合起来，从消费者的价值体现上去打动他们，不仅可以得到消费者的认可，还能激发他们购买产品的决心。一家体验中心的推广软文如图 9-35 所示。

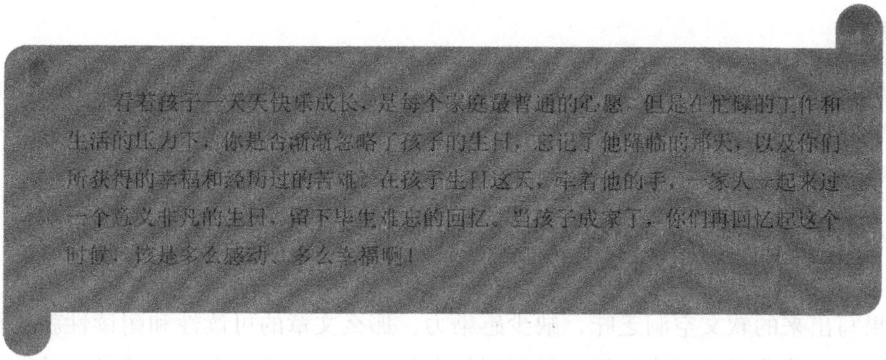

看着孩子一天天快乐成长，是每个家庭最普通的心愿。但是在忙碌的工作和生活的压力下，你是否渐渐忽略了孩子的生日，忘记了他降临的那天，以及你们所获得的幸福和经历过的苦难。在孩子生日这天，牵着他的手，一家人一起来过一个意义非凡的生日，留下毕生难忘的回忆。当孩子成家了，你们再回忆起这个时候，该是多么感动、多么幸福啊！

图 9-35　一家体验中心的推广软文

3. 支配感

每个人都喜欢自己处理自己的事情，不喜欢他人从中干涉。这不仅是对自己生活的一种掌控，也是对生活的自信。写软文时也要考虑消费者的支配欲望，不要以太过强硬的语言来描写或强调消费者应该怎么做。

4. 归属感

归属感其实就是人的标签，使软文具有归属感就是要针对消费者的具体定位来进行软文写作。比如年轻人喜欢比较时尚、流行的东西，成功人士喜欢比较沉稳、大方的东西，文艺的人比较喜欢清晰、自然的东西，关键是要将产品和消费者的喜好、定位结合起来，这样才能达到打动消费者的目的。

9.5.2   数据具体化更具说服力

互联网大数据的应用，使得信息与数据越来越透明、公开。当文章中出现数据信息时，不要以模糊的口吻来描述，而是要以具体的数字来表现。比如，描述一件兔毛的围巾时有以下两种表述。

➤ 该围巾的兔毛含量较高，纯度较高。

➤ 通常围巾的兔毛含量为 50%，而我们的围巾经检测后的兔毛含量为 80%。

显然，第二种表述方法更能体现产品的特点，也更容易让消费者信服。

如果文章中需要表述时间，也需要做到具体化。比如某产品的促销活动有如下两种表述方法。

➤ 本次活动一直持续到月底结束。

➤ 感谢大家的积极参与，本次活动将于本月 28 日结束。

显然也是第二种表述更好。

> **ⓘ 提示**
>
> 文案创作者在撰写软文时也可以通过第三方来侧面论证自己提出的观点。如果第三方比较有知名度或能够在网络上检索到，则一定要清楚地表述第三方的信息，这样可以增加文章的可信度，更容易使消费者信服。

9.5.3   利用多种元素增强感染力

如果写出来的软文空洞乏味，缺少感染力，那么文章的可读性和耐读性就会很低，也就不能吸引消费者的阅读欲望，得不到他们的认可。要想写出富有感染力的软文，文案创作者一定要对事物具有很高的敏感度，要能够捕捉到生活中的一些敏感点，并善于采纳他人的优秀想法，寻找共鸣点。其次是写作一些富有真实情感的文章，如与亲情、爱情、友情等相关的内容。

【实例 17】

某饮料产品的软文广告如图 9-36 所示。这篇软文从友情的角度出发，先是描写了两个球队球迷的相遇，但因为大家都喜欢同样一款饮料而友好相处，最终成为朋友，以此来打动消费者。

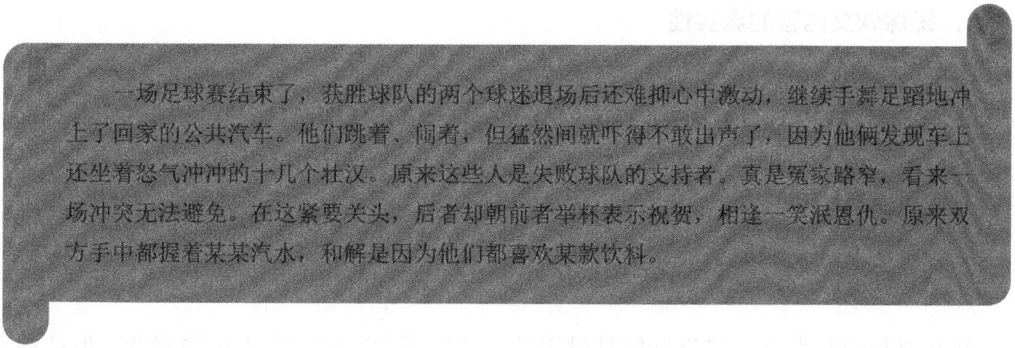

> 一场足球赛结束了，获胜球队的两个球迷退场后还难抑心中激动，继续手舞足蹈地冲上了回家的公共汽车。他们跳着、闹着，但猛然间就吓得不敢出声了，因为他俩发现车上还坐着怒气冲冲的十几个壮汉。原来这些人是失败球队的支持者。真是冤家路窄，看来一场冲突无法避免。在这紧要关头，后者却朝前者举杯表示祝贺，相逢一笑泯恩仇。原来双方手中都握着某某汽水，和解是因为他们都喜欢某款饮料。

图 9-36　某饮料产品的软文广告

9.5.4　提升分享率的两个技巧

软文文案要具有传播性，要能够被消费者转发或分享给身边的人，这是软文最明显的特征，也是文案创作者写作软文的目的。可以这么说，一篇具有良好传播性的软文，其自身的价值和应用程度就已经决定了它是一篇具有商业价值的软文。它不仅可以让产品、资料等广泛传播，还能直接拓展销售渠道。

一般来说，能够真正从消费者的角度出发来撰写的软文都是比较好的，但其传播的力度仍是未知的。那么，文案创作者应该怎么做才能提高软文的传播率呢？有以下两个技巧可供创作者参考。

➢ 争议性。俗话说："一千个消费者就有一千个哈姆雷特。"每个人的观点和想法都有所不同，如果能够利用事情的不同面来写作软文，就可以收到消费者的不同意见和观点。但使用这种写法时一定要注意，文章的争议性一定要强，并且最好是正反双方势均力敌，这样才能通过双方的不同观点来增加文章的传播率。

➢ 新闻热点。一般来说，人们都比较关注新闻热点，如果创作者能够抓住当前的新闻热点来打造软文，那么软文的关注度肯定也会较高。因此，创作者应该时刻关注新闻热点事件，及时、快速地更新自己的热点信息储备。

9.6　电商软文写作的注意事项

掌握了电商软文的写作方法和技巧，并不意味着创作出的软文一定可以促使消费者购买产品。在写作和发布软文的过程中还应该注意避开一些"雷区"，以免影响软文的推广效果。

1.　确保软文内容的真实性

电商软文不仅要具有可读性，还要具有真实性，特别是对产品或服务的描述部分，必须实事求是，不能虚假宣传，否则消费者就会对软文中推广的产品质量或品牌形象产生怀疑。

另外，软文中最好不要直接出现广告信息，以免消费者产生反感。

2.　文章内容要有"料"

软文要吸引消费者，单靠标题是没用的，"标题党"可能会吸引消费者，但往往无法提高转化率。所以，文章的内容必须要有"料"，必须让大多数消费者看了觉得有用，要给消费者带来价值。文章内容的"料"可以是技巧"干货"（表示某人传授的知识、方法、技能等比较重要或者比较实用）分享，也可以是热门事件分析，甚至是生活常识、某类危害警告等。

3.　文章话题事件要具有热度

网络中很多"病毒式"传播的软文都有一个共同点——其中出现的事件肯定是具有一定的热度和关注度的。企业可以去搜索最近的热门话题，并梳理出能够利用的"点"，以这些"点"来作为连接产品或品牌与消费者之间的桥梁，以此来撰写软文。

【实例18】

当影视剧《如懿传》热播的时候，就出现了很多"蹭"热度的营销软文。例如，下面这篇名为"新晋宝妈种草｜一款能顶替《如懿传》10个嬷嬷的温度计"的营销软文就是利用剧中照顾小孩的剧情，来推广一款温度计，如图9-37所示。

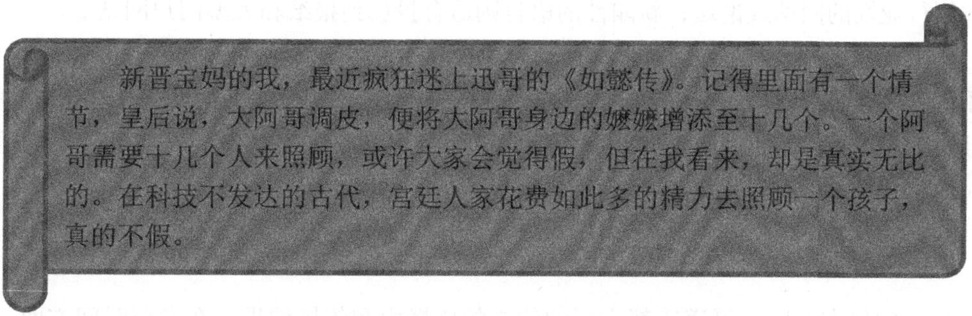

新晋宝妈的我，最近疯狂迷上迅哥的《如懿传》。记得里面有一个情节，皇后说，大阿哥调皮，便将大阿哥身边的嬷嬷增添至十几个。一个阿哥需要十几个人来照顾，或许大家会觉得假，但在我看来，却是真实无比的。在科技不发达的古代，宫廷人家花费如此多的精力去照顾一个孩子，真的不假。

图 9-37　利用热播影视剧推广产品的软文文案

该软文的标题和开头都提到了热播影视剧《如懿传》，这是为了借用其热度。然后借着议论照顾小孩的剧情，引出了很多关于量温度方面的需求，如量宝宝体温，量牛奶和洗澡水温度等，并提出如何选购温度计的问题，最后自问自答地推荐了某个品牌的温度计。这就是一篇典型的借用热点话题来进行营销的软文。

创作这样的软文时，难点在于如何将热点话题的某个特点提炼出来，并借此特点把产品或品牌与消费者联系起来。就上面这篇软文而言，是利用"照顾小孩"引申出"为宝宝测量温度"的需求，这样就可将温度计与需要照顾小孩的消费者联系起来。寻找这种联系双方的特点并不是很困难，但要注意，这个特点应选得符合逻辑，不然整篇文章会显得很牵强，说服力会大大降低。

4. 把握植入广告的时机

软文和硬广是不一样的，在软文中植入广告不能太明显、太刻意，否则会让阅读者厌烦，严重影响营销的效果。撰写软文的时候，作者通常都会确定这篇文章的功能，是用来宣传知名度或者口碑的，还是让人看了文章就会去购买进而提高销售量的。前面已经介绍过了，软文的第一目标是提升产品或品牌的知名度，所以，撰写的软文应该尽量少地植入广告。目前最好的软文植入广告方式之一是在发布的软文最后标注所宣传的产品或品牌的名称。

5. 根据投放平台采用不同的语言形式和软文类型

互联网上的交流平台很多，各有特点，有的轻松，有的严肃，有的倾向于文学艺术，有的主要讨论生活常识。如果软文投放的平台是闲谈类平台，则软文的行文风格就要稍微口语化、潮流化一些，因为这些平台的用户更倾向于看到轻松休闲、紧跟网络潮流的文字；同理，严肃风格的软文适合投放到新闻评论类网站上；专业性较强的语言则适合投放到行业性的网站或论坛；新闻性的语言则适合投放到报纸和大型门户网站上。

不同的投放平台，其对应的软文的类型也应不一样。在普通论坛、微博、微信等平台，娱乐型的软文更受欢迎；而在专业媒体、报纸杂志媒体、门户网站中，则更适合投放新闻类、行业类的软文。因此，在写作软文之前，就要确定投放的平台以及内容主题，然后再选择对应的软文类型进行写作。

6. 合理安排软文的发布

软文的发布时间、渠道等都会影响软文的传播力和传播效果。在发布时间方面，电商软文具有一定的时效性，并且在不同时间段发布，其关注度、阅读率和转化率也不一样，所以建议选择关注度高的时间发布。在渠道方面，合适的投放平台可以起到事半功倍的宣传效果，比如，销售数码产品的网店应该在与数码产品相关的论坛中进行软文发布。另外，最好在多个不同域名的博客、论坛、网店等处发布，域名越多越好。不要在同一个域名中发太多文章。最后，在所有的文本中都应该尽量采用绝对地址，即都带有 http:// 的绝对地址。

7. 软文关键词和链接不要多

为了让自己的软文尽可能被更多用户搜索到，商家们在软文中放入了很多满足消费者需求的关键词，并加上了链接。如果一篇文章设置的关键词过多，而且还加粗显示，那么这样会大大降低软文的可读性，非常影响用户的阅读体验。

另一方面，在一篇软文中，如果关键词链接过多，会让搜索引擎认为这篇文章有作弊行为，严重的话还可能会被惩罚。因此，在不影响用户阅读的情况下，在一篇软文中放置 2 ～ 3 个关键词和链接即可，不能过多。

8. 规避法律和道德风险

在电商软文中，企业在提高知名度的同时，不能有违反国家和行业的法律法规的相关行为。一定要注意不能侵犯版权、肖像权和名誉权等，否则会给公司、企业、店铺带来很大的损失。

9.7 不同平台内软文的写作特点

电商软文可以在微信、微博等多个不同的平台上进行传播，但由于每个传播平台的特点不同，所以在不同平台内，软文的写作特点也会存在一定的差异。下面就简单讲解一下不同平台内软文的写作特点。

9.7.1　微信平台软文特点

众所周知，一篇优秀的微信软文既能给阅读者提供有价值的内容，又能传递企业信息和产品信息，为企业宣传和营销产品。例如，某母婴类微信公众号就属于典型的内容电商，该公众号上经常发布一些质量较高的文章，用于推荐商品、进行产品测试、介绍育儿知识等。发布了几篇较佳的软文之后，该公众号的关注人数的增长速度惊人。目前该公众号已经有上百篇阅读量在 10 万以上的文章了，关注人数达到 800 万。如图 9-38 所示是该公众号发布的一篇软文。

微信软文对于电商企业的营销推广至关重要，微信平台中的营销软文通常具有以下几个特点。

1．定位精准

微信营销最大的特点在于只有关注者才可以看到你发送的消息，所以商家在微信平台上能够更方便地对后台数据进行统计和管理，从而更精准地对目标消费者人群进行定位和分析。而且微信上的用户通常真实性比较高，很少出现"僵尸"账号或虚假账号的情况，所以对于电商商家而言，这些用户都是非常有价值的潜在消费者。在具有一定代表性的个人微信号或者微信公众号上投放软文文案，可产生精准推广的营销效果。同时，通过对软文中营销关键词的优化，以及产品购买链接的添加，可以有效地吸引目标消费者了解、认可并购买产品。

2．传播效果好

微信软文依托微信强大的即时通信功能，为商家和消费者提供了一个很好的沟通交流机会。消费者可以通过微信软文页面中的评论区域向商家进行提问，或评论软文内容；而商家也可以直接对每一个消费者的评论进行回复。这种互动式的传播效果显然要优于传统的单向传播。

另外，当消费者看到一篇自己感兴趣的或者很有意思的软文时，他们很有可能会主动将其分享到自己的朋友圈和微信群，这样就可以使这篇软文获得多次传播，以达到优质的传播效果。

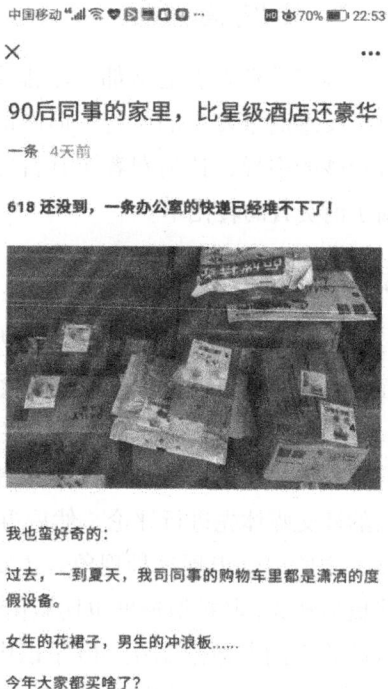

图 9-38　某微信公众号发布的软文

3. 转化率高

大多数消费者通常都比较排斥商家发送的硬性广告，即使是该品牌的忠诚"粉丝"也会反感商家发送的广告。但微信软文则不同，它可以通过图文并茂的方式对消费者进行巧妙的引导，让消费者顺其自然地接受广告信息并主动寻求更多的内容，这就大大提高了消费者的转化率。

9.7.2　微博平台软文特点

微博与微信一样，是目前国内非常有影响力的社交媒体平台，人人都可以在微博上面"发声"，所以微博也是电商软文发布的一个重要平台。

微博特别适合发布带有话题性和事件性的营销软文。在以前，社交话题都是先通过官方媒体报道后，再由民众进行评论；如今，几乎所有的社会性话题都是由以微博为代表的社交媒体先进行评论，然后再由官方媒体来进行深度报道。

之所以会出现这种现象，主要有两个原因：一是，相较于微信来说，微博的传播方式更加开放，其扩散速度也比微信快很多，更容易产生有强大传播力的即时性话题；二是，微博软文的字数限制在140字以内，所以微博软文的话题门槛不高，话题源相对也就更为丰富，也就能创作出更多内容简短精练、富有吸引力的软文。

由此可见，文案创作者在撰写微博软文时，应该及时抓住热点话题，根据广大网民普遍的心理特点借势宣传。例如，某公司利用当下热门的5G技术为话题，在其官方微博上发布了一篇5G产品的推广软文，如图9-39所示。

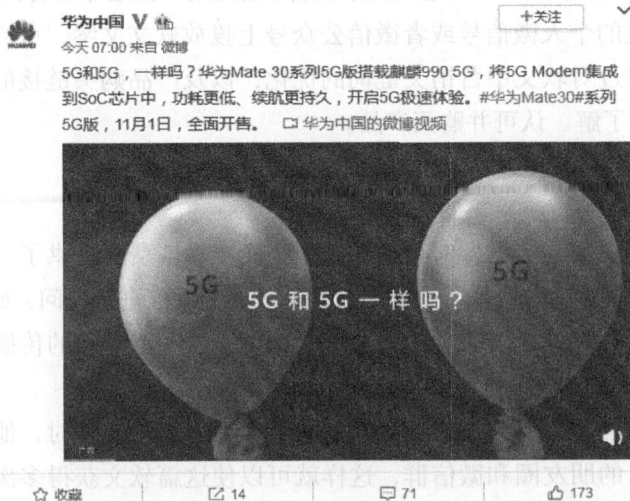

华为中国 V
十关注
今天 07:00 来自 微博
5G和5G，一样吗？华为Mate 30系列5G版搭载麒麟990 5G，将5G Modem集成到SoC芯片中，功耗更低、续航更持久，开启5G极速体验。#华为Mate30#系列5G版，11月1日，全面开售。 华为中国的微博视频

5G　5G　5G和5G一样吗？

收藏　　14　　71　　173

图 9-39　某公司在微博上发布的产品推广软文

9.7.3　博客平台软文特点

博客是一种非常重要的网络营销工具，博客营销就是在博客中利用原创的文章，向消费者推广和宣传企业的品牌和产品。博客营销可以更好地帮助企业实现既定目标，所以不少电商商家会通过软文的形式在各大知名博客上发表文章，传播品牌和产品信息。商家可以通过博客软文与访客进行交流，并建立信任关系，在潜移默化中影响访客的思维和惯性，进而达到让访客购买产品的目的。

例如，某博主在新浪博客上发布了一篇名为"注重产品质量成就电商梦想"的博文，如图 9-40 所示。该博文以产品的质量为切入点，向消费者推荐了两款目前电商市场比较热门的产品。

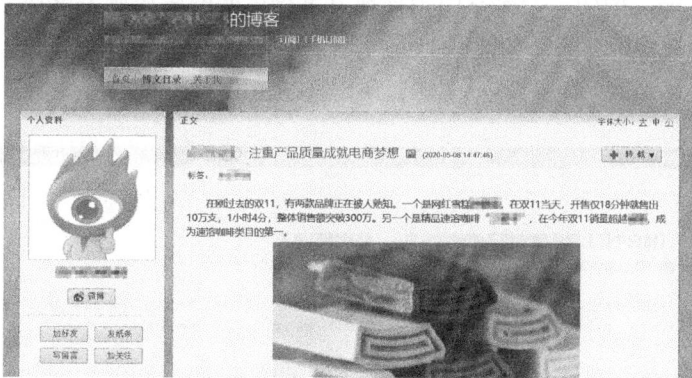

图 9-40　新浪博客上发布的一篇电商推广软文

博客平台中的软文主要具有以下几个特点。

1．灵活性强

博客软文的自主性相对较强，没有体裁的限制，从标题到主体内容都可以由博主根据店铺和产品的实际需求来进行撰写。博主还可以根据不同的创作目的来决定软文内容的信息量大小以及软文的表现形式等。因为博客软文灵活极强，软文内容也更为丰富，更容易引起消费者的关注。

2．推广效率高

博客软文可以通过共享的平台，利用标签、转载、链接、引用等方式快速获取更多的关注，其推广的效率非常高。而且博客软文通常较为正式，每一篇软文都会自动生成一个网页，通过合理的软文标签及关键字的设定，其被搜索引擎优先推荐的概率较高，因此受到消费者关注的概率也就更高。

3. 具有深度营销的价值

博客软文的篇幅较长，往往要深度分析一件事情的前因后果，因此具有一定的专业性和可信度，并且具有深度营销的价值。

9.7.4　论坛和贴吧软文特点

论坛和贴吧都是流量非常大的社交平台，有许多网友在上面发布各种类型的帖子。常见的一些知名的论坛和贴吧有淘宝论坛、新浪论坛、腾讯论坛、天涯论坛、百度贴吧等。但是很多论坛和贴吧上都是不允许发布广告信息的，如果随意发布广告信息有可能会被管理员删除或者封闭 ID，不过电商商家们可以通过发布软文的形式在论坛和贴吧上推广自己的店铺和产品。例如，一家专门销售地方土特产的网店在淘宝论坛上发布的一篇关于铁岭特产榛子的营销软文，如图 9-41 所示。

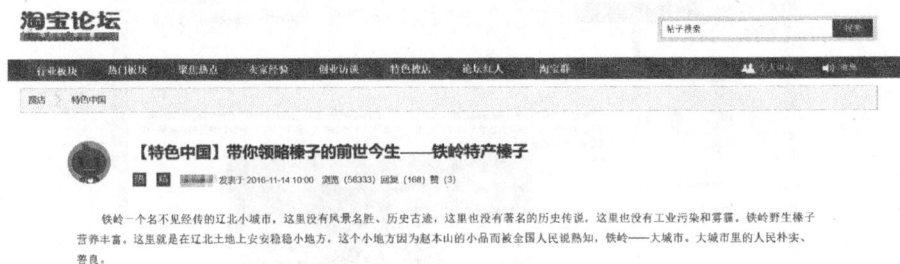

图 9-41　淘宝论坛上的一篇产品营销软文

论坛和贴吧中的营销推广软文主要具有以下特点。

1. 话题开放性、内容互动性强

论坛和贴吧具有很强的开放性，几乎所有的行业都有其专业的论坛或贴吧。任何人只要对某一领域或行业感兴趣，都可以注册账号，在相关的论坛和贴吧上与拥有相同兴趣的用户进行交流。论坛和贴吧为用户们提供了发帖、跟帖以及回复等功能，商家可以合理地利用这些功能使店铺和产品的营销信息得到有效的传播。

2. 行业精准性高

论坛和贴吧营销是一种较为精准的推广方式，通过论坛和贴吧交流的用户都是对该话题感兴趣的人，所以通过论坛和贴吧发布的软文的针对性往往更强，也更容易吸引特定的消费者人群。通常情况下，每一个论坛或贴吧都有一个特定的用户群体，商家只需要根据店铺和产品对应的消费人群类型选择合适的论坛或贴吧，发布相关的店铺和产品信息即可。

3. 成本低、见效快

在论坛和贴吧上注册账号基本上都是免费，而且没有任何的限制，所以论坛和贴吧的营销推广成本非常低。不过想要在论坛或贴吧上取得好的营销效果，除了要能撰写出具有吸引力的营销软文以外，还要对平台的相关制度、规则足够了解和熟悉。

实践与练习

1. 根据本章所学的知识，分别在网络中搜集不同类型的电商软文。

2. 某电商要推广一款家用电饭煲，其产品标题为"老式小型电饭锅迷你电饭煲家用普通宿舍多功能 1 升"，请使用 6 种不同的写法为其写作软文开头。

3. 某电商要推广一款家用小型冰箱，其产品标题为"双门小冰箱迷你小型家用双开门宿舍租房用节能三门电冰箱"，请使用 9 种不同的写法为其写作软文结尾。